AF545596

Hans-Reinhard Meißner

Eberhard von Bodenhausen

(1868–1918)

Kulturpionier und Wirtschaftslenker

Hans-Reinhard Meißner

Eberhard von Bodenhausen
(1868–1918)

Kulturpionier und Wirtschaftslenker

Sax  Verlag

Einband Titelbild: Gemälde von Edvard Munch – Eberhard von Bodenhausen, 1894. Norwegische Schule, 19. Jahrhundert
(Artepics / Alamy Stock Photo)

Rückseite:
Landschaftspark Degenershausen (Foto: Birgit Röhling, 2024)

* Zitat im Rückseitentext des Einbands: Karl H. Salzmann, Neue Deutsche Biografie 2 (1955)
** Zitat von König, »Mit großem Sinn für Kollektivitäten« (Literaturverzeichnis Nr. 52)

Frontispiz: Eberhard von Bodenhausen, um 1900
(Archiv Schloss Neubeuern, Sammlung von Christophe Freiherr von Meyern-Hohenberg)

Bibliografische Information der Deutschen Nationalbibliothek:
Die Deutsche Nationalbibliothek verzeichnet diese Publikation in der Deutschen Nationalbibliografie; detaillierte bibliografische Daten sind im Internet über http://portal.dnb.de abrufbar.

ISBN: 978-3-86729-312-9

1. Auflage 2024

Druck: Thomas Druck Leipzig GmbH
Bindung: Müller Buchbinderei GmbH Leipzig
Umschlaggestaltung / Layout: Birgit Röhling, Markkleeberg
www.sax-verlag.de

Inhalt

EINLEITUNG

Dem Autor einer biografischen Skizze über den Freiherrn Eberhard von Bodenhausen-Degener, einer herausragenden Gestalt der Kulturgeschichte der Moderne, ist sein Scheitern wahrscheinlich schon vorab beglaubigt. Der Dichter Hugo von Hofmannsthal sah sich – nach eigenem Eingeständnis – trotz enger, fast ein Vierteljahrhundert währender Freundschaft außerstande dazu. Es waren solche Gedanken, die dem Verfasser des vorgelegten Büchleins durch den Kopf gingen, als er einmal zur Weihnachtszeit auf dem Weg von der Grablege Bodenhausens durch den verschneiten Wald nach Hause lief: Hofmannsthal – mit seinem epochalen Werk, vor allem über den »Jedermann« und als Librettist unvergänglicher Strauss-Opern, bis in die Gegenwart präsent – klagte 1929 in Reminiszenz an seinen Freund Eberhard von Bodenhausen, der ihm mehr als ein Jahrzehnt zuvor durch ein tragisches Geschick entrissen worden war: »Es gelingt mir nicht dieses Individuum zu fassen.« [11] Die Ausgangslage bleibt also einigermaßen verheerend. Wie soll jemand eine Zeile über Bodenhausen zu Papier bringen, wenn es dessen vertrauter Freund und Gefährte nicht vermochte. Deshalb wird alles immer Stückwerk bleiben, ein rundes Bild wird nie zu erreichen sein. Man muss hoffen, durch das Auflesen von Splittern wenigstens einen kleinen Teil des Ganzen zu erhaschen, so recht nach dem faustischen Gebot: Wer vieles bringt, wird manchem etwas bringen. Bodenhausen ist in unzähligen Sätteln geritten. Den vielfältigen Anforderungen, die das Leben stellte, meist mehr als gerecht werdend, hat er sich als Meister in verschiedensten Materien bewährt, bleibt aber auch von Misserfolgen nicht verschont. Die landläufigen Darstellungen reden zumindest vom Industriellen, Kunsthistoriker, Kulturpionier, Sammler, Mäzen, Autor, Übersetzer. Das Buch soll diesen universalen Zug spiegeln. Das ist jedoch nur die eine Seite der Medaille. Die andere ist der nimmermüde Enthusiast, der sich keine Ruhe gönnt, bis sich in den letzten Jahren Erschöpfung zeigt. Der Mensch Bodenhausen ist ein aufrichtiger Freund der Künste und der Künstler. Verbindungen im besten Sinne des Wortes knüpfen und pflegen ist sein Metier. Hierin ähnelt er dem aus gleichem mitteldeutschem Holz geschnitzten Dichter Johann Wilhelm Ludwig Gleim, der einer vorliegenden Epoche angehört. Auch wenn das Wort noch nicht erfunden ist: Er ist wahrhaftig ein »Netzwerker« der frühen Moderne. Ohne, dass Bodenhausen nach klassischen Begriffen ein »Oeuvre« hinterlässt, erinnert sein Leben durch gewisse universale Züge ein wenig an den Geheimrat von Goethe.

Bedeutenden Persönlichkeiten der Zeit, die an der Kulturgeschichte der Moderne führend mitgeschrieben haben, ist Eberhard von Bodenhausen in lebenslanger Freundschaft verbunden. An erster Stelle wird hier der Dichter Hugo von Hofmannsthal zu nennen sein. Ebenso darf er den Wegbereiter der Moderne, Harry Graf Kessler, und den berühmten Designer und Architekten Henry van de Velde zu seinen engen Freunden zählen.

Merkwürdig mutet die Lebensbahn des Eberhard von Bodenhausen an, sobald man deren Spanne auf den zweiten Blick betrachtet. Im Sommer 1868, weniger als drei Jahre vor Ausrufung des preußisch-deutschen Kaiserreichs zu Versailles, kommt er zur Welt. Nur ein halbes Jahr vor dem Untergang der Monarchie im November 1918 stirbt Bodenhausen, noch keine 50 Jahre alt. Das institutionalisierte – zweite – Deutsche Reich, aus der Glut der Einigungskriege, wortwörtlich aus »Eisen und Blut«, erstanden, bildet die Lebenswirklichkeit des Protagonisten. Er wächst hinein in eine Phase der politischen Festigung des Reichs nach dem Krieg 1870/71. Als er ins frühe Mannesalter kommt, geht der »Lotse« Bismarck »von Bord«. Unter dem jungen Kaiser Wilhelm II. wird das politische Fahrwasser stürmischer. Deutschland fühlt sich mit dem Abschwenken Russlands in Richtung Frankreich ab 1893 und der Herstellung des Einvernehmens zwischen Großbritannien und Frankreich 1904 »eingekreist«. Das ist keine hypochondrische Einbildung, kein Zerrbild, sondern Wirklichkeit. Zur gleichen Zeit erblüht die deutsche Wirtschaft in einem Umfang, der bis dahin unbekannt war. Das ist der Humus, auf dem die Interessengegensätze der europäischen Großmächte trefflich gedeihen.

Noch ein anderes vor dem Eintritt in die vergangene Welt des Eberhard von Bodenhausen: Die durch die Wissenschaft erschlossenen Primärquellen bestehen zum überwiegenden Teil aus veröffentlichten Privatbriefen, geschrieben von den Protagonisten zum Zweck eines intimen Gedankenaustauschs. Niemals waren sie bestimmt, eigene Seelenlagen vor der Allgemeinheit auszubreiten. Der Bekanntheitsgrad einer Person, einiger Zeitablauf und ein tatsächliches oder vermeintliches öffentliches Interesse führen dazu, dass sich das »Briefgeheimnis«, das jeder Leser für sich in Anspruch nehmen möchte – falls er überhaupt noch Briefe schreibt –, verflüchtigt wie der Morgennebel auf der Auenwiese. Ein Hauch von Voyeurismus bleibt. Seien wir uns dessen bewusst.

Auch soll man im Auge haben, dass die Freigabe zur Veröffentlichung des schriftlichen Nachlasses von Eberhard von Bodenhausen natürlich interessengeleitet gewesen ist. Dass eine Familie von herausgehobenem Rang bei ihrem prominenten Angehörigen in der Erinnerungskultur die Schokoladenseiten hervorkehren möchte und sie selbst entscheidet, was in die Archive kommt und was nicht, ist bei ruhigem Bedenken völlig legitim. In diesem Sinne beleuchtet auch publizierter Briefverkehr immer nur einen Teil der Persönlichkeit, nie die Person als Ganzes.

Und noch ein anderes: Moderne Medien ermöglichen einem Jeden, so er möchte, Kenntniserwerb in einer Fülle, die kaum zu beschreiben ist. Zu den mannigfaltigsten Problemen und Personen vermag der Leser auf den einschlägigen Internetseiten populäres Wissen, zum Teil im Umfang von Belegarbeiten höherer Schulen, abzurufen. Umso bedeutsamer wird die Rolle des Autors als Vermittler und Ordner von Daten und Fakten. In diesem Sinne hat er sich nach Kräften bemüht, aus den geistigen »Rohstoffen«, die in nahezu unbegrenzter Menge zur Verfügung stehen, etwas Neues, ein »Produkt«, zu schaffen. Der Leser möge beurteilen, ob es gelungen ist.

Wenige technische Anmerkungen noch: Die Literatur kann sich der Leser aus den Ziffern in eckigen Klammern erschließen. Die Benutzung von Quellen aus dem Internet beginnt mit der Nummer 110. Hier möge man bei Interesse den jeweiligen Begriff oder Namen aufrufen.

1.

HERKOMMEN – DIE FAMILIE VON BODENHAUSEN (ab 1101)

Eberhard von Bodenhausen ist Glied der adeligen Familie Bodenhausen. Im »Siebmacher« [89], einem klassischen Wappenbuch aus dem Jahr 1605, wird die Familie dem »Braunschweigischen« Adel zugeordnet. Eine andere Beschreibung der Bodenhausen wie folgend: »Niedersächsischer Uradel mit gleichnamigem Stammhause unweit Göttingen« [34], wobei der 1. Ast der I. Linie zur althessischen Ritterschaft gezählt wird. Erste urkundliche Erwähnung geht auf das Jahr 1101 zurück. Ordemar (Ardimarus) von Bodenhausen wird als Urahn aller Bodenhausen-Linien genannt [44, 126]. Nach anderer Quelle beginnt die Stammreihe 1135 mit Teginhardus de Bodenhusen [34]. Schon im XII. Jahrhundert werden die Bodenhausen als »nobiles viri« erwähnt. Mit der Stammburg bei Ballenhausen, südöstlich von Göttingen, wird die Familie 1318 belehnt. Die Burg Bodenhausen wird mehrfach, 1594 dann letztmalig zerstört [126]. Danach gibt man die Burgstelle auf. Namensträger treten in den folgenden Jahrhunderten in Hessen, Braunschweig, Anhalt, Sachsen und Preußen auf.

Für die ältere Geschichte der Familie kann wohl auch heute noch auf die Stammtafeln zur Geschichte der Familie von Bodenhausen aus dem Jahr 1865 zurückgegriffen werden [9]. Maria von Katte macht darauf aufmerksam, dass in der ersten Hälfte des 17. Jahrhunderts vier Angehörige der Familie von Bodenhausen in Beziehung zur »Fruchtbringenden Gesellschaft« treten. [44] Die in Weimar 1617 begründete und vom Fürsten Ludwig von Anhalt-Köthen bis 1650 angeleitete Gemeinschaft hatte sich der Reinerhaltung und Förderung der deutschen Sprache verschrieben. Ohne dass man allein daraus etwas Unbedingtes schließen könnte, steht aber zu vermuten, dass der Familie im Einzelfall Neigung zu geistiger Orientierung zumindest nicht fremd war. Auch ein ausgesprochen soldatischer Einschlag der Familie fehlt. Erst im 19. und 20. Jahrhundert ist von mehreren Generalen zu reden. Alles in allem wird bis in die Neuzeit die Bewirtschaftung der Güter der Haupterwerbszweig der Gesamtfamilie gewesen sein. Auch wenn Wurzeln nach Sachsen und Hannover reichen, nach dem Übergang von vormals kursächsischen Landen infolge des Wiener Kongresses 1815 sind die Bodenhausen Bestandteil des Landadels der preußischen Provinz Sachsen geworden. Monika Wienfort differenziert den deutschen Adel in zwei grundsätzlich recht verschiedene Typgruppen: nämlich (im weitesten Sinne gemeint) die »preußischen Junker« und die »süddeutschen Standesherren« [104]. Die Bodenhausen rechnen ohne Zweifel zu ersteren, sind Angehörige des evangelisch geprägten »landsässigen Niederadels« [104].

Wie eingangs erwähnt, zählt die Familie zum sogenannten Uradel. Voraussetzung für die Aufnahme von Geschlechtern in die einschlägigen Handbücher ist der »Nachweis des urkundlichen Vorkommens vor 1350« [37]. Die Definition des einschlägigen Adelshandbuchs Gotha dazu: »Der in Deutschland eingeborene Adel (Uradel)«. Es ist nicht erforderlich, zum angestrebten Zweck eine Darstellung zur Gesamtfamilie zu geben. Hier soll es bei der Bezeichnung der Linien bleiben, die da sind: die »I. Linie« mit den Ästen »1. Arnstein« und »2. Burgkemnitz«, sodann die »II. Linie Radis«. Die Stiftung der (neuzeitlichen) Linien Bodenhausen geht auf Erbteilungen in der ersten Hälfte des 17. Jahrhunderts zurück. Die Zugehörigen zu den freiherrlichen Familien Bodenhausen bleiben um die Wende vom 19. zum 20. Jahrhundert zahlenmäßig überschaubar. Zur I. Linie und II. Linie zählen jeweils etwas über 30 Namensträger. Damit umfasst das gesamte Geschlecht nicht wesentlich mehr als 60–70 Personen. Das ist insoweit von Interesse, als es adelige Familien gab, deren Nachkommenschaft bedeutend zahlreicher gewesen ist. Allerdings wird ein Überblick über die zu Lebzeiten Eberhards von Bodenhausen vorhandenen Glieder der eigenen »Großfamilie« und deren Herkommen willkommen sein. Das ist der 2. Ast Burgkemnitz der I. Linie.

DER AST BURGKEMNITZ

Als Stammvater dieses Astes gilt Hans Heinrich von Bodenhausen (1671–1727). Die Güter um Burgkemnitz bei Bitterfeld stehen seit 1661 im Eigentum der Familie. Der Verfasser stützt sich für die folgenden Ausführungen auf das Adelshandbuch Gotha – Freiherrliches Taschenbuch – für das Jahr 1900. Der um die Jahrhundertwende in drei Zweigen blühende »Ast Burgkemnitz« geht unmittelbar auf Hans Konstantin von Bodenhausen (1799–1862) zurück. Dieser – Eberhards Großvater – heiratet 1833 in eine ursprünglich aus dem Braunschweigischen stammende bürgerliche Beamten- und Kaufmannsfamilie, die jedoch schon in Anhalt und im Saalkreis verwurzelt ist, ein [44]. Infolge der Eheschließung mit der 1813 geborenen Christiane Amalie Degener gelangt später ein erheblicher Vermögenswert an die Familie Bodenhausen. 1835 erwirbt der Schwiegervater von Hans Konstantin, der Amtsrat Johann Christian Degener, am Rande des Harzes Land, aus dem der spätere Gutsbezirk Degenershausen entsteht. Die Ehefrau von Hans Konstantin – Eberhards Großmutter väterlicherseits – stirbt bereits 1843 mit nur 30 Jahren. Sie hat sieben Kinder geboren, von denen um das Jahr 1900 noch sechs am Leben sind. Das »Rückgrat« bilden die Familien der drei Söhne Hans Konstantins: Hans Heinrich (*1839); der Vater Eberhards erblickt als viertes Kind des Paares und erster Junge das

Licht der Welt. 1840 werden Hans Julius und 1841 Hans Bodo geboren. Eberhard von Bodenhausen ist damit beider Neffe. Wirtschaftliche Basis und Vermögenskern dieser drei Familien bilden wohl die jeweiligen Gutsherrschaften. Dies sind (bezogen auf das Jahr 1900) folgende:

Hans Heinrich (Vater Eberhards) – 1. Zweig
Fideikommiss Degenershausen (970 ha)
Fideikommiss Hollsteitz (248 ha)
Güter Meineweh und Thierbach (ca. 550 ha)
Wohnsitz des Vaters: Gutshaus Meineweh
(heute: Sachsen-Anhalt, Burgenlandkreis)
Titel und Ämter:
Rechtsritter des Johanniterordens,
Mitglied des Preußischen Herrenhauses

Hans Julius (Onkel Eberhards) – 2. Zweig
Herr auf Lebusa (2408 ha)
und Striesa (712 ha)
Familiensitz: Schloss Lebusa
(heute: Brandenburg, Landkreis Elbe-Elster)
Titel und Ämter:
Rechtsritter des Johanniterordens
Königlich preußischer Kammerherr
Landrat des Kreises Schweinitz, Reg.-Bezirk Merseburg
Oberleutnant a. D.

Hans Bodo (Onkel Eberhards) – 3. Zweig
Herr des Fideikommisses Burgkemnitz, bestehend aus
Rittergütern Burg- und Neu-Kemnitz,
Kreis Bitterfeld (1512 ha),
Koeplitz, Kreis Wittenberg (240 ha)
und Niebermark; Herzogtum Anhalt (260 ha),
Herr auf Treben und Haselbach,
Herzogtum Altenburg (keine Flächenangabe)

und Herr auf Teuritz,
Königreich Sachsen (keine Flächenangabe)
Familiensitz: Schloss Burgkemnitz
(heute: Sachsen-Anhalt, Landkreis Anhalt-Bitterfeld)
Titel und Ämter:
Dr. jur. utr., Rechtsritter des Johanniterordens,
Königlich preußischer Kammerherr,
Landrat des Kreises Bitterfeld,
Rittmeister a. D.,
Mitglied des preußischen Abgeordnetenhauses

Allein der Ast Burgkemnitz der Familie mit seinen drei Zweigen hat, wie ersichtlich, damit um das Jahr 1900 über erheblichen Großgrundbesitz im mitteldeutschen Raum verfügt. Hans Heinrichs jüngere Brüder haben in die Familien von Koppy (Hans Julius) und von Müller (Hans Bodo) eingeheiratet. Verschwägerte Familien aus Ehen von Kindern der Stifter der drei Zweige sind um 1900 die von Katte, von Borcke und von Krosigk. Eine Schwester heiratet einen von Tschirschky und Bögendorf. Bemerkenswert bleiben jene ehelichen Verbindungen, mit denen man den Zusammenhalt des Gesamthauses zu steigern sucht. Eine Tante Eberhards ehelicht 1859 einen Bodenhausen aus der II. Linie Radis. Als sehr wahrscheinlich annehmen möchte man auch rege gesellige Kontakte zur Linie Radis. Die Schlösser Burgkemnitz und Radis liegen keine 20 km voneinander entfernt. Zwei Töchter von Hans Bodo sind um die Jahrhundertwende mit Abkömmlingen aus Familien des 1. Astes der I. Linie (Arnstein in Nordhessen) verheiratet.

Verschiedene dem Ast Burgkemnitz zugehörige Männer sind als aktive oder Reserveoffiziere überaus noblen Regimentern verbunden. Ein Schwiegersohn von Hans Bodo ist Rittmeister d. R. im Königlich Sächsischen Garde-Reiter-Regiment; einer seiner Söhne dient aktiv im preußischen Regiment Garde du Corps. Zu diesem Kreis zählt auch

Eberhard von Bodenhausen, worauf zurückzukommen sein wird.

Die Erhebung der Familie in den Stand von Reichsfreiherren datiert auf das Jahr 1669. [44, 114] Um die adelsrechtliche Genehmigung zur Fortführung des Freiherrntitels in Preußen kommen die Burgkemnitzer Zweige erst in der zweiten Hälfte des 19. Jahrhunderts ein. Diese wird, ausgestellt in Berlin, am 15. Dezember 1869 für Hans Heinrich, Hans Julius und Hans Bodo von Bodenhausen und ihre Nachkommen erteilt. Durch den Erwerb von Degenershausen wird jener Zweig, der die Herrschaft Degenershausen hält, zur Namensergänzung verpflichtet: »Preuß. Genehmigung zum Namen ›von Bodenhausen gen. Degener‹ d. d. Berlin 6. Juni 1859 für Hans Heinrich von Bodenhausen und den jedesmaligen Besitzer des Fideikommisses Degenershausen aus der Deszendenz seiner Eltern [35].«

Adelige Familien führen Wappen. Die heraldische Beschreibung eines Wappens (»Blasonierung«) ist eine Wissenschaft für sich [112]. Hier soll lediglich eine kurze Darstellung der wesentlichen Merkmale genügen: Das Wappenschild selbst zeigt auf weißem Grund drei rechts zunehmende rote Halbmonde. Es wird von einem Helm bekrönt, auf dem eine Säule aufsteht, welche in fünf Straußenfedern ausläuft. Auf dem Helm lagert eine Decke mit rot-weißer Umrandung. Links und rechts flankieren je ein geöffneter Halbmond die Säule. Verschiedentlich wird vermutet, die Bodenhausen seien eines Stammes mit denen von Hanstein. Dieser Schluss ist aus einer gewissen Ähnlichkeit der Wappen gezogen worden [114]. Dem Freiherrn steht die Freiherrnkrone zu. Heraldisch ist diese durch die Zahl der Perlen, die den Zacken aufgesetzt sind, zu identifizieren: Der Freiherr trägt sieben, der untitulierte Uradel acht, der »einfache« (Brief-) Adelige fünf; die Grafenkrone weist neun Perlen auf.

DER 1. ZWEIG (HANS HEINRICH)

Es soll nun eine kurze Beschreibung der Bestandteile des adeligen Großgrundbesitzes des 1. Zweiges des Astes Burgkemnitz folgen. Es handelt sich dabei um jene Liegenschaften, über die zunächst der Vater Eberhards, Hans Heinrich, dann er selbst gebietet. Damit wird ziemlich genau der wirtschaftliche Rahmen umschrieben, in dem sich auch der Sohn Eberhard, soweit es die Gutswirtschaft betrifft, bewegt hat. Die Namen der Güter tauchen zu der einen oder anderen Zeit in der Korrespondenz auf. Schließlich stehen zwei der Güter in engem Zusammenhang mit seinem Tod.

Rittergut Meineweh (heute: Gemeinde Meineweh im Burgenlandkreis, Sachsen-Anhalt)

Der Ort, 1268 erstmals erwähnt, gehört seit 1815 zum Königreich Preußen. 1816 kommt er zur preußischen Provinz Sachsen. Das Gut gelangt 1853 an die Familie Bodenhausen. »Zu dem 1814 als altschriftsässig bezeichneten Rittergut gehörten Patrimonialgerichtsbarkeit und Kirchenpatronat über Meineweh und über das seit 1582 mit ihm verbundene naumburgische Lehen Priesen, ferner spätestens 1622 die Gerichtsbarkeit über das Dorf Runthal (ohne Flur) und ein Anspännergut in Schelkau.« [58] Vorbesitzer des Gutes waren u.a. die Bünau, die Watzdorf und die Grafen von der Schulenburg. Auf dem Gut steht neben dem Gotteshaus, dessen »Ausstattung für eine kleine Dorfkirche bemerkenswert umfangreich [24]« ist, ein schlichtes zweigeschossiges Herrenhaus. Dieses soll um 1700 erbaut worden sein [24]. Das Gutshaus in Meineweh ist stets der Hauptwohnsitz von Eberhards Vater gewesen. Als dann der Sohn die Güter übernimmt, scheint auch er trotz der Vielzahl weiterer verfestigter Aufenthaltsorte regelmäßig Meineweh aufgesucht zu haben.

Rittergut Hollsteitz (heute: Gemeinde Kretzschau, Burgenlandkreis, Sachsen-Anhalt)

Zunächst kursächsisch, kommt der Ort 1815 an Preußen und gehört seit 1816 zur preußischen Provinz Sachsen. Nachdem u. a. die von Ponickau, von Posern, von Zettwitz, von Schönberg und von Plessen adelige Voreigentümer gewesen waren, hat Hans Heinrich Adolf von Bodenhausen das Gut 1804 samt Obergerichtsbarkeit und Kirchenpatronat erworben. »Die in Meineweh bzw. Degenershausen ansässigen Eigentümer verpachteten Hollsteitz 1870 an die Zuckerfabrik Zeitz und 1892–1945 an die Zuckerfabrik Stößen.« [58] Die 1743 erbaute und 1868 erneuerte Dorfkirche ist an der Ostseite mit einem Gruftanbau versehen [24].

Rittergut Thierbach (heute: Gemeinde Meineweh, Burgenlandkreis, Sachsen-Anhalt)

Ebenso wie Hollsteitz gehört Thierbach seit 1816 zum Verwaltungsgebiet der preußischen Provinz Sachsen. Dem Rittergut zugeordnet sind das Vorwerk Brösen und das Dorf Lindenhayn (Kreis Delitzsch). Nach adeligen und bürgerlichen Vorbesitzern erwirbt Hans Heinrich von Bodenhausen das Gut im Jahr 1880 [58]. Die Dorfkirche von Thierbach geht auf romanische Wurzeln zurück [24].

Rittergut Degenershausen (heute: Stadt Falkenstein/Harz, Landkreis Harz, Sachsen-Anhalt)

»1835 erwarb Johann Christian Degener das Forstrevier Friedrichshohenberg in der preußischen Provinz Sachsen und richtete dort ein Gut ein. Der sich entwickelnde Ort wurde 1841 Degenershausen genannt. Nach Degeners Tod 1854 gelangte Degenershausen in den Besitz der Freiherren von Bodenhausen, die sich verpflichteten, den Namenszusatz ›genannt Degener‹ zu führen [58]«. Sowohl Eberhards Großvater (verst. 1862), als auch sein Vater zeigen an der Entwicklung des Gutes reges Interesse, scheinen sich aber außer zur Jagd nicht oft dort aufgehalten zu haben. Eberhard von Bodenhausens Beziehung zu Degenershausen ist spürbar enger ausgeprägt. Ab 1912, nach dem Tod des Vaters, wird Degenershausen zu einem der bevorzugten Aufenthaltsorte der Familie [44]. Der Erbe des Gutes wird mit einer Auflage beschwert: Zur Erinnerung an den Stifter Degener soll »ein anständiges solides und mit passender Inschrift versehenes Monument ... unter Zuziehung eines erfahrenen Architekten ...« [44] errichtet werden. Dafür hat der Erblasser mindestens 3 000 Taler veranschlagt. Der fast 16 Meter hohe Obelisk wird 1859 bei der Herzoglich Anhalt-Bernburgischen Eisenhüttenverwaltung (Mägdesprung) in Auftrag gegeben. Die Verhältnisse des Gutes werden als schwierig beschrieben. Die Ackerflächen sind ertragsarm, eine Forstwirtschaft muss erst entwickelt werden, die Nebenbetriebe wie Ziegelei und Brennerei ringen um Wirtschaftlichkeit [44]. Von den Gütern, die Eberhards Vater unter sich vereinigt, werden Degenershausen und Hollsteitz als Fideikommisse genannt. Für Degenershausen hat diese Regel noch der Großvater Eberhards, Hans Konstantin, verfügt. 1860/61 wird die Errichtung des »Familienfideikommisses Degenershausen mit Forstrevier Friedrichshohenberg« [44] genehmigt. Eberhards Vater stiftet das Familienfideikommiss Hollsteitz im Jahr 1884. Fideikommisse stellen eine rechtliche Gestaltungsform dar, die – politisch gewollt – die ökonomische Macht der alteingesessenen Adelsfamilien schützt. Von 1 160 preußischen Fideikommissinhabern im Jahr 1912 sind lediglich 136 bürgerliche Gutsbesitzer [61]. Die Besonderheit von fideikommissarisch gebundenem Vermögen (Gutsbesitz oder auch als Geldfideikommiss möglich) besteht darin, dass es vor den Fährnissen und Risiken des allgemeinen Geschäftsverkehrs bewahrt wird: es kann im Regelfall weder verkauft, noch belastet werden, noch an der Zwangsvollstreckung teilnehmen. Ziel dieser Konstruktion ist es, den

Vermögensgegenstand – in aller Regel landwirtschaftlichen Großgrundbesitz – »in der Familie« zu halten und deren Unterhalt zu sichern. Das Fideikommiss soll der »Erhaltung und Vermehrung des Familienglanzes dienen« [66]. Für die Lebenszeit Eberhards sind die Verhältnisse in diesem Sinne stabil geblieben. Die Titulatur auf dem Stein, der die Gruft Eberhards deckt, bezeichnet ihn denn auch als »Fideikommissherr auf Degenershausen und Hollsteitz, Herr auf Meineweh und Thierbach«.

ADEL IN DER FRÜHMODERNE

Das Bild des Adels um 1900 ist so vielgestaltig, wie seine Nachschlagewerke. Justus Perthes, ein geschäftstüchtiger Verleger aus Gotha, hat am Ende des 18. Jahrhunderts begonnen, Ahnenreihen und personalen Bestand des deutschen Adels in Buchform herauszugeben. Seine Genealogischen Taschenbücher sind legendär geworden. Zwar variieren die Titel der handlichen Büchlein ab und an, aber die Hierarchie des Adels wird daraus gut erkennbar: An der Spitze rangiert der Hochadel, repräsentiert durch die Herrscherfamilien in Preußen und den deutschen Bundesstaaten. Ihnen folgen jene Familien, die wegen der territorialen Umwälzungen am Beginn des 19. Jahrhunderts ihre staatliche Selbstständigkeit eingebüßt haben, die »mediatisiert« worden sind. Das sind die sogenannten Standesherren. Daran schließen sich die »fürstlichen, nicht souveränen Häuser« an. Sie alle, einschließlich der regierenden Adelsfamilien anderer europäischer Staaten (ergänzt durch ein »diplomatisch-statistisches Jahrbuch«) sind zu finden im »Gothaischen Genealogischen Hofkalender«. Die Klasse der Grafen wird geführt im »Gothaischen Genealogischen Taschenbuch der Gräflichen Häuser«, denen sich auf dem Weg von »oben nach unten« die Taschenbücher der »Freiherrlichen

Häuser« anschließen. Sodann folgt in der Hierarchie der Adel ohne weitere erhöhende Prädikate (»von«). Weisen die Familien ihren Adel vor 1350 (später auf 1400 korrigiert) nach, werden sie in das »Gothaische Genealogische Taschenbuch der Uradeligen Häuser« aufgenommen. Am Ende der Kette steht der so bezeichnete »Briefadel«. Solche adeligen Familien werden in der Regel dadurch kreiert, dass ein Landesherr verdiente Beamte, Offiziere oder auch erfolgreiche Unternehmer nobilitiert. Dieser Neuadel findet sich dann im »Gothaischen Genealogischen Taschenbuch der Briefadeligen Häuser«. Es ist jedenfalls festzuhalten, dass es einen einheitlich gewachsenen Adel nicht gibt. Die Rangklasse allein besagt nichts über das Alter des Adels. Mancher Graf ist bedeutend »jünger« als ein einfacher »von«. Nicht selten ist im letzten Deutschen Kaiserreich die Erhebung in den Adelsstand die schlichte Anerkennung der Tatsache, dass jemand ein unverschämt großes Vermögen angehäuft hat (»Geldadel«/»Schlotbaron«).

Die Lage des Adels ist indes um die Jahrhundertwende nicht mehr so idyllisch, wie man es sich vorstellen könnte. Sein Einfluss ist tendenziell rückläufig. Zwar bleiben die Schaltstellen der Macht weiter in den Händen des Adels, aber in manchen gesellschaftlichen Bereichen ist der Staat gegen das Gesetz der hohen Zahl einfach machtlos. Der preußische Staat musste z. B. schon seit den Heeresreformen in den 1860er Jahren des 19. Jahrhunderts damit leben, dass von der Anzahl nicht annähernd genug Aspiranten zur Verfügung standen, um Offiziersstellen ausschließlich mit Adeligen zu besetzen. Ein rasantes Bevölkerungswachstum führt zu regelmäßiger Vergrößerung des Heeres mit der Folge, dass prozentual der adelige Offizier in eine Minderheitenposition gerät. Ganz besonders aber das Aufblühen der Industrie und der Wissenschaften rufen ein ungeahntes Erstarken des bürgerlichen Elements im Wilhelminischen Kaiserreich hervor. Das führt nun nicht etwa zu einer

Revolution, sondern vielmehr zu einer gewissen politischen und kulturellen Verschmelzung: das Großbürgertum, die industrielle Geldelite, fügt sich passgenau in die maßgeblich vom Adel bestimmten Herrschaftsverhältnisse ein. In der Lebensweise übernimmt das Bürgertum sogar ihm genehme Teile der Adelskultur. Die protzige Fabrikantenvilla und Landsitze von Industriellenfamilien sind Nachahmungen adeliger Wohnformen. Andere Beispiele ließen sich mühelos finden. Gegen die »Konjunkturritter« aus Industrie und Banken sieht der Landwirtschaft treibende adelige Gutsbesitzer mit hoch klingendem Namen bisweilen »alt« aus. Das Einheiraten von Adeligen in reiche bürgerliche Familien zur Stärkung der eigenen wirtschaftlichen Grundlage wird zwar nicht angestrebt, stellt aber einen zunehmend akzeptierten Lösungsweg dar. Gegeben hat es so etwas wohl schon immer. Dass auch die Eheschließung von Eberhards Großvater mit Amalie Degener einen derartigen Hintergrund haben könnte, ist nicht ganz fern liegend.

ADELSKULTUR

Der Adel sucht natürlich trotz aller misslichen Umstände die Exklusivität seines Lebensstils gegenüber den modernen Verhältnissen zu bewahren. Der zentrale Begriff der Adelskultur überhaupt ist daher die »Familie«. Ziel ist ein enger familiärer Zusammenhalt, bisweilen organisiert über Familienverbände, die Familientage abhalten. Ein institutionalisierter Bodenhausenscher Familienverband hat aber weder zu Zeiten Eberhards noch später existiert.

Eine adelige Familie strebt »endogame« Eheschließungen, das heißt, solche innerhalb der eigenen sozialen Gruppe, an. Aus dieser Sicht fallen allerdings schon die Heiraten von Eberhards Großvater mit der bürgerlichen Amalie Degener und die seines Vaters mit der amerikanischen (geschiedenen) Professorentochter Fanny Butler ziemlich aus dem Rahmen. Zum adeligen Selbstverständnis zählt weiter ein sich über Urkundenwerke und Bildergalerien manifestierender Ahnenkult. »Die Besonderheit des adeligen Familienbegriffs liegt ... in seiner Weite, die bürgerliche Zeit- und Raumvorstellungen sprengt. Der Adel besitzt die einzigartige Fähigkeit, die eigenen Vorfahren nicht nur zwei oder drei Generationen, sondern fünf, zehn oder mehr Jahrhunderte zurückverfolgen zu können.« [61] Die adelige »Familie« wird als eine Gesamtheit der weiter präsenten vergangenen, gegenwärtigen und zukünftigen Generationen begriffen [61]. Ein Einsprengsel dazu vom Verfasser: Er hatte im Jahr 2011 Gelegenheit, Zuhörer eines Vortrags über die adelige Familie von Trotha in Hecklingen [96] zu sein. Einführende Worte sprach Hans Ulrich von Trotha (Cösitz), äußerte hierbei u. a. sinngemäß Folgendes: Er sei in Dessau im Krankenhaus gewesen. Mediziner und Schwestern hätten geäußert: »Oh, wir haben einen ›von‹ in der Klinik.« Ein Arzt habe ihn angesprochen: »Sie sind ein ›von‹; da haben Sie sicher sehr viele Vorfahren?« Hans Ulrich von Trotha antwortet darauf: »Ich habe genau so viele Vorfahren wie Sie. Der Unterschied ist: wir haben sie aufgeschrieben.« Als weitere Einstellungen, die dem Adel als soziale Gruppe insgesamt eigen sind, hat Malinowski herausgearbeitet: »Landbindung und Großstadtferne« [61] und eine Überbetonung der Charakterschulung gegenüber dem »bürgerlichen« Wissensdrang. Er nennt es »Charakter versus Bildung« [61]. Gemeint ist es in dem Sinne, dass der Bildung gegenüber einem gestählten, unanfechtbaren Charakter stets der Nachrang zu geben sei.

In Verfolgung der Lebensbahn des Eberhard von Bodenhausen wird man zu dem Schluss gelangen müssen, dass er weder großstadt- noch bildungsfern gewesen ist. Insoweit steht er schon bei oberflächlicher Betrachtung tatsächlich recht entfernt vom Durchschnitt seiner Standesgenossen.

Als bestimmende andere Charakterzüge adeligen Selbstverständnisses hat manches Schrifttum einen »Kult der Kargheit« [61] und eine angeborene Verpflichtung zu »Herrschaft und Führertum« [61] gesehen.

Auch noch in den Jahren vor dem Ersten Weltkrieg hat der junge Adelige in seiner Berufswahl wenige Alternativen, die von seinem Gruppenumfeld uneingeschränkt als standesgemäß anerkannt werden. Da ist zunächst die Bewirtschaftung der eigenen Güter. Grundsätzlich akzeptiert werden ferner eine Offizierskarriere, das Indienstgehen an den noch reichlich vorhandenen Höfen der regierenden Familien und die diplomatische Laufbahn. Schon in der staatlichen Verwaltung wird es für den Sohn aus uradeligem Geblüt schwierig. Der klassische altpreußische Landrat oder ein herausgehobener Verwaltungsposten gehen noch in Ordnung; die Übernahme niederer, subalterner Funktionen ist undenkbar. Das Ausüben einer leitenden Tätigkeit in der Industrie trägt auch vor dem Ersten Weltkrieg noch den Stempel des Besonderen. Der berufliche Werdegang Eberhard von Bodenhausens bleibt, jedenfalls an diesem Maßstab gemessen, außergewöhnlich, wenn nicht gar exotisch.

STANDESEHRE

Weiterer Dreh- und Angelpunkt adeligen Selbstverständnisses ist der Begriff der Ehre. Das Eigenbild des Adels beinhaltet als Kern – auch, wenn der einzelne Angehörige der Kaste diesen Anspruch gerade in den Stürmen des 20. Jahrhunderts bisweilen nicht erfüllt – die Ehrenhaftigkeit, gemeint, ehrenhaftes Verhalten gegenüber seinen Standesgenossen, den Mitmenschen und der Welt. So titelte denn auch Konrad von Krosigk einen Wortbeitrag aus dem Jahr 1993 unter Bezugnahme auf einen Text von Reinhold Schneider: »Unmöglich ist, was Edle nicht vermögen.« Schneider präzisiert im Originaltext im Sinne eines ehernen Gebotes: »... es ist der Entschluß eines Standes, Unedles nicht zu tun und in solcher Weise sich zu formen, die Wahl seiner Glieder zu treffen, daß das Unedle von einem jeden als unmöglich empfunden wird« [91]. Grundsätzlich wird es gegen das hohe Ideal des Adels, besser, vernünftiger, edler als der Rest der Bevölkerung zu wirken, wenig zu erinnern geben. Was dann in den Niederungen und Prüfungen des Lebens noch ehrenhaft ist und was nicht, ist im Fontaneschen Sinne aber ein »weites Feld«. Problematisch erscheint beispielsweise, dass auch in der Frühmoderne noch vom Adligen die Verteidigung seiner Standesehre notfalls mit Waffengewalt erwartet wird, wenngleich sich die Gebräuche gegenüber den früheren Jahrhunderten doch schon deutlich abgeschliffen haben. Auch sind zwischen 1800 und 1914 in Preußen ohnehin 70 Prozent der verurteilten Duellanten bürgerlich. Einen überzeugenderen Beleg für die Übernahme adeliger Kultur in den bürgerlichen Alltag kann es kaum geben. Und die Duellwütigsten sind nicht etwa Offiziere oder Gutsbesitzer, sondern die Studenten [32].

»OBENBLEIBEN«

Die Entwicklung des Wilhelminischen Kaiserreichs hin zur führenden Industriemacht in Europa löst gesellschaftliche Verwerfungen auf allen Ebenen aus. Es ist eine Zeit der Veränderung, die vom Adel als Statusgruppe Anpassungsleistungen verlangt, wenn er weiter ein Wort bei der Gestaltung der Staats- und Wirtschaftsverhältnisse mitreden, mithin, wenn er »oben bleiben« will. Allerdings ist er, worauf Braun hinweist, in dieser Materie gewieft. Die Umstände, unter denen in der Vergangenheit Autorität und Herrschaft ausgeübt worden sind, waren über die Zeiten immer wieder Wandlungen unterworfen. Rudolf Braun: »Der Adel ist im Kampf ums Obenbleiben auch im 19. Jahrhundert recht erfolgreich, weil es ihm in flexibler Anpassung an die ökonomischen Veränderungen und die neue politische Kultur gelingt, ökonomische und politische Koalitionen einzugehen und sich gleichzeitig durch soziokulturelle Distinktionen traditioneller Art von aufsteigenden Eliten abzusetzen. Dabei hilft ihm der althergebrachte Erfahrungsschatz im Kampf ums Obenbleiben.« [15] Der biografisch ermittelbare Widerhall Bodenhausens lässt deutlich seine Wurzeln, seine Einbindung in klassische Muster adeliger Erziehung und Ausbildung erkennen. Aber er wächst in der Folge über das Adelsmilieu hinaus und eröffnet sich über seine ausgeprägte Neigung zu moderner Kunst und Kultur und nicht zuletzt über seinen Berufsweg faktisch neue Welten – Letzteres ausschließlich, weil er muss. Hier umarmt eine vom Katheder verkündete These die Wirklichkeit. Man wird, wenn man sich dem Lebenslauf Bodenhausens nähert, nicht fehlgehen, den gesellschaftlichen Abstieg als eine Urangst des Protagonisten zu identifizieren. Eine der interessantesten und vielschichtigsten Persönlichkeiten der Frühmoderne ist in Wirklichkeit ein Getriebener. Der rote Faden seiner Existenz ist die Suche nach Wegen zur Sicherung standesgemäßen Unterhalts. Sicher wäre Eberhard von Bodenhausen nie Hungers gestorben. Aber allein die Vorstellung, Freunden und Standesgenossen das Schauspiel eines adeligen Existenzkampfes im Niedergang, eines sozialen Abstiegs, bieten zu müssen, dürfte ihm unvorstellbar erschienen sein. Sein Leben ist schlechthin ein Kampf ums »Obenbleiben«. Willkommen in der Welt des Eberhard von Bodenhausen.

2.

DIE ELTERN. KINDER- UND JUGENDJAHRE. JURASTUDIUM, MILITÄRDIENST, REFERENDARZEIT (1868–1896)

DIE ELTERN

Der Vater, Hans Heinrich Freiherr von Bodenhausen, (seit 1859) genannt Degener, wird am 5. Juli 1839 in Rüben [136], einem Gut südlich von Leipzig, in der Pleißenaue gelegen, geboren. Er heiratet am 13. September 1865 in Bridgeport/Connecticut die Amerikanerin Frances (Fanny) Brookes, geb. Livingstone-Butler (vgl. Abb. auf S. 350). Sie ist »die geschiedene Mutter von zwei Kindern« [44]. Geboren wurde Fanny am 3. April 1840 in Syracuse im Staat New York. Ihr Vater ist Professor der Theologie in Philadelphia. Bodenhausens Mutter entstammt »einem englischen, seit Generationen in Amerika angesessenen Gelehrtenhaus, das zu seinen Vorfahren den Philosophen Thomas Morus, Kanzler und Opfer Heinrichs VIII., zählte« [11].

Einen interessanten Aspekt macht König (1995) geltend. Er meint, das nachhaltige Rekurrieren auf einen Ahnherren Thomas Morus beruhe auf einem Legitimationsbedürfnis für das Eingehen dieser Ehe [52]. Welche näheren Umstände zur Stiftung der exotisch anmutenden Verbindung zwischen dem nüchternen und adelsstolzen Hans Heinrich und der vermutlich von anderer Lebensart geprägten Amerikanerin aus dem Neu-England-Milieu der Ostküste geführt haben, war vorderhand nicht zu ermitteln. Ob ein Zusammenhang zu dem in Braunschweig 1809 geborenen US-Kongressabgeordneten Edward Degener [120] herzustellen ist? Die Familie richtet sich auf den Gütern Hans Heinrichs mit dem Hauptsitz in Meineweh bei Weißenfels in der preußischen Provinz Sachsen ein, deren Bewirtschaftung den beruflichen Lebenszweck des Vaters darstellt. Am 13. März 1867 wird als erstes Kind Helene Eleonore geboren, die 1890 in Meineweh den Offizier Kuno von Katte heiratet. Als zweites Kind wird dem Paar am 12. Juni 1868 ein Sohn geschenkt, der in Wiesbaden das Licht der Welt erblickt. Er erhält den Namen Hans Eberhard.

KINDER- UND JUGENDJAHRE

Frühe Zeugnisse aus Kindertagen finden sich in der veröffentlichten Literatur kaum. Die spätere Frau Bodenhausens gibt einige Anhaltspunkte, benennt Streiflichter aus einer sehr kurzen Zeit gemeinsamer Lebensführung. »Den Winter verbrachten die Eltern meist in Weimar, wo in dem Salon seiner Mutter auch Liszt und Bülow aus und ein gingen ... Oftmalige Klavierpartnerin Bülows, dichtete, schrieb und komponierte auch sie« [11]. Daher erscheint die Schlussfolgerung der Gemahlin Eberhards von Bodenhausen ihren Mann betreffend durchaus begreiflich: »Von ihr hatte Bodenhausen seine künstlerischen Gaben geerbt.« [11] Wer fühlt sich da nicht an den Weimarer Dichterfürsten erinnert, der behauptet, die Lust zum Fabulieren von der Mutter empfangen zu haben? Wie in einem adeligen Haushalt üblich, bleibt die praktische Betreuung von Eleonore und Eberhard dem Hauspersonal zugewiesen. Eine Kinderfrau mit dem Namen Emma wird erste Bezugsperson der Geschwister. Aber die Anwesenheit der Mutter selbst endet bald, die Idylle hält nicht lange. Schon im zarten Alter von fünf Jahren wird Eberhard aus dem kindlichen Paradies, das auf einem zumindest freundlichen Einvernehmen der Eltern beruhen sollte, vertrieben. Die Eheleute Bodenhausen trennen sich.

SCHEIDUNG DER ELTERN

Es scheint gewiss, dass der Verlust der Mutter für den kleinen Eberhard ein traumatisches Erlebnis gewesen sein muss. Ein biografischer Versuch spricht offen von einer »düsteren Kindheit« [11]. Wohl wahr, die Lebenserwartung in der zweiten Hälfte des 19. Jahrhunderts ist eine andere als heute. Früher Tod von Frauen und Müttern, verursacht durch Krankheit oder durch Versterben bei oder nach Geburten trägt nicht den Stempel des Außergewöhnlichen, im Jahr 1873 ein »Scheidungskind« zu werden schon. Die veröffentlichten Quellen und Meinungsäußerungen halten sich zu Details bedeckt. Nebulös führt Dora von Bodenhausen im Lebensbild ihres Mannes – entstanden Jahrzehnte nach dessen Ableben – zu den Gründen aus: »Sie war weggefahren, die Mutter, weil sie sich krank fühlte, keinen Schlaf fand und nun irgendwo eine Kur aufsuchte, um zu genesen. Sie war aber nicht in gute ärztliche Hände geraten, die der einsamen ausländischen Frau auch vielleicht anderweit mit Rat und Tat beigestanden wären.« [11] Nach der ferneren Erklärung sei Fanny von einem auswärtigen Aufenthalt nicht zurückgekehrt. Daraufhin habe »ein amtliches Schreiben der zarten Mutter den Termin für ihre Heimkehr gesetzt, im Fall ihres weiteren Fernbleibens mit der Scheidungsklage gedroht.« [11] Fanny von Bodenhausen nimmt die eheliche Lebensgemeinschaft trotz Fristsetzung nicht wieder auf. Die Ehe wird geschieden. Simon (1978) geht wohl fälschlich von einem »Getrenntleben« aus [90]. Das einschlägige Gothaische Taschenbuch führt als Status der Mutter »geschieden« [35]. Wie in einem modernen Familienrechtsstreit auch, werden Vereinbarungen zur Versorgung der geschiedenen Gattin sowie eine Verbleibens- und Umgangsregelung getroffen. Der ökonomisch Stärkere setzt sich durch: Die Kinder leben zukünftig weiter beim Vater. Dieser wird verpflichtet, einmal jährlich Eleonore und Eberhard zum Aufenthaltsort der Mutter zu bringen. Hans Heinrich scheint diese Vorgabe aber in der Praxis torpediert und missachtet zu haben. Dora von Bodenhausen: »Aber wenn das festgesetzte Datum heranrückt, kommt jedes Mal die Nachricht, dass er nicht in der Lage sei, die Kinder zu bringen. Denn stets war zu jenem Zeitpunkt der Vater voller Bedenken, diese Zusammenkünfte könnten allzu schmerzlich und der Entwicklung der Kinder schädlich sein.« [11]

So verlieren die Geschwister, wie es wohl vom Vater gewollt ist, die Mutter aus den Augen. Sie lebt bis 1890 in Genf und danach in den Niederlanden [44]. Erst im Erwachsenenalter knüpft Eberhard wieder feste und von Herzlichkeit getragene Beziehungen zu seiner Mutter. Zu bedenken ist auch noch, dass nach den Verfahrensordnungen eine Ehescheidung in aller Regel mit einem Schuldspruch verbunden gewesen ist. Dass er unter Bezugnahme auf die Verweigerung der Rückkehr der Mutter in die Familie zu deren Nachteil ausgefallen sein dürfte, ist naheliegend. Sicher wird der formale Scheidungsgrund eine sogenannte »bösliche Verlassung« [65] gewesen sein. Worin die tatsächliche Ursache der Trennung der Eltern bestanden hat, liegt völlig im Dunkeln. Denken kann man sich mancherlei; belegen lässt sich nichts. Eine Vermutung geht dahin, dass auf religiösem Gebiet sich unüberbrückbare Gegensätze aufgetan haben könnten. Wenn Fanny nämlich schon in der Ehe auf ihren später bestimmend werdenden theosophischen Grundsätzen beharrt haben sollte, wäre das denkbar. Die Stelle der Ersatzmutter wird Bodenhausens Tante zugewiesen. Als jüngste Schwester seines Vaters übernimmt die 1843 geborene Amalie von Bodenhausen die Erziehung des Knaben. Sie scheint ihre Sache gut gemacht zu haben.

Der Kontakt zu seiner Tante bleibt auch im Mannesalter erhalten. Noch während des Weltkrieges steht der Neffe mit ihr über hochpolitische Themen im Briefwechsel [11]. Mit dem Eintritt in das Schulalter werden zunächst Hausunterricht erteilt und eine französische Erzieherin [11] angestellt.

KLOSTERSCHULE ROSSLEBEN

Im 11. Lebensjahr gibt man Eberhard aus dem Haus. Es ist das Jahr 1879. Der Junge besucht nach Bestehen einer Aufnahmeprüfung ab jetzt eine Internatsschule. Die Bildungseinrichtung liegt am Rand des Unstrutdorfes Roßleben im Kreis Querfurt (Regierungsbezirk Merseburg), das 1885 immerhin fast 2200 Einwohner zählt. »Unmittelbar dabei liegt Kloster-Roßleben mit einer Gelehrtenschule von ähnlicher Einrichtung wie die Fürstenschule zu Pforta. Die Anstalt wurde aus den eingezogenen Gütern eines vor 1142 gestifteten Augustiner-Frauenklosters von Heinrich v. Witzleben 1554 gegründet und später unter Mitwirkung der kursächsischen Regierung erweitert. Die jetzigen Gebäude (= 1889 – d.V.) stammen, nachdem die alten 1686 ein Raub der Flammen geworden, aus den 30er Jahren des 18. Jahrhunderts.« [67] In dem Gymnasium ist Eberhard von Bodenhausen weitgehend unter seinesgleichen. Dora Bodenhausen später: Die Schülerschaft habe sich »zum größten Teil aus den Landgütern der Provinz Sachsen rekrutiert.« [11] Hier wird wohl ein Zug seines Lebens, der durchgängig bleibt, begründet. Stets bewegt er sich in Kreisen, die alles andere als »gewöhnlich« sind, immer umweht ihn ein Hauch des Exklusiven, des Elitären, egal, ob er unter seinen Standesgenossen, unter ihrer Zeit vorauseilenden Künstlern oder Wirtschaftslenkern weilt.

Allerdings darf man sich über das Internat keine falschen Vorstellungen machen. Der spätere Reichsfinanzminister Graf Schwerin von Krosigk besucht ab 1901 die Schule. Da liegt Bodenhausens Eintritt in Roßleben schon zwanzig Jahre zurück. Gänzlich ausgeschlossen scheint es, dass die Bedingungen zu dieser Zeit besser gewesen sind. Über Roßleben am Beginn des 20. Jahrhunderts schreibt Schwerin von Krosigk: »Ostern 1901 brachte mich meine Mutter nach Roßleben. Sie war entsetzt über die Primitivität, die kahlen Schlafstuben mit sechs Eisenbetten, sechs Schemeln, einem schmalen blechbeschlagenen Waschtisch in der Mitte ... und die ebenso kahlen Wohnstuben mit drei in der Mitte geteilten Schränken und sechs ... Pulten; der oberste Teil war Bücherschrank, der mittlere ›Schreibtisch‹, der unterste enthielt Schubladen für Wäsche. Alte Roßlebener empfanden die Schuleinrichtung bereits als unerhörten Luxus; ... Aber auch zu meiner Zeit (= 1901 ff. – d. V.) gab es noch kein fließendes Wasser und kein elektrisches Licht. Wir hatten sechs Petroleumlampen. Das hatte seine Vorteile. Der Morgenkaffee war sehr dünn, nur schwach getöntes Wasser; man hing den Pultschlüssel in den Lampenzylinder bis er glühte, und warf ihn in die Kaffeetasse; dann kochte das Wasser, man tat einen Bouillonwürfel hinein, fertig war die Fleischbrühe.« [87]

Die Lernjahre Eberhards in Roßleben werden dieser Beschreibung vermutlich bis auf's I-Tüpfelchen entsprochen haben. Solche wahrhaft spartanischen Zustände lassen weniger vermuten, dass der preußische Adel seine Jugend hart anpacken will, sondern sie werden eher darauf beruhen, dass wahrscheinlich auf den meisten Landgütern in der Provinz Sachsen kaum andere Bedingungen herrschen. Die »Kultur der Kargheit« [61] lässt grüßen. In den langen Ferienwochen auf den väterlichen Gütern erlernt Eberhard noch jene praktischen Fähigkeiten und Fertigkeiten, die erst den Edelmann komplett machen: Kenntniserwerb über den Gutsbetrieb, Reitunterricht und Heranbildung zum Jäger auf langen Pirschgängen. Die Hauptsache bleibt aber in jenen

Klosterschule Roßleben, heute Internatsgymnasium in freier Trägerschaft (Fotos: Birgit Röhling, 2024)

Jahren die Aneignung und Vervollkommnung der geistigen Materien. Maria von Katte hat in neuerer Zeit die Bilanz der schulischen Bemühungen Eberhards publiziert [44]. Am 2. März 1887 erteilt ihm das Gymnasium sein Reifezeugnis: »Er hat sich durch lautere Gesinnung und durch sein zugleich offenes und bescheidenes Wesen das Vertrauen und die Liebe seiner Lehrer erworben ... Sein Fleiß war gut, die Teilnahme am Unterricht ... nicht überall gleich lebendig ...« Für das Fach Deutsch wird festgestellt: »Die schriftlichen Arbeiten befriedigten mehr durch Richtigkeit und Gewandtheit des Ausdruckes sowie eine gewisse Verständigkeit des Urteils als durch folgerichtige Entwickelung des gegebenen Gedankens.« Das ist aber eine Momentaufnahme. Man wird hier bei Betrachtung der nachfolgenden Zeit schnell zu dem Schluss gelangen, dass gerade auf diesem Niveau Bodenhausen nicht lange verharrt hat. Für die Altsprachen Latein und Griechisch wird ihm Verständnis und Gewandtheit attestiert. Wie sich später zeigt, ist Bodenhausen im Erlernen neuer Sprachen außerordentlich talentiert. Das Französische beherrscht er ohne Probleme: »Bei leichter und sicherer Aussprache und guter Bekanntschaft mit der Grammatik und dem Wortschatz war er imstande, die Schulschriftsteller ohne Anstoß zu verstehen und geläufig zu übersetzen.« Reges Interesse, wachsendes Verständnis und eingehende gründliche Kenntnis der historischen Tatsachen werden ihm im Fach Geschichte bescheinigt. Alles in allem hat ihm das Gymnasium eine feste und sichere Grundlage für die Zukunft beschert. Er verlässt Roßleben mit durchaus passablem Ergebnis. Als ungeschliffener Diamant wird er in Roßleben aber wohl noch nicht erkannt. Und: Dass Bodenhausen in der Klosterschule Roßleben die Schulzeit überdauernde engere freundschaftliche Kontakte geknüpft hätte, kann man ebenfalls nicht feststellen. Die Grundlage für das »Netzwerk Bodenhausen« scheint jedenfalls nicht bis in die Gymnasialzeit zurückzureichen. Anzumerken ist noch, dass eine der »Anpassungsleistungen« des Adels in der Neuzeit die ist, sich grundsätzlich dem staatlich verordneten Bildungssystem unterworfen zu haben [15]. Ohne Prüfungen und ohne Abitur bleibt auch einem Angehörigen der Oberschicht der Zugang zur Universität und zu höheren Verwaltungsstellungen verschlossen. Braun bezeichnet daher bildhaft treffend das Abitur als »Nadelöhr« [15], durch das der junge Aristokrat hindurch muss. Bodenhausen hat diese Barriere mit gutem Erfolg genommen.

JURASTUDIUM IN BONN, LEIPZIG UND BERLIN

Seine nach eigener Einschätzung »impulsive und vorwärtsstürmende Natur« [11] lässt längeres Zuwarten als unverdiente Muße erscheinen. Wahrscheinlich muss er auch dem Willen des Vaters gehorchen, von dem er ja finanziell vollständig abhängig ist. Noch im Sommer 1887 beginnt er ein Jurastudium an der Universität Bonn. Warum Jura? Ganz klar: das ist die Grundlage für eine gehobene Verwaltungslaufbahn oder gar eine »Ministerkarriere« [11], wie sie der Vater wünscht. Als Vorbild schwebt ihm dabei Onkel Heinrich von Boetticher (1833–1907) vor, der höchste Verwaltungsstellen und politische Ämter in Preußen und im Reich innehat [116]. Dessen Mutter ist eine geborene Bodenhausen. Für das juristische Studium wird ebenso gesprochen haben, dass auch Hans Heinrich von Bodenhausen eine Generation zuvor in Heidelberg und Göttingen dieses Fach belegt hat. Das Studium hat er, der Vater, 1861 mit dem Referendarexamen abgeschlossen [113]. Warum die 1818 gegründete Rheinische Friedrich-Wilhelms-Universität in Bonn? Einen Grund wird es geben. Der Verfasser kennt ihn derzeit jedenfalls nicht. Eberhard bleibt zunächst auch nur wenige Semester in Bonn. Das Wintersemester 1888/89 verbringt er schon an der Leipziger Universität. Die Entfernung Meineweh – Leipzig beträgt knapp 60 km. Hat der Vater den Studiosus an die kurze Leine gelegt? Von Leipzig geht er im Sommer 1889 erneut nach Bonn und belegt die dortige Universität. Das Wintersemester 1889/90 absolviert Bodenhausen in Berlin, wo er dann 1891 das Referendarexamen ablegt. In Leipzig wird er am 1. August 1891 mit cum laude zum Dr. jur. promoviert [44]. Das ist das drittbeste Prädikat und entspricht etwa der Note »gut«.

REFERENDARZEIT

Mit dem Abschluss des eigentlichen Universitätsstudiums hat Bodenhausen die Befähigung zum Eintritt in den höheren Verwaltungsdienst erworben. In Preußen ist das Jurastudium durch Gesetz von 1869 und ein Ausführungsreglement von 1879 in einer Weise reformiert worden, die bis in die Gegenwart fortwirkt. Der Weg zum »Volljuristen« erfordert eine zweistufige Ausbildung. Ein mehrjähriger Universitätsbesuch endet mit einer ersten Staatsprüfung. Dem schließt sich das sogenannte Referendariat an. Das ist ein vier Jahre dauernder Vorbereitungsdienst bei Gerichten und Behörden, der der Aneignung praktischer Kenntnisse, Fähigkeiten und Fertigkeiten dienen soll. Der künftige Verwaltungsbeamte muss am Ende des Referendariats ein zweites Staatsexamen ablegen. Nach dessen Bestehen wird er zum Regierungsassessor ernannt. Das ist die Bahn, die auch Eberhard von Bodenhausen vorgezeichnet ist. Nach dem eigentlichen Studium tritt er 1891 den Referendardienst an. Die erste Station führt ihn ab 1892 an das Amtsgericht Halberstadt in der Provinz Sachsen. Es folgt der Dienst beim Landratsamt Wollstein in der Provinz Posen. Ab Ende April 1893 hält sich der Referendar Bodenhausen bei der Regierung in Potsdam auf. Diese verwaltet den gleichnamigen

Eberhard von Bodenhausen als junger Mann, um 1890
(Archiv Schloss Neubeuern, Sammlung von Christophe Freiherr von Meyern-Hohenberg)

Regierungsbezirk in der Provinz Brandenburg. Das Assessorexamen legt er im Dezember 1895 mit der Note »gut« ab [44, 90]. Danach verweilt er jedoch nur noch kurze Zeit in der Verwaltungslaufbahn. Am 26. März 1896 quittiert Bodenhausen den preußischen Staatsdienst [35].

STREIFLICHTER AUS DER JUGEND

In dieser Zeit kreuzen erstmals Menschen den Weg von Bodenhausen, deren Bekanntschaft für ihn bestimmend werden soll. Einesteils entwickeln sich daraus lebenslange Freundschaften, anderenteils entstehen zumindest Kontakte, die für die Zukunft nützlich sein können. Die ersten Triebe des »Netzwerks« sprießen in dieser Zeit und werden unmerklich zu einem Geflecht verknüpft. Weniger ist es die gemeinsame Zeit in den Hörsälen, die verbindet, sondern der gesellige Hintergrund an den Studienorten, der geeignet ist, Bünde zu schmieden. Er lernt meisterhaft den Umgang mit und das sich Bewegen in abgeschlossenen Gemeinschaften. Einen »großen Sinn für Kollektivitäten« hat Hofmannsthal dem Freund in seiner Charakterskizze von 1928 attestiert [10]. König [41] gibt in der Überzeugung der Richtigkeit dieser Beobachtung seiner Bodenhausenschen Kurzbiografie den Titel: »Mit großem Sinn für Kollektivitäten«. Von zwei in das Leben Bodenhausens eingreifenden »Kollektivitäten« soll zum Zweck der Illustration die Rede sein.

Eberhard von Bodenhausen, 1898
(Archiv Schloss Neubeuern, Sammlung von Christophe Freiherr von Meyern-Hohenberg)

»KOLLEKTIVITÄTEN«: DAS CORPS BORUSSIA

Das »Corps Borussia« (Borussia – lat.: Preußen) ist eine 1821 an der Universität Bonn gegründete studentische Verbindung. Seit 1856 gehört sie dem Kösener Senioren-Convents-Verband (KSCV) an. Sie ist »pflichtschlagend und farbentragend« [119]. Die nach außen wahrnehmbare »Haut« der schlagenden Verbindungen besteht in der Ausübung des streng formgebundenen studentischen Fechtkampfes (»Mensur«), einer hierarchischen Struktur und dem durch formalisierte Riten geprägten Feierkult. Gesichtsnarben infolge von Mensurverletzungen werden »Schmisse« genannt. Sie bleiben oft lebenslanger Ausweis vormaliger burschenschaftlicher Betätigung. Das innere Wesen der schlagenden Verbindung ist die Schaffung, Pflege und Kultivierung von Beziehungen für die Zukunft. Die »Alten Herren« der Verbindung, die in Amt und Würden sind, machen es sich zur Ehre, jüngeren Corpsbrüdern das

Leben in Beruf und Gesellschaft wo möglich zu erleichtern. Das Corps Borussia (Farben: schwarz-weiß-schwarz; Devise: Virtus fidesque bonorem corona – dt.: Tugend und Treue sind die Krone der Guten – [119]) führt nicht nur Preußen im Namen; es ist vielmehr auch personell eng mit der Herrscherfamilie verquickt. Diese schickt traditionell ihre Prinzen in den Jugendjahren in die rheinische Universitätsstadt. Kaiser Wilhelm II. selbst ist »Bonner Borusse«. Nicht nur die Hohenzollern, auch die in den anderen Bundesstaaten regierenden Häuser lassen oft ihre Stammhalter Borussen werden. Neben diesen herausgehobenen Gliedern der deutschen Herrscherfamilien entstammt eine überaus große Zahl der Bonner Borussen altadeligen Familien. Bodenhausens spätere Ehefrau bringt es auf den Punkt: »In Bonn tritt er (1887) in das Corps der Bonner Borussen ein. Sie galten als das vornehmste Corps, aus dem sich in jenen Tagen die hohen Beamten des Staates und der Diplomatie rekrutierten [11]«. Eberhard von Bodenhausen reüssiert alsbald bei den Borussen. Er wird »dritter Chargierter, dessen Obliegenheit es war, die Finanzen des Corps zu verwalten, wobei er zum ersten Mal seine administrativen Fähigkeiten erproben konnte« [11]. Es gibt eine brillante Beschreibung des jungen Mannes Bodenhausen, die man weder einkürzen will, noch daraus etwas auswählen kann, weil man dann etwas vielleicht Wichtiges ohne Not wegließe. Harry Graf Kessler beschreibt seine Eindrücke, die er nach einem ersten Zusammentreffen mit Bodenhausen in Bonn gewonnen hat: »Er fiel mir durch eine kalte, aber fast ideale Schönheit auf. Groß, blond, mit einem schlanken, vollendet proportionierten Körper mit Gesichtszügen, die eher englisch oder griechisch als deutsch waren, schien er wie ein zum Leben erwecktes, von einem inneren Feuer bewegtes Bildwerk. Das einzige, was plump an ihm war, waren seine Hände, die schwer und groß waren; er selbst sagte, wenn von Händen die Rede war, lachend: ›Ich mit meinen

Lustmörderhänden!‹ Unter seinen Corpsbrüdern bewegte er sich wie ein König. Die Art, wie er als Unparteiischer mit seinem Schläger dazwischenfuhr, um den Kampf, wenn er unfair zu werden drohte, aufzuhalten, war so souverän und hatte zugleich eine solche fast tänzerische Grazie, dass die Mensur zu einem ästhetischen Schauspiel wurde. Der Paukkomment verbot, dass wir miteinander sprachen, aber ich erinnere mich, dass die ›Preußen‹ Bodenhausen dauernd im Munde führten als einen aufgehenden Stern, ein Vorbild, eine Art von Wunder.« [73, 11] Die Harmonie einer vollkommenen körperlichen Erscheinung wird demnach nur durch überproportional große Hände getrübt. Er muss also, einmal die Überhöhung durch die antike Schwärmerei Kesslers beiseitelassend, ein wirklich schöner Mann gewesen sein. Die »Lustmörderhände«, von denen Graf Kessler redet, scheinen der Familie später peinlich gewesen zu sein. Dora von Bodenhausen nutzt identisches Zitat unter Weglassung der despektierlichen Wendung [11]. Anzumerken bleibt, dass Bodenhausen womöglich ein guter Fechter gewesen ist. Auf den vorhandenen Porträts fallen zumindest Narben im Gesicht kaum auf. Viel wichtiger sind aber die in der Studienzeit geknüpften Kontakte. Auf die Bonner Zeit geht die Freundschaft mit dem Grafen Botho Schwerin-Wildenhoff, Kurt von Mutzenbecher, Morton von Douglas, Sigismund von Treskow, Gisbert von Romberg und Graf Hans Albrecht von Harrach zurück. In der Pleißestadt schließt sich Bodenhausen den »Kanitzern«, »einem durch keine studentischen Formen gebundenen Verein in Leipzig studierender Standesgenossen« [11] an. Hier befreundet er sich näher mit Graf Kessler, Alfred von Nostitz und Gerhard von Mutius. Man muss am Rande erwähnen, dass Bodenhausen über das Corps Borussia wohl auch eine Reihe von Fürstlichkeiten kennengelernt hat. Noch im Jahr 1901 äußert sich der Großherzog von Sachsen-Weimar gegenüber Kessler: »Sie kennen doch meinen Corpsbruder Bodenhausen?«

»Kollektivitäten«: Eberhard von Bodenhausen (2. von links) als Bonner Borusse, 1889 (Archiv Schloss Neubeuern, Sammlung von Christophe Freiherr von Meyern-Hohenberg)

[90] Unbestreitbares Fazit: Am Ende der Ausbildungsjahre ist der Grundstock zu dem »Netzwerk Bodenhausen« gelegt. Selbstverständlich bleibt er dem Corps auch nach der Studentenzeit als »Alter Herr« in Treue fest verbunden. 1902 berichtet er vom Corps-Stiftungsfest, an dem er teilnimmt [11].

»KOLLEKTIVITÄTEN«: DIE BONNER KÖNIGSHUSAREN

Im Wilhelminischen Kaiserreich stehen das Militär und das Militärische in hohem Ansehen. Das hat mannigfaltige Ursachen, die hier nur angerissen werden können. Eine dürfte sein, dass die Reichsgründung selbst politisches Ergebnis einer militärischen Auseinandersetzung gewesen ist. In den ersten Jahrzehnten nach 1871 lebt die Angst vor einer französischen »Revanche«, später führt der Umstand, an den Ost- und Westgrenzen keine freundlich gesinnten Nachbarn zu wissen, zu permanenter Aufrüstung. Ein anderer: Das Soldatische ist allgegenwärtig und für die Bevölkerung von der Wehrpflicht bis zum Platzkonzert erfahrbar. Manch einem Offizier steigt seine Profession zu Kopfe. Überspitzungen geißeln die Witzblätter gnadenlos. Aber am Soldatsein kommt keiner vorbei, auch Eberhard von Bodenhausen nicht. Als Angehöriger der Oberschicht kann er sich eine Institution zunutze machen, die den Begüterten und Wohlhabenden einen verkürzten Wehrdienst einräumt. Das ist der sogenannte »Einjährig-Freiwillige«. Wer einen erforderlichen formalen Bildungsabschluss vorweist, sich selbst ausrüsten, bekleiden und verpflegen kann, muss lediglich ein Jahr aktiven Wehrdienst leisten. Seinen Truppenteil darf er sich aussuchen. Nach brieflichen Bezugnahmen und den tatsächlichen Umständen ist anzunehmen, dass Bodenhausen einen solchen Weg gegangen ist. Sicher ist, dass er 1892 bereits als Reserveoffizier bei den Bonner Husaren geführt wird. Die Eintragung in der Rangliste [78] lautet: »S. L. (= Seconde-Lieutenant) Frhr. v. Bodenhausen (Halberstadt)«. Demnach hat er sein aktives Jahr schon zuvor absolviert und ist nach Erfüllung der Formalien in das Reserveoffizierkorps des Regiments aufgenommen worden. Wahrscheinlich ist, dass zwischen dem Abschluss der Studien und dem Referendariat das Dienstjahr bei der Truppe eingeschoben wird. Das ist nicht unüblich [142]. Dafür spricht auch die Wahl des Regiments, da ja Bodenhausen durch die Universitätszeit Bonn verbunden war. Das dort in Garnison stehende Husaren-Regiment König Wilhelm I. (1. Rheinisches) Nr. 7 ist im Übrigen wieder eine herausgehoben »vornehme« Truppe, so recht geeignet, soldatische Heimat Bodenhausens zu werden. Das aktive Offizierkorps der Husaren ist 1892 zu 100 Prozent adelig. Gleiches trifft für die Jahre 1900 und 1914 zu. Bisweilen »verirrt« sich aber doch ein Bürgerlicher dahin. Bei den Reserveoffizieren wird das scheinbar nicht ganz so streng gehandhabt, aber auch dort dominiert stets der Adel. Eberhard von Bodenhausen gehört dem Korps der Reserveoffiziere der Bonner Husaren mindestens 20 Jahre an. Beförderungen zum Oberleutnant und zum Rittmeister der Reserve erfolgen. Kurz vor dem Ersten Weltkrieg, mit Mitte vierzig, scheidet er aus dem Reservedienst aus. Der Status als Reserveoffizier ist im Wilhelminischen Reich für den Zivilisten, der aus beruflichen Gründen etwas gelten will, Ausweis von Männlichkeit und Kaisertreue. Da Bodenhausen noch viel im Leben vorhat, scheint dieser Weg nur logisch. Dabei ist er alles andere als ein begeisterter Soldat. Nur wenige Zeugnisse in Briefen stellen Verbindungen zu diesem Themenkreis her. Unmittelbar nach Beginn seiner Referendarzeit schreibt er 1892 an Kurt von Mutzenbecher: »Zu meinem Entsetzen werde ich zum Kaisermanöver nach Lothringen (zwischen Diedenhofen und Saarlouis), wo schauderhafte Quartiere sein sollen, eingezogen« [11]. 1896 berichtet Bodenhausen an Kessler: »Ich bin heute mit dem Hahnenschrei aufgestanden, um noch vor dem Dienst zu schreiben. Es ist kaum zu glauben; noch keinen Tag bin ich vor 6 Uhr abends mit dem Dienst fertig geworden. Die grässlichste Übung, die ich je gemacht [90]«. Bodenhausen scheint aber keine schlechte Figur abgegeben zu haben. Bei Beendigung des diesjährigen Reservedienstes weiß er an Kessler zu melden: »Will aber eben den Moment abreisen nach unsinniger Belobigung bei Gelegenheit der Besichtigungen. Ich Soldat!!!« [90] Bodenhausen macht den Eindruck, dass er über sich selbst verwundert ist. Klar ist aber auch: eine aktive Offizierslaufbahn hat er sicher nie erwogen. Im Jahr 1902 spricht sich sein Diarium über die militärischen und gesellschaftlichen Aspekte des Reservedienstes aus. Im Juni / Juli ist Bodenhausen nach Bonn ein-

»Kollektivitäten«: Eberhard von Bodenhausen als Rheinischer Husar
links: als junger Reserveoffizier, um 1892, rechts: als Einjährig-Freiwilliger, um 1891
(beide Abb.: Archiv Schloss Neubeuern, Sammlung von Christophe Freiherr von Meyern-Hohenberg)

berufen. Mit Kameraden wird eine Wohnung angemietet. »Jeden Tag Frühstück in meinem Zimmer, an dem Schloezer und Schulenburg, später auch zuweilen Saldern, Einjähriger bei Schloezer, und, wenn in Bonn anwesend, Metternich teilnehmen [11]«. Das sind Tage umtriebiger Geschäftigkeit. Vom 13. bis 18. Juni bewegt das »Regimentsfest« alle Gemüter. Am 17. findet ein »glänzendes Exerzieren und Klettern vor den Alten Herren des Regiments« statt, am 18. ist »Kaiserparade bei herrlichem Wetter im Hofgarten.« [11] Auch dienstlich wird der Baron gefordert: Er hat zeitweise eine Schwadron zu führen. Marschübungen werden abverlangt (»... ein sehr netter Distanzritt nach Satzvey«).

Geländeausbildung und Felddienst führen Bodenhausen auf den Truppenübungsplatz Elsenborn. Am 31. Juli 1902 darf sich er sich »nach glücklich überstandener Besichtigung [11]« abmelden. Sein Dienst als Reserveoffizier ist für dieses Jahr beendet. Ähnlich dem studentischen Corps Borussia stellt auch das Reserveoffizierkorps des Husarenregiments eine jener »Kollektivitäten« im Hofmannsthalschen Sinne dar. Unter den Reserveoffizieren trifft der Beobachter über die Jahre zum Teil dieselben Namen wieder, die er schon aus der schlagenden Verbindung kennt: Mutzenbecher, Harrach, Romberg, Douglas u.a. Verschiedene regionale Bezüge verweisen auch hier nach Mitteldeutschland. Als Reserveoffiziere gehören Glieder der Aschersleben Industriellenfamilien Douglas (Braunkohle, Kali) und Bestehorn (Papierverarbeitung) den Bonner Husaren für lange Zeit an. Über Jahrzehnte finden sich in den Listen der nicht aktiven Offiziere Angehörige der Familie von Doetinchem de Rande. Vater und Sohn Doetinchem besetzen zwischen 1843 und 1918 die Landratsstelle im Kreis Sangerhausen (Regierungsbezirk Merseburg – [121]). Man wird zwanglos davon ausgehen können, dass über die räumliche Nähe zu Degenershausen sicher auch gesellschaftliche Kontakte der Bodenhausen zu diesen Familien bestanden haben.

Der berühmteste Reserveoffizier der Bonner Husaren dürfte aber ohne Zweifel der Reichskanzler Bernhard von Bülow (1900–1909) sein. Von der Kaiserparade 1902, an der Eberhard von Bodenhausen als Oberleutnant der Reserve teilgenommen hat, schwärmt Bülow noch in seinen »Denkwürdigkeiten«. Die Majestät fordert ihn auf, gemeinsam mit ihm und dem alten Feldmarschall von Loë vor der Front des Regiments zu reiten. Der Kaiser soll nach Bülow erklärt haben: »... es gebe wenige Regimenter, vor deren Front drei Offiziere mit dem Schwarzen Adlerorden reiten könnten. Das Königshusaren-Regiment wäre eine der ersten Pflanzschulen der Armee für hervorragende Offiziere und Generäle nicht allein, sondern auch für große Staatsmänner, und er empfände Freude darüber, daß der Reichskanzler aus diesem schönen Regiment hervorgegangen sei.« [18] Selbst wenn die Neigung Wilhelms II. zu seinem Reichskanzler Bülow später erkaltet, bleibt in Bezug auf diese Truppe und diesen Tag eines sicher, von dem auch Bodenhausen zehren kann: Wie für das studentische Corps Borussia, so gilt ebenso für die Bonner Königshusaren: »nobler« und »vornehmer« geht's kaum.

HALBERSTADT 1892 – EINE MÜTTERLICHE FREUNDIN

Eine besondere Bedeutung gewinnt für Eberhard von Bodenhausen die Referendarstation am Amtsgericht in Halberstadt. Dies aber weniger wegen der fachlichen Beanspruchung, wie ihm wohl überhaupt das sich Tummeln in juristischen Materien scheinbar niemals schlaflose Nächte gemacht hat, sondern wegen einer menschlich anrührenden Episode mit Langzeitwirkung. Die Gattin des Amtsgerichtsdirektors, Georgie Ernst, eine geborene Wappenhans, nimmt sich des jungen Referendars an. Sie bringt ihm »zum ersten Mal das mütterliche Verständnis, das er bis dahin hatte entbehren müssen [11]«, entgegen. Wir erinnern uns: wegen der frühen Scheidung der Eltern wächst Eberhard praktisch ohne Mutter auf. Sicher durch wohlwollendes Eingehen auf diese besondere Situation scheint sich Frau Ernst das Vertrauen Eberhards erworben zu haben. Der dankt es mit lebenslanger treuer Freundschaft. Dora Bodenhausen hat in die veröffentlichte Briefsammlung ein Schreiben an Frau Ernst aus dem Oktober 1893 aufgenommen, in dem sich der junge Bodenhausen an die Zeit zwölf Monate zuvor in Halberstadt erinnert: Das sei, so Eberhard, ein »tränenreiches Jahr« gewesen, weil er feststellen musste, »dass Liebe sich wenden mag« (Liebeskummer?). Er erkennt an sich, dass er in einem Reifungsprozess steht. »Noch ein Jahr, vielleicht zwei, und ich werde Mann geworden sein«, teilt er seiner Briefpartnerin mit [11]. Solche intimen Zeilen zeugen von einem außergewöhnlich hohen Grad persönlicher Vertrautheit, welche er Frau Ernst entgegenbringt. Beide bleiben lebenslang im persönlichen Austausch. Georgie Ernst ist zweifellos eine späte »Ersatzmutter« für Bodenhausen geworden. Im brieflichen Verkehr unterrichtet er Frau Ernst über die Dinge, die ihm widerfahren und bedeutend sind, ganz wie ein Sohn seiner Mutter schreiben würde. Noch wenige Jahre vor seinem Tod lässt er die »liebe gnädige Frau« an den düsteren Ahnungen, die ihn plagen, teilhaben [11]. So bleibt der Aufenthalt in Halberstadt für Eberhard von Bodenhausen stets mit der Erinnerung an eine besondere Frau verbunden, die seine Persönlichkeitsentwicklung mitgeprägt hat. Bodenhausen datiert seine »Erweckung« auf das Jahr am Rande des Harzes. Der »Schatz«, den die »treue und mütterliche Freundin« ihm bewahrt, ist, wie er selbst bei Empfang der Todesnachricht im Oktober 1914 erschüttert gegenüber Hofmannsthal bekundet, die »uferlose Liebe«, die Frau Ernst ihm schenkte. [10]

3.

PRÄGEND: BODENHAUSEN UND DER PAN (1894–1900)

Wann und wo bei Eberhard von Bodenhausen die tiefe innere Neigung zur Kunst in ihren vielgestaltigen Ausprägungen erstmals nach außen gekehrt, sichtbar, hervorgetreten ist, weiß man nicht. Das Gymnasium in Roßleben kommt hierfür wohl eher nicht in Frage. Denn noch in der Bonner Zeit gibt er sich unbedarft. Neteler zitiert aus einem Selbstzeugnis Bodenhausens: »In Bonn hatte ich die Freude ..., in Harrach, der mir schon an sich sehr sympathisch war, einen Kunstfreund und Kenner zu finden, der sein Zimmer geschmückt hat mit Klinger Radierungen ... Er ist klug und sehr gebildet wie ich es bei den Leuten seines Alters jedenfalls noch nie gefunden habe und wogegen ich mich sehr verstecken muß [73].« Hat die erste Bekanntschaft mit dem bald fünf Jahre jüngeren Grafen Hans Albrecht von Harrach die Flamme der Leidenschaft zur Kunst entzündet? Denkbar ist das. Harrach (1873–1963), Spross einer österreichisch-böhmischen Adelsfamilie, ist künstlerisch stark »vorbelastet«. Nicht nur, dass er in Florenz seinen ersten Atemzug tut, sondern noch mehr, dass sein Vater Ferdinand von Harrach ein bekannter Kunstmaler ist, prädestinieren ihn. Dadurch ist er Eberhard in diesen Dingen wohl voraus. Beide werden Freunde, deren Wege sich oft kreuzen. Harrach schlägt auch beruflich eine künstlerische Laufbahn ein, wird geschätzter und anerkannter Bildhauer und Maler.

VORGESCHICHTE: VOM SCHWARZEN FERKEL ZUM PAN

Seit dem Frühjahr 1893, dem Beginn seiner Referendarzeit bei der Regierung in Potsdam, ist Bodenhausen der Reichshauptstadt eng verbunden. Das Getümmel der aufblühenden Großstadt führt auch Künstler aller Schattierungen zusammen. Ein Treffpunkt von Autoren und Malern, die sich vom herrschenden Zeitgeist abheben wollen, ist die »Wein- und Probierstube« von Gustav Türk Unter den Linden / Ecke Wilhelmstraße, genannt »Zum Schwarzen Ferkel«. Das dortige Publikum wird als »Treffpunkt der skandinavisch-deutsch-polnischen Künstlerszene« [138] beschrieben. Dieser Kreis sucht nach Wegen, sich vom als veraltet empfundenen Kunstgeschmack des 19. Jahrhunderts zu emanzipieren. Bodenhausen lernt in der ersten Hälfte der neunziger Jahre dort Dichter und bildende Künstler zuhauf kennen. Von ersteren sind insbesondere Richard Dehmel, Otto Julius Bierbaum, Stanisław Przybyszewski, Arno Holz, Detlev von Liliencron zu nennen [11]. Ebenso zählen von dieser Zeit an die Kunsthistoriker und Museumsleute Alfred Lichtwark und Wilhelm (seit 1914 von) Bode sowie der Kunstschriftsteller Julius Meier-Graefe zum näheren Bekanntenkreis Bodenhausens. Weitere frühe Kontakte entstehen zu den Malern Edvard Munch, Felix Vallotton und Max Liebermann. In diesem personalen Umfeld reifen die Überlegungen, sich auch äußerlich wahrnehmbar für die Kunst der Moderne, als ein solcher Name noch gar nicht »erfunden« ist, in die Bresche zu werfen. Simon (1978) zur Entstehung des PAN: »Der Plan einer Boheme-Clique im Berliner Lokal ›Schwarzes Ferkel‹, sich ein Publikationsorgan zu schaffen, wurde realisiert mit der Gründung einer Vereinigung von bildenden Künstlern, Schriftstellern, Kunstfreunden und Kunstgelehrten, der am 19. VI. 1894 eingetragenen ›Genossenschaft PAN‹« [90]. Die Genossenschaft verantwortet von nun an die Herausgabe einer Kunstzeitschrift. Damit soll der jungen Kunst eine Plattform gegeben werden, die dem Künstler nicht nur Anerkennung, sondern auch »Brot« zu schaffen geeignet ist. Dora von Bodenhausen hebt noch mehr als ein halbes Jahrhundert nach dem Ende des PAN hervor: »Ungewöhnlich für damals wie heute war auch die Höhe des den Mitarbeitern gewährten Honorars [11].« Insoweit ist der Gründung der Zeitschrift eine gewisse soziale Komponente nicht abzusprechen. Mit einem hehren, letztlich nicht zu erfüllenden Anspruch gehen die Gründer ans Werk: »Die Herausgeber waren nicht auf materiellen Gewinn aus, sondern verlegten ... ohne Rücksicht auf kommerzielle, moralische, persönliche oder polemische Fragen unter einziger Würdigung des rein ästhetischen Gesichtswinkels.« [122]

DIE GRÜNDUNG DER ZEITSCHRIFT PAN

Als Rechtsform des Ganzen wird die Genossenschaft, »mit beschränkter Haftung«, wie Bodenhausen gegenüber dem misstrauischen Vater betont [11], gewählt. Mitglieder zahlen gemäß den Statuten einen Beitrag ein. Daneben sind erhebliche Summen eingeworben worden. »Zu den Subskribenten gehörten nicht nur die kunst- und kulturinteressierten Kreise der Berliner Handels- und Bankenwelt, sondern neben dem kunstbegeisterten bayrischen Prinzregenten auch der Deutsche Kaiser und der (russische – d. V.) Großfürst Nikolai Nikolajewitsch ... [11].« Die Höhe des eingesammelten Gründungskapitals beläuft sich schließlich auf etwa 100 000 M [73]. Organe der Genossenschaft sind der Vorstand, die Generalversammlung, in der das Mitglied nach seinen Anteilen Stimmrecht hat und, soweit in den Statuten vorgesehen, ein Aufsichtsrat, der die Geschäftstätigkeit des Vorstands überwachen soll. Die praktischen Schritte: »Am

16. März 1894 wurde die Zeitschrift PAN bei einem Treffen von Richard Dehmel, Stanisław Przybyszewski und Eberhard von Bodenhausen mit Otto Julius Bierbaum in dessen Tegeler Wohnung gegründet. Am 1. Mai 1894 fand die konstituierende Sitzung der Genossenschaft statt [73].« Eintragung der Genossenschaft beim Register des zuständigen Berliner Amtsgerichts folgt, wie oben bereits ausgeführt, am 19. Juni 1894. Die Stellung Bodenhausens in der Struktur der Genossenschaft wird in der Literatur nicht völlig deutlich. Neteler bezeichnet ihn als »Geschäftsführenden Vorstand« [73]. Nicht auszuschließen ist aber, dass er tatsächlich stets als Vorsitzender des Aufsichtsrates fungiert hat. Dies ergibt sich zumindest aus dem Briefverkehr mit dem Vater [11]. Dafür spräche auch, dass Bodenhausen – nachdem sich Graf Kessler verstärkt engagiert – diesem am 14. August 1895 »die Direktion des PAN« anbietet, was Kessler aber ablehnt. So bleibt es weiter bei der faktischen Leitung des PAN durch Bodenhausen. Seine Stellung als Aufsichtsratsvorsitzender wird als »stark« [90] bezeichnet. Mitglieder des Vorstands waren jedenfalls im Sinne von leitenden Redakteuren Meier-Graefe und Bierbaum. Als einer »der beiden geschäftsführenden Vorstände« der Genossenschaft wird der Berliner Rechtsanwalt Georg Merleker 1895 gewählt [90]. Dass Bodenhausen der andere gewesen wäre, dürfte wegen seiner Funktion im Aufsichtsrat kaum denkbar sein.

VÄTERLICHE ERMAHNUNGEN

Bodenhausens Vater lehnt die Aktivitäten seines Sohnes unmissverständlich ab. Neben einem zu unterstellenden grundsätzlichen Desinteresse und Nichtverstehen der künstlerischen Bestrebungen der Zeit dürfte auch die konspirative Weise, in der Eberhard die Sache ins Werk setzt, den Vater gründlich verärgert haben. In einem Brief vom 22. Juli

DRUCKVERMERK: VIERTER JAHRGANG, ERSTES HEFT:
ES WURDEN GEDRUCKT VON DIESEM HEFT: ACHTUNDDREISSIG NUMERIERTE EXEMPLARE AUF KAISERLICHEM JAPAN FÜR DIE KÜNSTLER-AUSGABE, FÜNFUNDSIEBENZIG NUMERIERTE EXEMPLARE AUF KUPFERDRUCK FÜR DIE VORZUGSAUSGABE, EINTAUSENDEINHUNDERT EXEMPLARE AUF KUPFERDRUCK FÜR DIE ALLGEMEINE AUSGABE
DIE FÜNFFARBIGEN ORIGINALLITHOGRAPHIEN VON SIGNAC, LUCE, CROSS, PETITJEAN WURDEN GEDRUCKT BEI A. CLOT IN PARIS
DIE ORIGINALLITHOGRAPHIEN VON THEO VAN RYSSELBERGHE BEI J. E. GOOSSENS IN BRÜSSEL, VON VAN DE VELDE BEI LEUTERT UND SCHNEIDEWIND IN DRESDEN
DIE LICHTDRUCKE NACH ARNOLD BÖCKLIN UND ADOLF HILDEBRAND SOWIE NACH SEURAT UND PETITJEAN BEI A. FRISCH IN BERLIN
DIE AUTOTYPIEN UND ZINKOS DER ABBILDUNGEN IM TEXT WURDEN HERGESTELLT BEI G. BÜXENSTEIN & CO. UND A. FRISCH IN BERLIN
DIE JAPANPAPIERE DER KÜNSTLERAUSGABE UND DER VORZUGSDRUCKE LIEFERTE R. WAGNER IN BERLIN, DAS KUPFERDRUCKPAPIER E. OBST & CO., STRASSBURG-BERLIN
DIE AUFLAGE SELBST (SOWIE DER UMSCHLAG) WURDE HERGESTELLT IN DER OFFIZIN W. DRUGULIN IN LEIPZIG, GEBUNDEN IN DER BUCHBINDEREI-AKTIENGESELLSCHAFT VORMALS G. FRITZSCHE IN LEIPZIG UND WIRD AUSGEGEBEN BEI F. FONTANE & CO. IN BERLIN
IM AUFTRAG DER GENOSSENSCHAFT PAN
DIE REDAKTION: BERLIN W. 35., KURFÜRSTENSTRASSE 44
DR. CÄSAR FLAISCHLEN
AM EINUNDDREISSIGSTEN JULI EINTAUSENDACHTHUNDERTACHTUNDNEUNZIG

Impressum der Zeitschrift PAN, 1898
(Archiv Schloss Neubeuern, Privatbesitz Reinhard Käsinger)

1894 teilt der alte Herr seinem Sohn mit: »Erst nach Deiner Abreise von hier erfuhr ich, was Dich nach Berlin zurückführte. Und wenn ich nicht kurz vor meiner Abfahrt nach Merseburg von Lolo auf eine kurze Notiz in den ›Neuesten Nachrichten‹ über eine neu zu gründende Zeitschrift für Kunst und Literatur aufmerksam gemacht worden wäre, in der unter anderen Begründern auch Dein Name aufgeführt war, hätte ich in Merseburg auf die Frage, wer meines Namens dies sei, die Antwort schuldig bleiben müssen.« [11]

Das väterliche Mahnschreiben ist angefüllt mit dunkelsten Befürchtungen. Besonders die Übernahme des Vorsitzes über den Aufsichtsrat erbost ihn. Prophetisch schätzt er eine diesbezügliche Tätigkeit als »arbeits- und verdrußreich« ein. Er warnt vor geldlichen Risiken, die der Sohn eingehen und der Gefahr, dass er von Dritten ausgenutzt werden könnte (»... hierzu wärest Du und wäre Dein Name zu gut.«) Ergrimmt rät das Familienoberhaupt: »Eine Lehre, die mir Dein Großvater fürs ganze Leben eingeprägt hat, lautet: Was Du immer unternimmst, unternimm es möglichst allein; niemals aber mit anderen in der Weise, dass diese hinter Dir, Deinem Namen und Deinem Vermögen Deckung suchen können.« [11] In der Sache stört sich der Vater vor allem daran, dass die Jugend Eberhards ihn für das Amt ungeeignet mache. »Angeborener Geschmack« reiche nicht, Kunstbildung fehle ihm völlig. Nicht ganz abwegig meint der Vater, dass »die Anfeindungen und Verdächtigungen zurückgewiesener Künstler« seinen Sohn treffen würden. Die vermutete Ausrichtung des Blattes dahin, die »einzig wahre Kunst zu repräsentieren«, beunruhigt ihn. Schwarzseherisch warnt Hans Heinrich seinen Sohn: »Kurz, ich sehe für Dich nur Dornen, nirgends aber Rosen und Lorbeeren.« [11] Ganz so schlimm ist es dann doch nicht gekommen. Eberhard versucht seinen Erzeuger milde zu stimmen und zu beruhigen; aber in der Sache bleibt er hart. Als Aufsichtsratsvorsitzender wolle er nicht in die Öffentlichkeit drängen, auch das Amt, sobald angängig, wieder aufgeben. Was das finanzielle Engagement betrifft, scheint er seinem Vater auch keinen reinen Wein eingeschenkt zu haben. Diesem gegenüber bekundet er, dass er nur wie jedes Genossenschaftsmitglied 100 M eingezahlt habe (»... soviel beträgt meine finanzielle Beteiligung« – [73]). Das ist wahrscheinlich eine »Notlüge«, denn 1897 schreibt Eberhard von Bodenhausen an Caesar Flaischlen, dass er bei Gründung der Zeitschrift seine (geldlichen) »Quellen recht reichlich erschöpft« [73] habe.

DAS »PRODUKT«: DIE ZEITSCHRIFT

Die innovative, kulturbildende Zeitschrift erscheint von 1896 bis zum Jahr 1900 [122]. Sie bringt es auf insgesamt fünf Jahrgänge, wovon der Jahrgang 1895/96 fünf Hefte, die folgenden jedoch nur vier Hefte umfasst. Insgesamt werden 21 Hefte veröffentlicht. Der PAN ist, da er nicht nur vom Text, sondern vor allem von der Bebilderung leben soll, großformatig (37,5 x 30 cm) konzipiert. Von der Gründung bis zur Einstellung der Zeitschrift werden allein 225 Kunstbeilagen publiziert. Die Auflagenhöhe bewegt sich zwischen 1 200 und 1 600 Exemplaren. Lediglich ein »kleinerer Teil« geht in den freien Verkauf. Die Mehrzahl der Exemplare wird über Abonnements vertrieben. Ein notwendiger Einschub: Der Monatslohn eines Arbeiters hat sich um das Jahr 1900 zwischen 60 und 120 RM bewegt [125]. Zurück zum PAN: »Die ›Allgemeine Ausgabe‹ auf Kupferdruckpapier kostete 75 RM, die Luxusausgabe auf kaiserlichem Bütten kostete 160 RM, und die Künstlerausgabe mit zusätzlich lose beigelegter Originalgraphik auf verschiedenen kostbaren Papieren konnte nur von Mitgliedern der Genossenschaft für 300 RM erworben werden. Der PAN ist damit die teuerste deutsche Kunstzeitschrift um 1900.« [122] Als Produkt zeichnet sich der PAN dadurch aus, dass er versucht, die verschiedenen Kunstrichtungen zusammenzuführen. Effinger bezeichnet den Gegenstand der Zeitschrift mit dem Begriff »Mischthematik« [122]. Das bedeutet, es können Leser für alle Sparten künstlerischen Schaffens interessiert werden. Ein Abonnent soll demnach mit aktuellen Tendenzen aus der bildenden Kunst (also Malerei, Graphik, Bildhauerei), der Literatur und Dichtung, des Theaters und der Musik bekanntgemacht werden. Gegenstand der Erörterung zwischen den Protagonisten des Unternehmens bleibt die Frage, ob insbesondere bei den bildenden Künsten vorwiegend auf Werke deutscher

Maler und Bildhauer in der Zeitschrift zurückgegriffen werden oder ob, und dann, in welchem Umfang, ausländische Kunstentwicklungen einbezogen werden sollen. Im Ergebnis wird das starke Bemühen erkennbar, den deutschen und zumindest den westeuropäischen Kunstmarkt in seiner Gesamtheit abzubilden. Der Darstellung von Werken aus dem deutschen Sprachraum schließen sich gewöhnlich Berichte über das Ausland an. Bisweilen werden in den Heften lokale Schwerpunkte gebildet. So erscheinen im zweiten Jahrgang das Berliner, das Dresdener, das Münchner und das Hamburger Heft [90]. Die typographische Gestaltung ist stetem Wechsel unterworfen. Das Ja oder Nein von Zierleisten, Ornamenten und Vignetten wird ausführlich erörtert. Den Titel der Zeitschrift entlehnen die Gründer der altgriechischen Mythologie. Sie wählen als Namen den des Hirtengottes Pan (die römische Entsprechung ist der Faun). Der Gott Pan gehört der Gattung der Mischwesen an, ist im Oberkörper menschlich; der Unterleib ist mit einer Ziege oder einem Widder verwandt. Denken kann man sich bei dem Zeitschriftentitel also mancherlei. Zwar verfügt der Gott über eine furchtbare Schreckensstimme, die Panik auslösen, zu »panischem« Entsetzen führen kann; andererseits gilt er als Virtuos auf der Panflöte und ist überhaupt Musik, Gesang und den Künsten zugetan [68]. Die Wahl des Titels kann so verstanden werden, dass man in der Kunstwelt einen Aufschrei erzeugen, den Philistern das Fürchten lehren will, so, als ob die Posaunen von Jericho ertönten, indem man bewusst sich vom althergebrachten Kunst- und Kulturbegriff zu entfernen sucht. Der Maler und Grafiker Franz Stuck (ab 1906 Ritter von Stuck) gibt dem Titel ein Gesicht. Auf dem Titelblatt der Ausgabe April / Mai 1895 prangt der gewaltige Kopf eines Pans.

AUS DEN TAGEN DES PAN

Der PAN verfügt selbstverständlich über eine Redaktion, wie es im Zeitungsbereich üblich ist. Hier geben ausführend die leitenden Redakteure Bierbaum und Meier-Graefe den Ton an. Weisungen zum Zwecke der Umsetzung erhält diese Redaktion vom Redaktionsausschuss. Die Leitung des Redaktionsausschusses wird Eberhard von Bodenhausen übertragen [73], der damit auch wesentlichen Einfluss auf die inhaltliche Gestaltung der Zeitschrift nimmt. Der Kunsthistoriker Alfred Lichtwark, Direktor der Hamburger Kunsthalle, berichtet über Bodenhausen, dem er gelegentlich einer Generalversammlung der Genossenschaft im Februar 1895 begegnet: »Es war mir interessant, die erschienenen Mitglieder kennenzulernen. Den günstigsten Eindruck machte der Vorsitzende, ein sehr junger Mann, noch nicht dreißig, Freiherr von Bodenhausen ... Der Vorsitzende erwies sich im Gespräch als sehr gewandt und energisch, und mir scheint, dass die Leute, die ihn mir als einen künftigen Minister geschildert hatten, nicht im Unrecht waren [73].« Voller Energie macht sich Bodenhausen ans Werk. Er scheint ganz besessen von der selbst gewählten Aufgabe. Man bedenke, dass ihn niemand zwingt, sich das anzutun. Die mütterliche Freundin Georgie Ernst lässt er im November 1895 wissen: »Jeder Tag bringt eine neue Perspektive für den Pan, eine ungeheure Korrespondenz läuft durch meine Hände; mein Zimmer ist tageweise wie ein Taubenschlag, wo ein fortgesetztes va et vient (ein ständiges Kommen und Gehen – d. V.) von Menschen stattfindet, die alle etwas mit oder für den Pan wollen.« [11]

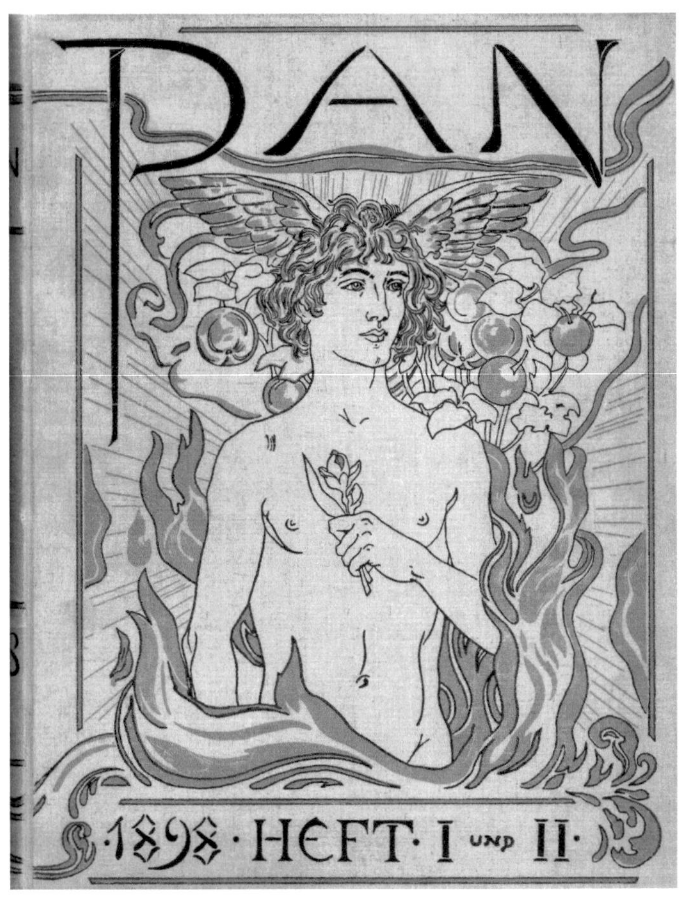

Einbanddeckel Zeitschrift PAN, 1898
(Archiv Schloss Neubeuern, Privatbesitz Reinhard Käsinger)

»PAN CRISIS«

Die ersten drei Ausgaben der Zeitschrift erscheinen unter der Leitung von Bierbaum und Meier-Graefe, dann folgt deren Entfernung durch die Genossenschaft. Ursache dafür sind die Unzufriedenheit mit der Beschaffung von Inhalten und wohl auch finanzielle Unregelmäßigkeiten. Bodenhausen wirft Meier-Graefe »unkontrolliertes Geschäftsgebaren« und eine zu starke Konzentration auf »internationale Kunstinteressen« vor [90]. Streit über die Publikation einer farbigen Lithographie von Toulouse-Lautrec offenbart die Spannungen [11]. Eine Äußerung Bierbaums, der Redaktionsausschuss »sei für ihn und Meier-Graefe lediglich eine Farce, die sie beseitigen würden, sobald sie ihnen lästig werde« [90], soll das Fass schließlich zum Überlaufen gebracht haben. Es kommt zum Eklat: Bodenhausen lässt am 16. Oktober 1895 durch Graf Kessler als seinen Kartellträger Meier-Graefe die Forderung zum Pistolenduell überbringen. Die Sache erledigt sich gottlob noch gütlich. Simon (1978): »... der Fall wurde abgebogen.« Im Dezember 1896 versöhnt sich Bodenhausen in Paris mit dem Kontrahenten. Auch Bierbaum scheint die Sache nicht nachgetragen worden zu sein. [90] Nach der »Pan Crisis« [90] und einer Zwischenlösung führt dann der Schriftsteller Cäsar Flaischlen die Redaktionsgeschäfte bis zur Liquidation der Genossenschaft. Als Ursache der Krise beim PAN benennt Neteler sehr überzeugend das Versäumnis, keine Trennung zwischen kaufmännischer und redaktioneller Leitung vorgenommen zu haben. Das ist ein Fehler, der auch auf der mangelhaften geschäftlichen Erfahrung der handelnden Akteure beruht. Infolge der Ereignisse wird die Herausgabe der Zeitschrift nun dem Berliner Verlagshaus Fontane & Co. übertragen, dessen Kopf Friedrich Fontane, jüngster Sohn des Dichters Theodor Fontane, ist.

Julius Meier-Graefe, 1924
(Deutsches Literaturarchiv Marbach)

AUF REISEN FÜR DEN PAN

In den Gründungsjahren insbesondere ist Eberhard von Bodenhausen werbend für den PAN unterwegs. Es mag Reisen gegeben haben, die er ausschließlich für das Blatt unternommen hat. Jedoch verliert er auch bei jeder anderen Gelegenheit nicht das Interesse der Zeitschrift aus dem Blick. Ob privat oder später als Geschäftsführer der Tropon-Werke unterwegs, verknüpft er die Reisen, soweit angängig, mit dem Besuch von Künstlern an deren Schaffensstätten. Ziel ist, sich von der Qualität der Werke ein Bild zu machen und zu prüfen, ob dieses oder jenes zur Veröffentlichung im PAN geeignet wäre. So durchreist er halb Europa. Einen gewissen Schwerpunkt bildet die Beobachtung der Kunstströmungen in Frankreich und England. Im Bestreben, das innovative Projekt dem ins Auge gefassten Interessentenkreis zu annoncieren, sucht Bodenhausen Leute auf, deren Einfluss man sich gern zunutze machen möchte. Meist verlaufen solche Besuche harmonisch. Manchmal geht es aber auch schief. Von zwei ärgerlichen Vorfällen berichtet Bodenhausen in einem Brief vom 8. Dezember 1894. Gerichtet ist das Schreiben an Frau Ernst in Halberstadt. Konsterniert äußert sich Bodenhausen über den Empfang, den ihm der gerade frisch gebackene Botschafter in Wien, Graf Philipp Eulenburg bereitet. Jener (der es später noch zu unerwünschter öffentlicher Aufmerksamkeit bringen wird) nahm sein Anliegen betont »kühl und reserviert« entgegen. Und dies, obwohl er sonst als an den Künsten interessiert und im Verkehr als liebenswürdig gilt. Aber Eberhard gibt sich selbst die Schuld dafür. Er habe versäumt, Eulenburg vorab über seine Person zu orientieren. So kommt es, dass, wie Bodenhausen es umschreibt, auch der Botschafter in ihm »offenbar nur den Genossenschaftsknecht« [11] gesehen habe. Zu einem ganz unangenehmen Auftritt kommt es, als sich der Werber für die Kunst beim Bankhaus Rothschild melden lässt. »Leider bin ich dann auch zu den Rothschilds gegangen und bin von dem einen in so pöbelhafter Weise empfangen worden, dass ich ihn gefordert hätte, wenn ich nicht ganz allein in Wien gewesen wäre und weiter einen großen Eklat gefürchtet hätte. Als ich am Morgen in sein Palais kam, ließ er mich bitten, am Nachmittag in das Bankhaus zu kommen, und als ich mich dort einfand, ließ er mich durch seinen Sekretär abfertigen« [11]. Die Wut über diese schmähliche Behandlung, die in dem Besucher des ersten Bankhauses der Welt kocht, wird in seinen Zeilen spürbar. Ihm sei, so Bodenhausen, »den ganzen Abend davon ganz elend« gewesen. Aber er findet Trost in der Tatsache, dass er »all diese großen Unannehmlichkeiten für eine Sache erleide, die etwas Gutes zu werden verspricht« [11]. In der Summe überwiegen aber die im Zusammenhang mit dem PAN angeknüpften positiven Bekanntschaften und Freundschaften, so dass die »Sache« letztlich doch zu einem gewaltigen Aufwuchs ideeller Natur für Bodenhausen führt.

KAMPF UM INHALTE

Um die zu veröffentlichenden Inhalte wird oft hart gestritten. Der Meinungsaustausch zwischen Bodenhausen und Kessler ist angefüllt mit der Auseinandersetzung über Detailfragen. Ersichtlich wird, dass es Bodenhausen und Graf Kessler sind, die darüber entscheiden, wer was im PAN veröffentlicht. Beim Blick in die Briefe Bodenhausens aus jener Zeit wirkt der junge Mann manchmal gar nicht mehr so nett und konziliant. Die Beurteilung des Werts oder Unwerts dieser oder jener künstlerischen Leistung, dieses »sich aufwerfen« zum Richter, ist nicht frei von leicht fanatischen Zügen [90]. Verbissen kämpft er gegen Werke an, die ihm als »Scheußlichkeiten, Geschmacklosigkeiten (und) Taktlosigkeiten« [11] erscheinen. 1895 möchte er ihm nicht

Genehmes »mit Feuer und Schwert vertilgen« [11]. Noch im Sommer 1897 äußert sich Bodenhausen über Flaischlen, wenngleich man das nicht zu wörtlich nehmen sollte, recht abfällig. Dieser sei doch ein »zu großer Idiot«, weil er »immer wieder einen kleinen Dreck in's Heft schmuggele« [90]. Der so Gescholtene harrt dennoch bis zur Liquidation der Genossenschaft aus. Zu berücksichtigen wird sein, dass sich Bodenhausen bedingt durch äußere Entwicklungen in der Folgezeit etwas zurücknimmt. Seine geplante Weltreise, der spätere Eintritt bei Tropon und die anstehende Eheschließung lenken seine Aufmerksamkeit in andere Richtungen. Wohl sehr zu Recht bezeichnet Neteler das Jahr 1897 insoweit als »Zäsur«: »Doch das ständige unmittelbare Interesse und die Bereitschaft, sich um alles zu kümmern, ging mit dieser Reise zu Ende.« [73] Ohne, dass Kessler förmlich den Aufsichtsratsvorsitz übernimmt, wird er neben Woldemar von Seidlitz, zur wichtigsten Person. Bodenhausen agiert bezüglich des PAN von nun an mehr aus dem Hintergrund.

BODENHAUSEN ALS AUTOR IM PAN

Es ist nur zu gut verständlich, dass Eberhard von Bodenhausen durch die tatsächliche und geistige Nähe insbesondere auch zu Künstlern der schreibenden Zunft, zu eigener dichterischer Tätigkeit animiert wird. Dabei sollte man bedenken: Er ist 1894 gerade einmal 26 Jahre alt und ein Suchender. Zwar steht er nahezu am zeitlichen Endpunkt einer volljuristischen Ausbildung, aber was »droht« danach? Der Eintritt in eine ungeliebte Verwaltungslaufbahn? Da kann man schon verstehen, dass er sich auch mit der Feder, »als Lyriker, als Verfasser von Prosa und als Essayist« [73], versuchen will. Ein erstes, frühes Produkt stellt das Gedicht »Heimweh« dar, das in Heft 5 des ersten PAN-Jahrganges veröffentlicht wird. Aber er wirkt unsicher, unentschlossen, will sich nicht zu dem Werk bekennen. Fast scheint es, als schäme er sich eigentlich für sein Tun. Er wählt das Pseudonym Hans Bruckner. Zur Begründung führt er aus: »Das Gedicht wollte ich nicht unter meinem Namen segeln lassen; das ist doch wohl begreiflich, daß mir nicht daran liegt, als halbvertrottelter Lyriker zu gelten« [90]. Die Zeitschrift rahmt das Gedicht mit einem floralen Rankenornament von O. Eckmann und dem Profil eines geheimnisvoll wirkenden Mädchenkopfes von A. v. Welie [90]. Einen Zusammenhang zwischen dem trüben Einschlag des Gedichts und einer konkreten persönlichen Lebenslage Eberhards wird man annehmen können. Die Reaktionen auf das Werk des Anonymus sind im Kreis der Wissenden geteilt. Der Bodenhausen wohl gewogene Schriftsteller Stanisław Przybyszewski, dem er eigene Gedichte und Prosa zur Durchsicht übermittelt hat, schätzt die Leistung Eberhards als warm, innig und von individuellem Gepräge getragen ein. Sein Können sei bar jedes Dilettantismus; es liege »eine echte künstlerische Tat« [73] vor. Allerdings rät er, weil ihm die Gedichte nicht gefallen, eher zu Prosaarbeiten. Ungeniert und direkt kommt ihm Julius Meier-Graefe: »Ihre Sache wirkt auf mich durchaus echt, weil ich Ihre Persönlichkeit dahinter sehe; Leute, die Sie nicht kennen, wird sie weniger zusagen. Wohl möglich, dass sie den Durchschnitt unserer jungen Lyriker erreicht oder übertrifft – was haben Sie davon! Sagen Sie mir nur eins, warum wollen Sie durchaus auch produzieren? ... Heute produziert alles, jeder, der einmal geliebt, gehungert, genossen, gelitten hat, schreibt und publiciert; die Leute verwechseln das Sympathische ihrer Schicksale mit dem Künstlerischen, das damit gar nichts zu tun hat. Es liegt etwas Subalternes in dieser Auchdichterei; Herr Gott, Sie sind ein so durch und durch aristokratischer Mensch; halten Sie es einer Ambition würdig, gemeinsam mit all diesen Leuten II. Ranges Ihre Gefühle zu prostituieren.« [11, 73] Der Kritiker weist Bodenhausen eine andere Richtung: Mit seinem unwiderstehlichen Charme, seinem Vermögen etc. sei er vielmehr der »geborene Mann für eine Sache wie unseren PAN.« [73] Dieses Urteil dürfte Bodenhausen nicht unbeeindruckt gelassen haben. Wohl arbeitet er 1896/97 – unter sicherer Einbeziehung autobiografischer Aspekte [73, 90] – nochmals an einem Prosawerk. »Draußen wo die Sonne aufgeht« sollte es heißen. Noch immer bleibt er beim Pseudonym Hans Bruckner. Eine zunächst beabsichtigte Veröffentlichung im PAN unterbleibt. Stattdessen entscheidet er sich für einen Privatdruck, der an gute Freunde als Geschenk gegeben wird. Die Kritik ist durchwachsen. Zwar rühmt Przybyszewski unter Verweis auf die ihm bekannten literarischen und essayistischen Versuche Bodenhausens die leichte und klare Sprache und attestiert ihm dichterische Begabung. Richard Dehmel hingegen bemängelt fehlende »sinnliche und geistige Ausgestaltung, d. h. das Künstlerische.« [73] Man wird nicht fehlgehen, dass Eberhard seine Versuche der »Auchdichterei« etwa zu dieser Zeit eingestellt hat. Eine andere Ursache dafür wird in den veränderten Lebensumständen (Eheschließung, Tropon, Rückzug aus dem Tagesgeschäft des PAN) zu suchen sein. Ganz anders verhält es sich mit den Wortbeiträgen kunstbetrachtender Natur. Im PAN hat Bodenhausen eine Reihe von Essays veröffentlicht, darunter im April 1897 eines über die Buchkunst in England.

DIE LIQUIDATION DES UNTERNEHMENS

Eine Intention der Zeitschriftengründung ist es gewesen, der jungen Kunst verschiedener Sparten ein Forum zu bieten und dafür anständige Honorare zu zahlen. Das ist eine Sache, die beachtlich scheint, die andere die, dass kein geheimnisvoller Finanzmagnat im Hintergrund die Strippen zieht, kein bedeutendes, am Markt etabliertes Unternehmen der Eigentümer der Zeitschrift ist. Demzufolge lebt die Genossenschaft PAN sozusagen »von der Hand in den Mund«. Streng genommen stehen dafür nur die Genossenschaftsbeiträge und die Verkaufserlöse zur Verfügung. Es soll die Herausgabe eines Jahrgangs möglichst die Finanzierung des nächsten Jahrganges decken. Lücken werden durch in der Berliner Bankenwelt und bei wohlhabenden Kunstfreunden aufgenommene Darlehen geschlossen. Ohne solches Verfahren scheint die Genossenschaft nie ausgekommen zu sein. Schon in der Gründungsphase hilft das Bankhaus Hardy & Co. »mehrere Male durch Finanzspritzen« [90]. 1896 gibt der Berliner Bankier und Kunstsammler Karl von der Heydt »ein größeres Darlehen – worauf seine (zuvor abgelehnten) Gedichte in der Zeitschrift Platz fanden« [90]. Man sieht, ganz ohne Kompromisse geht es nicht. Wirtschaftlich gut ist es dem PAN wohl nie gegangen. Bereits Ende 1896 bringt Woldemar von Seidlitz den Verkauf der Zeitschrift ins Gespräch, weil der Verlag von Paul Cassirer nicht abgeneigt sei, den PAN zu übernehmen. Eberhard von Bodenhausen bekundet aus Madrid dazu gegenüber Graf Kessler: »Seidlitz denkt an Abgabe des PAN an einen Verlag. Bitte widersetzen Sie sich dem mit aller Entschiedenheit. Dazu haben wir nicht diese enorme Arbeit geleistet. Lieber mit Ehren zu Grunde gehen; und nur unter der Bedingung weiter leben, dass wir das Heft absolut in der Hand halten. Jeder andere Mensch in Deutschland wird uns den PAN verpfuschen; dann lieber tot.« [90] In den Jahren vor dem Jahrhundertwechsel verschärfen sich die Geldprobleme außerordentlich. Gläubiger werden um Darlehensverzichte angegangen [90]. So ist es naheliegend, dass die Genossenschaft ernsthaft beginnt, sich über Sinn und Unsinn der Fortführung des Projekts Gedanken zu machen. Auch Bodenhausen möchte jetzt nur noch »mit Ehren abschließen« [90], lediglich ein »Verschachern« an den Verlag von Paul Cassirer wünscht er nicht. Die Genossenschaft wird liquidiert. Die von den Statuten erforderte erste Versammlung findet am 4. November 1899, die zweite am 16. Juni 1900 mit der Folge der endgültigen Liquidation der Genossenschaft statt. Es scheitert ein von überschäumender Begeisterung und grenzenlosem Enthusiasmus der Beteiligten getragenes Kulturprojekt europäischer Dimension an schlichtem Geldmangel. Vor allem die »große Exklusivität in der Aufmachung und im Preis« [122] haben den PAN nicht dauerhaft auf dem Markt der Kunstzeitschriften etablieren können.

WAS BODENHAUSEN DURCH DEN PAN GEWONNEN HAT

Zu allererst wird man hier einen gewaltigen Zugewinn an wichtigen Bekanntschaften außerhalb des Adelskreises zu konstatieren haben, von denen manche in eine lebenslange Freundschaft münden. In diesen Jahren entsteht wirklich das »Netzwerk Bodenhausen«. Nicht zu vernachlässigen ist sodann der ungeheure Zuwachs an Wissen und Urteilsfähigkeit. Schon Ende 1895 schätzt er den immateriellen Gewinn, den ihm die Tätigkeit für die Zeitschrift beschert, selbst zutreffend ein: »Es ist einfach unglaublich, wieviel ich erlebe, wie beinahe jeder Tag etwas neues bringt, wie immer neue Gesichtspunkte sich ergeben, wie der Gesichtswinkel sich erweitert und wie Steinchen zu Steinchen sich gesellt zum Aufbau dessen, was man Bildung zu nennen pflegt ...« [11]. Weiter ist für Eberhard von Bodenhausen die PAN-Zeit dadurch gekennzeichnet, dass er die Fähigkeit multifunktionellen Arbeitens lernt und – wohl unbewusst – zur Vollkommenheit fortentwickelt. Aufsichtsratsvorsitz beim PAN und der damit verbundene außerordentliche Aufwand an Mühe und Zeit laufen stets parallel zu anderen Tätigkeiten, die ihn fordern. Bis Frühjahr 1896 ist er als

Referendar Staatsbediensteter, ab 1897 Geschäftsführer der Tropon-Werke. Dennoch entsteht bei Durchsicht der veröffentlichten Briefe nie der Eindruck, Bodenhausen vernachlässige seine übernommenen Pflichten gegenüber der Genossenschaft. Im Gegenteil: Umfang und Vielgestaltigkeit der Anforderungen stählen ihn für die größeren Aufgaben, die die Zukunft für ihn bereithält. Er tritt werbend für die Sache ein, er muss verhandeln, entscheiden und sich durchsetzen. Alles Tätigkeiten, die einem nicht nur Freunde schaffen. Die weitere Entwicklung seiner Anlagen ist indes das eine, das andere aber die Erfahrung, dass jedes noch so edle und gut gemeinte Vorhaben, wenn es wirtschaftlich tragen soll, sich »rechnen« muss. Geordnete Finanzen werden als Grundvoraussetzung jeder Unternehmung erkannt. Ein Weg dazu, so die weitere Lehre, sind klare, durchschaubare Strukturen. So wird man nicht zu weit gehen, wenn man sagt, dass Bodenhausens Engagement beim PAN ihn zum Kaufmann und »Manager« hat reifen lassen. Ohne PAN kein Engagement bei Tropon und bei Krupp. Auch eine andere bedeutsame Wendung für die Zukunft des jungen Mannes haben scheinbar die PAN-Jahre gebracht: Er weiß für seine Person, dass er kein ausübender Künstler, also hier Dichter oder Schriftsteller, werden wird. Zum einen will er nicht in Konkurrenz zu von ihm geschätzten Literaten treten. Zum anderen ist ihm bewusst, dass eine solche Laufbahn ihn unter keinen Umständen standesgemäß ernähren kann. Er gewinnt Klarheit dahingehend, den Künsten und den Künstlern weiter als Ratgeber, Organisator, leidenschaftlicher Kenner, Liebhaber und Mäzen zur Verfügung zu stehen, aber selbst ein Leben als Angehöriger der schreibenden Zunft zu führen, kommt für ihn, falls er so etwas je erwogen haben sollte, nicht mehr in Frage.

4.

PRÄGEND: HUGO VON HOFMANNSTHAL UND BODENHAUSEN – EINE FREUNDSCHAFT FÜR'S LEBEN (ab 1897)

Legion muss die Zahl der mehr oder minder bedeutenden Menschen gewesen sein, die Bodenhausens Weg im Lauf der Jahrzehnte gekreuzt haben. Dennoch: nur Wenige dürfen sich tatsächlich als Freunde Eberhards bezeichnen. Die nachstehenden Erwägungen gelten für alle die Personen, die ihm nahegestanden haben, wenngleich sich unter diesen wiederum Hugo von Hofmannsthal an ganz herausgehobener Stelle befindet.

ZUR THEORIE DER FREUNDSCHAFT

Welches Geheimnis umweht die berühmten Männerfreundschaften der Weltgeschichte? Welche Kraft hat eine Beziehung wie die des Dichters Goethe zu seinem Landesherrn Carl August ein Leben lang vor dem Erkalten bewahrt? Bündige Antwort hält vielleicht schon Meyers Konversationslexikon [66] bereit. Die Klassiker der Nachschlagewerke vom Ende des 19. Jahrhunderts zeichnen sich vor allem dadurch aus, dass sie auch die Psyche des Menschen zergliedern, dessen Gefühlsregungen, jeden Wimpernschlag – zum Teil mit enervierender Detailversessenheit – erklären. Das, was man eigentlich schon ahnte, für selbstverständlich hielt, bringen Meyers und der Brockhaus auf den Punkt und kleiden es in wohlgeformte Sätze. Hat vielleicht ein zwanzigbändiger Meyers oder Brockhaus in Bodenhausens Studierstube gestanden? Wer weiß. Die bezeichnete zeitgenössische Quelle definiert Freundschaft jedenfalls zunächst als »ein Verhältnis gegenseitiger Zuneigung«, die auf dem »Bewusstsein äußerer oder innerer Gleichheit« beruht. Die äußere Gleichheit kann auf »gleiche Abstammung, gleiche Welt – und gesellschaftliche Stellung, Gleichaltrigkeit, gleiche Geschäfts- oder Vergnügungszwecke« zurückgehen. Das ist dann die »weltliche Freundschaft«, zu der u. a. auch die Waffenbrüderschaft und das gemeinschaftliche Pokulieren (»Zechbrüderschaft«) gehören. Es ist klar, dass einem Eberhard von Bodenhausen – davon abgesehen, dass dann alle Adeligen untereinander Freunde sein müssten – dies nicht zur Begründung tieferer Gefühle genügen kann. Eine freundschaftliche Beziehung muss daher auf höheren Werten basieren, muss im Kern Elemente des Edlen, Uneigennützigen mit einem Hang zur Weltverbesserung aufweisen. Das ist Freundschaft, die auf »innerer Gleichartigkeit (der Überzeugung, des Geschmacks, der Gesinnung)« sich gründet. Sie heiße, so Meyers Konversationslexikon [66], »geistliche Freundschaft« (nicht im religiösen Sinne, sondern als »Freunde im Geist« auszulegen). Die geistige Freundschaft wird charakterisiert als eine Übereinstimmung im Denken, Fühlen und Wollen. Sie führt zu einem »Geister-, Seelen- oder Charakterbund«. Das ist die Basis der jahrzehntelangen Freundschaft Bodenhausens mit Hofmannsthal, Kessler, van de Velde und anderen.

TECHNIKEN DER FREUNDSCHAFT

Die in diesem und im nächsten Kapitel behandelten Personen sind mit Bodenhausen und untereinander im jungen Erwachsenenalter bekannt geworden. Neben persönlicher

Sympathie hat die Übereinstimmung der geistigen Interessen die Freundschaft am Leben erhalten. Nur am Rande Meyers Lexikon sehr treffend: »Daher erlischt die Freundschaft, sobald die Übereinstimmung aufgehört hat ...« [66]. Wer glaubt, die »innere«, geistige Freundschaft habe etwas mit dauernder Nähe zu tun, irrt. Von geringen Zeitfenstern abgesehen, sind die Protagonisten einander räumlich fern gewesen. Die glücklichen Momente wechselseitiger Besuche und persönlicher Treffen werden über die Jahre immer seltener. Jeder beschreitet im Leben eigene Pfade. Oft sehen sich die Freunde jahrelang nicht. Diesem misslichen Umstand hilft ein mehr oder minder intensiver Briefwechsel ab. Der Austausch von Briefen ist das Mittel der Wahl. Gedanken, Wünsche, Hoffnungen, Projekte, Schilderung von Erlebtem, Freud und Leid aus dem Familienkreis, Empfehlungen, Reiseeindrücke, Teilnahme am intellektuellen Genuss des anderen und Unzähliges mehr gelangen so an den Empfänger. Jener sieht das Bild des anderen nebelhaft vor sich aufscheinen, erinnert sich letztvergangenem Zusammenseins. Eine Momentaufnahme aus dem Jahr 1904 – Eberhard an den »lieben Hugo«: »Meine Feder schmiert und solche Dinge stören mich sehr. Im Geiste bin ich die ganze Zeit, während ich dies schreibe, bei Euch vor Deinem Schreibtisch und sehe den Mantegna und den Rodin« [10]. Da man sich in Schemen beinahe zu sehen oder zu hören (»... hörte Ihre Stimme aus Ihren Briefen ...« [11]) glaubt, den anderen stets nahe wähnt, vergisst man den Genossen auch nicht. Es wird bemerkt, wenn über geraume Zeit keine postalische Botschaft eingeht. Für Kurzmitteilungen greift man zur Postkarte. Eilige Nachrichten werden im typisch gehackten und wortarmen Schreibstil per Telegramm versendet. Durch die Briefe zieht sich wie ein roter Faden der Wunsch, den jeweils anderen doch bald einmal wieder persönlich treffen zu können. Aber es ist wie verhext: Ist der eine in Wien, Berlin oder sonst wo, muss der andere nach Paris oder nach

Weimar. Die persönlichen Kontakte, so der Eindruck, nehmen wegen der äußeren Umstände tendenziell eher ab. Aber nicht überraschend tut das der Freundschaft – eben, weil es eine »innere«, geistige ist – keinen Abbruch. Die briefliche Anteilnahme am Schicksal des anderen, so erscheint es, ist eine sehr intensive, gehaltvolle Sache, vermutlich manchmal ergiebiger als ein kurzer Gedankenaustausch gelegentlich eines Hotelfrühstücks. Briefe werden als Andenken heilig geachtet und archiviert, auch bei Bedarf weiterverbreitet. So kann man ein solches Schriftstück mit Bitte um Einsicht und Rückgabe an einen weiteren Adressaten reichen. Wenn der Schreiber es wünscht – wie Kessler bei verschiedenen Kriegsbriefen [21] – fertigt der erste Empfänger Abschriften, die dann an einen vom Verfasser bezeichneten vertrauten Kreis gesendet werden (»Sammelbriefe«). Private Schriftstücke an die Freunde werden im Regelfall von eigener Hand geschrieben. Bisweilen bedienen sich die Versender schon der Schreibmaschine, einer Technik, die nach der Jahrhundertwende ihren Siegeszug antritt. Ab und an schreiben beim Vorliegen von Hinderungsgründen Beauftragte, wie z.B. Hofmannsthals Ehefrau Gerty, statt seiner oder Bodenhausens Sekretär, der bei der Firma Krupp für ihn tätig ist. Das Telefon hat sich als Massenkommunikationsmittel augenscheinlich noch nicht durchgesetzt. Der Brief ist und bleibt das Maß aller Dinge. Literaturwissenschaftler beschäftigen sich mit der »Epistolarkultur« um 1900 und konstatieren ein epochetypisches Anschwellen, ja Ausufern des »Briefeschreibens«. Das Deutsche Literaturarchiv in Marbach besitzt beispielsweise 6000 an Harry Graf Kessler gerichtete Briefe [90]. Für Hugo von Hofmannsthal geht man von wenigstens 10000 hinterlassenen Briefen aus [85]. In den Zeiten des PAN bekundet Bodenhausen, an einem Tage, genauer »im Lauf des Nachmittags«, 25 Briefe verfasst zu haben [10]. Doch genug des Atmosphärischen. Lernen wir Hofmannsthal kennen.

HUGO VON HOFMANNSTHAL (1874–1929)

Herkunft und Jugend

Hugo von Hofmannsthal ist und bleibt im Verhältnis zu dem Netzwerk enger »deutscher« Freunde immer »der Österreicher«. Seine ganze Prägung wird bestimmt durch einen Kulturkreis, der von dem Eberhards fühlbar abweicht. Hofmannsthal ist alles, was Eberhard von Bodenhausen nicht ist: süddeutsch, katholisch, von sehr jungem Adel, mit einem Herkunftsstrang ins Jüdische. Um mit letzterem zu beginnen: Ein Urgroßvater des Dichters ist Isaak Löw Hofmann, der wegen seiner »Verdienste um die österreichische Seidenindustrie im Jahre 1835 nobilitiert wurde.« [80] Der Großvater konvertiert zum Katholizismus. So verwischt sich die israelitische Abstammung zur Unschärfe. Dennoch wird Hofmannsthal bisweilen – wohl auch nicht selten dann, wenn ihm jemand Übel will – mit diesen, seinen Ahnen mosaischen Glaubens, konfrontiert. Noch 1925 sieht sich Hofmannsthal zu folgender Klarstellung veranlasst: »Darf ich, im Vorübergehen, eine persönliche Bemerkung machen? Sie nennen meinen Namen auf einer der ersten Seiten in einer Reihe (sehr achtbarer) deutscher Schriftsteller, die Juden sind. Unter meinen vier, zu Anfang des XIXten Jahrh. geborenen Großeltern war *ein* (Heraushebung im Original – d. V.) Teil jüdischer Herkunft, die drei anderen jeweils niederösterreichisch-bäuerlicher, süddeutscher (schwäbischer), u. italienischer (altlombardischer)« [51].

Was den Adel Hofmannsthals anbelangt, so mag dieser jung sein, dem Dichter sichert er aber dennoch einen herausgehobenen sozialen Status [80]. Allerdings ist das Vermögen der ersten »industriellen« Generation schon im Mai 1873 im »Wiener Börsen- und Bankenkrach« untergegangen. Als Hofmannsthal am 1. Februar 1874 in Wien das Licht der Welt erblickt, zeichnet sich demnach schon ab, dass sein

Vater als »Gehaltsempfänger« [80] für den Unterhalt der Familie sorgen muss. Er bringt es schließlich zum Direktor der Österreichischen Central-Boden-und Credit-Bank. Hugo bleibt das einzige Kind dieser Ehe. Die Mutter, geborene Fohleutner, wird als anstrengend, »psychisch labil« [80] und von »krankhafter Sensibilität« [22] beschrieben. Seine eigenen nervlichen Erregungszustände und depressiven Verstimmungen betrachtet der Dichter später als Erbteil der Mutter. Dem Kind wird bald bescheinigt: »Empfindsamer Hochbegabter, der früh ein kleiner Erwachsener« wird [80]. Quasi als Kompensation für den Verlust des Familienvermögens erhält der Erwerb von Bildung die erste Rangstelle in der Erziehung des Knaben zugewiesen. Durch exzellente Ausbildung soll die materielle Sicherstellung des Nachwuchses zukünftig garantiert werden. Den Privatlehrern folgt das Akademische Gymnasium. Den Weg zum Dichter pflastern Lektüreerfahrungen: »Der Umgang mit Büchern war die Hauptbeschäftigung des einsamen Kindes ... Hinzu kamen die häufigen Theater- und Opernbesuche, die seine Phantasie ... beflügelten, ...« [22]. Als 16-jähriger Gymnasiast erringt er unter dem Pseudonym Loris erste Anerkennung und knüpft Kontakte in die Wiener Künstler- und Mäzenatenwelt. Gerade wegen der deprimierenden Erfahrung der Eltern, dass einmal erworbener Wohlstand wie Laub im Herbstwind verwehen, eben vergänglich sein kann, stellt sich denn auch im Haushalt Hofmannsthal die Frage, welche Berufswahl die beste für den Sohn sei. 1892 wird er zu einem Studium der Rechtswissenschaften an der Wiener Universität gedrängt. Nach der ersten Staatsprüfung 1894 gibt er entnervt auf (»Nicht eine Stunde lang hab' ich zu diesem Fach eine lebendige Beziehung gewinnen können.« – [22]). Dem Militärdienst folgt 1895/96 ein Studium der Romanistik, das ihm mehr liegt als das vorige Studienfach. 1898 wird er zum Doktor promoviert. Nun, in den neunziger Jahren, ist er schon ein aufstrebender Stern, der sich mit Gedichten, kleinen Dramen, Erzählungen und Novellen einen Namen gemacht hat. Geprägt ist diese Phase von einem gewissen Dualismus: Auf der einen Seite tastet Hofmannsthal Möglichkeiten ab, einen »Brotberuf« zu ergreifen, auf der anderen Seite erwägt er eine Tätigkeit als »freier Schriftsteller«. Noch ist nichts entschieden. Das ist der Stand, als Bodenhausen und Hofmannsthal einander kennenlernen.

Erste Bekanntschaft mit Bodenhausen

Die nähere Veranlassung, sich mit dem Literaten Hofmannsthal zu beschäftigen, ergibt sich aus der Tätigkeit Bodenhausens für den PAN. Frühe Kontakte des Dichters zur Redaktion des PAN bestehen schon seit Ende 1894 [90]. Bis zu dem persönlichen Kennenlernen im Juni 1897 [90] hat Hofmannsthal schon verschiedentlich in der Zeitschrift publiziert. Man weiß also zwar von einander, ist sich jedoch noch nicht von Angesicht zu Angesicht begegnet. Gelegentlich einer Geschäftsreise, die, wie es Eberhards Art ist, mit einer Werbereise für den PAN verquickt wird, treffen die jungen Männer in Wien aufeinander. Bodenhausen ist da 28 und Hofmannsthal 23 Jahre alt. Der Reisende in Sachen Kunst hat einen Plan. Unzufrieden mit dem literarischen Niveau der Zeitschrift, will er dieses durch weitere Veröffentlichungen Hofmannsthals heben. Kessler lässt er aus der Donaumetropole am 17. Juni wissen: »Hier hoffe ich Hofmannsthal zu kirren, dann können wir uns doch mal wieder sehen lassen.« [90] Der Erfolg des Treffens besteht in der weiteren künstlerischen Unterstützung der Jugendstilzeitschrift durch den jungen, aufstrebenden Wiener Dichter, wenngleich, wie der Briefwechsel Kessler – Hofmannsthal aus dieser Zeit bezeugt, die praktische Zusammenarbeit im Redaktionellen nicht frei von Missstimmungen und Unzuträglichkeiten gewesen ist. Ende 1898 schlägt der Dichter dem Grafen Kessler sogar vor: »... wir wollen einmal diesen dummen ›Pan‹ aus unserer Correspondenz ausschalten.« [21] Nur zur Erinnerung: in dieser Krisenphase hat sich Bodenhausen bereits aus dem Tagesgeschäft beim PAN herausgezogen. Kessler und Flaischlen führen die Zeitschrift. Jedenfalls bleibt aber zu konstatieren, dass der Ursprung der Freundschaft zwischen Eberhard von Bodenhausen und Hugo von Hofmannsthal aus den Tagen des PAN herrührt. Nach der Zusammenkunft in Wien im Sommer 1897 hat der Dichter einen glühenden, leidenschaftlichen Anhänger gewonnen. Hofmannsthals »Lebensmesse« [69] versetzt Bodenhausen in ein rauschhaftes Glücksgefühl. Jubelnd, der Verzückung nahe, an Kessler: »Und dann als ich nach Hause kam, die Lebensmesse von Hofmannsthal. Nicht so mit Keulen zusammengeschlagen, wie Dehmel (Richard Dehmel / zeitgenössischer Dichter – d.V.), nicht so dunkel und sprungweise und ungleichmäßig; auch ohne die großen Gewaltstellen; aber schön, schön, schön ... Die Dichtung hat etwas vom Vollendeten, von der Harmonie ohne Mißton, es gleitet hin, wie über einen stillen ruhigen Fluß bei Abendbeleuchtung; man vergißt sich und die Welt; man ist nur noch reines, restlos (es?) Genießen ...« [90]. Am selben Tage, dem 25. September 1897, nahezu wortgleich an den Verfasser selbst: »Sie müssen die Briefe lesen, die ich eben an Kessler und Flaischlen über Ihr herrliches, herrliches Gedicht geschrieben habe. Oh, wie ist das schön, schön, schön; ich habe die Empfindung gehabt, auf einem stillen, ruhigen Flusse hinzutreiben an einem schönen Sommerabend, nur noch restloses, wunschloses Genießen ...« [10]. Er, Bodenhausen, wird das Werk unverzüglich an Flaischlen geben, an dessen »begeisterter Zustimmung« er nicht zweifelt. Zwar würde der Redakteur sicher die Länge des lyrischen Gedichts monieren, widerborstig behaupten, »keinen Platz zu haben«. Bodenhausen wild entschlossen, ganz

Hugo von Hofmannsthal, Porträtfotografie von Nicola Perscheid, um 1910 (Gästebücher Schloss Neubeuern)

resolut: »... aber da wird eben Platz geschafft.« [10] Im Mai 1898 besucht Hofmannsthal erstmals Berlin. Eigentlich will er Eberhard von Bodenhausen treffen, aber jener hält sich eben gerade nicht dort auf. Der junge Dichter wendet sich daher an Harry Graf Kessler, den er bis dahin »nur vom Namen kannte« [100]. Aus diesem Stelldichein entspringt gleichfalls eine jahrzehntelange menschlich und künstlerisch überaus fruchtbare, aber nicht frei von Spannungen existierende Verbindung, deren Resultate der Kulturgeschichte angehören. Das äußere Bild, das man sich von dem jungen Hofmannsthal in dieser Zeit machen muss, hat Kessler seinem Tagebuch anvertraut: »... er ist ein kleiner, lustiger Wiener mit hoher detonierender Stimme sprechend, aber durchaus sympathisch und natürlich, eher affektiert natürlich in seiner Art und Weise.« [21] Die Reise des Dichters nach Berlin hat auch durchaus einen wirtschaftlichen Hintergrund – für den PAN und den Künstler. Die Jugendstilzeitschrift will ihren Lesern etwas aufregend Neues bieten, der Dichter will sich bekannt machen; er sucht »Anschluss an die deutsche Kulturszene ...« [100]

Streiflichter zum Lebensweg des Hugo von Hofmannsthal

Berufswahl: Nach einer Findungsphase sind die Würfel gefallen. Bemühungen um eine Professur führen ins Leere; das Projekt, den jungen Mann in den Staatsdienst in Gestalt eines besoldeten »Kunstraths« zu implementieren, scheitert. Ab dem Jahr 1901 scheint bei Hofmannsthal Klarheit über das Wagnis geherrscht zu haben, sich künftig durch Publizieren zu unterhalten. Der Dichter selbst: »... so verzichtete ich auf eine feste Anstellung und wurde im bürgerlichen Berufssinne ›freier Schriftsteller‹« [22]. Zu diesem Zeitpunkt kann er schon auf ein beachtliches Frühwerk verweisen. Dennoch: Von seiner Geistesarbeit zu leben und bald sich und die Seinen zu ernähren, bleibt über viele Jahre ein hartes Geschäft.

Das liebe Geld: Literatur stellt einen Zusammenhang zwischen dem finanziellen Niederbruch der Eltern beim Wiener Börsenkrach 1873 und der Einstellung des Poeten zur Frage der materiellen Wohlfahrt der Familie her. »Hofmannsthals eigenes fast pathologisches Bemühen in Geld- und Honorarfragen – die ›Unsinnigkeit meines angespannten Denkens an Geld‹ – ist wohl diesem Verlust geschuldet.« [22] Womöglich geht Hofmannsthal hier aber mit sich zu hart ins Gericht. Es erscheint doch wohl nur natürlich, dass der, der das Geld nicht »hat«, es erst erwerben muss, so denkt. Wer in den vielfältigen Briefwechseln liest, wird immer wieder Zitate finden, an denen Hofmannsthal höflich, aber bestimmt, ja nachdrücklich auf der Respektierung seiner pekuniären Interessen besteht. Wer sich daran stört, hat nicht erkannt, dass durch die Umstände auch der freischaffende Schriftsteller streng genommen Unternehmer ist.

Umfeld und Freundeskreis: Von der Gymnasialzeit an verkehrt Hofmannsthal im Umfeld von Künstlern, Schriftstellern und Mäzenen seiner Heimatregion. Aus diesem Kreis der »Jung-Wiener« [22] entsteht manch tiefe Freundschaft, so zu Leopold von Andrian. Der Maler Hans Schlesinger wird darüber hinaus bald sein Schwager. Zu den heute noch stark im öffentlichen Bewusstsein verankerten Schriftstellern jener Zeit, die Kontaktperson des jungen Hofmannsthal sind, zählt u. a. Arthur Schnitzler. Eine besondere Rolle spielt in den frühen Jahren der Dichter Stefan George, den er zunächst als einen »Zwillingsbruder« [86] im Geiste ansehen will. Die Beziehung endet im Eklat 1906. Tatsächlich gewinnt nach der Jahrhundertwende der »deutsche« Freundeskreis für Hofmannsthal erheblich an Gewicht, ohne dass darin eine Abwendung von seinen heimatlichen Wurzeln zu erblicken wäre. Namen wie Kessler, Borchardt, Schröder, Strauss, Reinhardt – und auch Bodenhausen – werden von nun an für den Dichter bedeutend und treten in den Vordergrund seines Interesses.

Ehebund, Familie und Tod: Im Jahr 1901 heiratet Hofmannsthal Gertrude Schlesinger, genannt Gerty. Die Familie seiner Frau entstammt identischem Milieu wie der Dichter selbst. Als »Generalsekretär der anglo-österreichischen Bank« [80] firmiert sein Schwiegervater. Die Braut konvertiert vor der Eheschließung vom mosaischen zum katholischen Glauben [127]. Sie wird der zukünftige gute Geist des Hauses. »Gerty hat mit Geduld und Hingabe als Hüterin seiner Dichtkunst gewirkt, sie bot ihm bürgerlichen Untersatz und stützte ihn, wenn er schwankte. Sie war weit mehr als die Frau, die man am Briefende grüßen lässt ...« [80]. Dazu: Mit außerordentlichem Amüsement nimmt man z. B. die in unzähligen Abwandlungen vorkommenden, orientalisch anmutenden Schlussformeln Kesslers zur Kenntnis, die oft lauten wie: »Deiner Frau lege mich gütigst zu Füßen.« [21] Aus der Ehe gehen drei Kinder (Christiane *1902, Franz *1903, Raimund *1906) hervor. Tragisch endet der ältere Sohn Franz, der sich 1929 das Leben nimmt. Zwei Tage nach dem Selbstmord, am Tag der Beerdigung des »Sorgenkindes« Franz [22] – es ist der 15. Juli 1929 – erleidet der Dichter einen Schlaganfall und verstirbt im Alter von 55 Jahren.

Wohnsitze: Hugo von Hofmannsthal lebt bis zur Eheschließung im Haushalt der Eltern. Vorübergehende »Versuche, sich ein eigenes Arbeitszimmer zu mieten« [22], stellen keine räumliche Veränderung dar. So geht die berühmte Wiener Adresse des Geburtshauses Salesianergasse 12 in die Literaturgeschichte ein. Ständiger Wohnsitz Hofmannsthals wird ab dem Jahr 1901 bis zu seinem Tod das »Maria-Theresien-Schlössl« oder »Fuchs-Schlössl« in Rodaun bei Wien. Am 16. März 1901, als man noch beim unterkühlten »Sie« und beim »lieben Herrn Baron« ist, schreibt der Dichter an Bodenhausen: »Das Schönste ist, dass wir ein unglaublich kleines Haus auf dem Land gefunden haben, zwanzig Minuten (Eisenbahn) von Wien, in dem wir Sommer und Winter wohnen werden. Es ist zur Zeit der Kaiserin Maria Theresia von einem Fürsten Trautso(h)n, der ein Schwarzkünstler gewesen sein soll, für seine Geliebte gebaut worden. Es ist nicht größer wie ein Bauernhaus, hat ein wunderschön geformtes altes Schindeldach, einen großen grünen Salon mit bemalten Wänden, und einen tiefen, in den schwarzen Felsen gewölbten Keller.« [10]

Militärdienst: Wie in Preußen und im Deutschen Reich, existiert auch im Kaiserreich Österreich die Möglichkeit als Einjährig-Freiwilliger zu dienen. Diese verkürzte Dienstzeit mit dem Ziel den Stand eines Reserveoffiziers zu erreichen, nutzt den Söhnen der Oberschicht. Der junge Dichter leistet seinen Wehrdienst bei der Kavallerie ab und wird nach der Offiziersprüfung »im Dezember 1896 ›Lieutenant in der Reserve‹ im Ulanenregiment Freiherr von Ramberg« [22]. Sein Status als Reserveoffizier verpflichtet ihn, sich in den nächsten zehn Jahren zu Reserveübungen einberufen zu lassen. Das Verhältnis Hofmannsthals zum Waffendienst erscheint durchaus ambivalent. Während des Wehrdienstes selbst soll er von der Monotonie des Soldatenalltags seelisch erschüttert gewesen sein [22]. Später liest man auch anderes. Der Dichter von einer »Waffenübung« in Olmütz im November 1904: »Fühle mich aber dabei so ruhig, munter und wohl wie lange nicht. Ist doch hübsch, früh hinauszureiten, ganz zusammengefroren nachhauskommen ... [10] 1909 geht Hofmannsthal aus der Reserve zur Landwehr über [21].

Schriftstellerleben: Man macht sich bei nur oberflächlicher Betrachtung keine Vorstellung davon, unter welch starkem Leistungsdruck der Künstler meist gestanden hat. Da ist zunächst die stetige Angst, in unproduktive Erstarrung zu geraten, Manuskripte und zugesagte Arbeiten nicht rechtzeitig liefern zu können. Hinzu tritt die Sorge, Zeitausfälle durch Erkrankung oder depressive Phasen zu erleiden. Wenn er das Gefühl hat, eine Tätigkeit geht ihm gut von Hand, dann sieht er sich außerstande, diese wegen eines Besuches zum Beispiel zu unterbrechen. Er fürchtet, er verliere nicht Tage, sondern Wochen oder Monate, ehe er wieder Vorzeigbares schaffen könne. Er arbeitet an zahlreichen Projekten gleichzeitig, manches dauert Jahre, vieles bleibt Fragment. Mit manchem Stoff ringt er Jahrzehnte.

Als wahrscheinlich enervierend muss er auch die erhebliche Zahl kleiner Arbeiten, etwa Artikel für Zeitschriften, Rezensionen und das Entwerfen von Vorträgen, empfunden haben. Ungeheuere Zeit verschlingen die zahlreichen Reisen. Dies besonders, als seine Werke den Weg in die großen europäischen Theater finden. Allerdings sind Reisen auch Quelle der Inspiration. So gewinnt er eine intensive, anregende Be-

Dora von Bodenhausen (?) mit Hugo von Hofmannsthal in Altenbeuern (Archiv Schloss Neubeuern)

ziehung zu Venedig. Mit dem Griechenland der Gegenwart, das er 1908 im Schlepptau von Kessler und Maillol bereist, kann er nicht soviel anfangen. Aber ganz unbestritten: Reisen bildet – und strengt an. Eine Besuchsankündigung für Eberhard von Bodenhausen: »Ich fahre also Anfang März: Wien – Breslau ›Vortrag‹, Dresden (Bildergallerie) – Leipzig (6ter März) – Cassel (Bildergallerie) – Düsseldorf (jemand besuchen) – Köln (Vortrag 11ter März) – Aachen (Vortrag 12ter) – Bonn (Vortrag 14ter) – von dort wollte ich nach Heidelberg, Sie zu sehen, dann über Würzburg (Tiepolo).« [10] Und warum die Schinderei, dieses Abziehen, Ablenken von den wirklich großen Vorhaben, die ihm am Herzen liegen? Es ist schon wieder dieses verdammte Geld. Hofmannsthal vertraut die ihn treibenden Zwänge Eberhard von Bodenhausen 1903 ganz ungeschminkt an: »Das angebotene Honorar (für einen Vortrag – d. V.) pflegt ganz anständig zu sein, 200–300 Mark, aber wenn man die weite Reise machen soll, bleibt einem nichts.« Und: »... dass ich von Haus aus nichts habe, haben wir, glaub ich, voriges Jahr in einem Gespräch festgestellt ...« [10]. Das ist eine Offenbarung, die der Dichter sicher auch nicht jedem gegenüber gemacht hätte.

Gedanken zum Werk: Bedeutende Teile des Hofmannsthalschen Schaffens sind ins europäische kulturelle Erbe eingegangen und bis in die Gegenwart präsent. Hier sind als erstes die Früchte der mehr als zwei Jahrzehnte währenden Zusammenarbeit mit dem Komponisten Richard Strauss zu nennen. Als Librettist für den »Rosenkavalier« (Uraufführung 1911) gelingt es Hofmannsthal, sich ein Stück Unsterblichkeit zu sichern. Einen weiteren Geniestreich, der auf ewig mit dem Namen Hofmannsthal verbunden bleibt, stellt das Drama »Jedermann« (1911) dar. »›Das Spiel vom Sterben des reichen Mannes‹, wie es im Untertitel heißt, wurde zu Hofmannsthals größtem Bucherfolg; allein zu Lebzeiten des Autors erschienen 70 Auflagen der Einzelausgabe.« [107] 1920 erfolgt durch Max Reinhardt eine »Neuinszenierung des ›Jedermann‹ auf dem Salzburger Domplatz«. Die Verbindung des »Jedermann« mit den Salzburger Festspielen hat dieses Werk »zu Hofmannsthals größtem Bühnenerfolg überhaupt« [107] gemacht. Der Dichter hinterlässt ein gewaltiges und breit gefächertes Lebenswerk (Lyrik, Dramen, Komödien, Libretti, erzählende Prosa, Essays und Reden). Die Schöpfungen Hofmannsthals sind wahrlich keine »leichte Kost«, bisweilen verrätselt, hochästhetisiert und geheimnisvoll. Schon Zeitgenossen sehen den Künstler auch kritisch. Insbesondere der Umstand, dass er sich bei der Auswahl seiner Themen aus der Antike über die Renaissance bis zur Neuzeit als Ideenspender bedient, räumlich vom Orient bis in die nordischen Gefilde ausgreift, erweckt Misstrauen. Mancher kreidet ihm das als Mangel an Originalität an. Der Dichter kennt aber seine Stärken und Schwächen sehr genau. Gegenüber Kessler äußert er einmal, er sei dankbar für stoffliche Vorschläge. Daraus ein Stück zu machen, das sei sein Metier, nur etwas »erfinden«, gelinge ihm nicht so gut [21]. Eine geharnischte Kritik aus dem Jahr 1909: »Man kann sich, wenn man Hofmannsthals Werke kennen lernt, zuerst eines gewissen Staunens nicht enthalten. Hofmannsthal wirkt fast wie ein Zauberer. In reichen prachtvollen Versen weht uns die höchste Schönheit an; aus unsagbar zarten Worten grüßt ein formvollendeter Geist ... Doch wir wissen, wie diese Kunst entstanden ist, wie dieser Dichtung das Schöpferische und Organische fehlt, wie sie übernommenes und ererbtes Kulturgut ist.« [56] An anderer Stelle: Die Dichtungen Hofmannsthals seien »mit Fruchtextrakt gefüllte Bonbons« in einer »Art poetischer Konditorei« [56]. Harte Worte. Sie zeugen davon, dass der Dichter in seiner Zeit jedenfalls nicht ganz unumstritten gewesen ist.

HOFMANNSTHAL UND BODENHAUSEN

Der Umgang mit dem Dichter ist nicht immer ganz einfach. Hochsensibel, verletzlich und sich auch dieser ausgeprägten Empfindlichkeit bewusst, wissen Freunde manchmal nicht so recht, wie sie ihm zu begegnen haben. Noch am Ende seines wahrlich langen Lebens berichtet Henry van de Velde über Hofmannsthal: »Aber auch bei Hofmannsthal lagen Hemmungen vor. Selbst für intime Freunde war der wirkliche Zugang zu ihm nicht leicht. Man wusste nie, ob man gelegen kam.« [101] Im Verhältnis zu Eberhard von Bodenhausen deutet allerdings nichts auf derartige Friktionen hin. Die Freundschaft der beiden erhält sich ungetrübt bis an das Lebensende. Teilnehmend und von höchstem Wohlwollen getragen, begleitet Hofmannsthal die verschlungenen Lebenspfade des mitteldeutschen Barons. Er steht im Ringen um eine vernünftig besoldete Stellung in der deutschen Museumslandschaft moralisch an Bodenhausens Seite, nimmt mit Befürchtungen um dessen kulturelles Seelenheil den erneuten Wechsel in die Wirtschaft zur Kenntnis, dabei immer selbst getrieben und genötigt vom eigenen Erwerbszwang. Der Eintritt Eberhards in die Banken- und Industriewelt erweitert auch das Themenspektrum des geistigen Austauschs der zwei Freunde. Beide werden im gewissen Sinne »politischere« Menschen, als sie es zuvor gewesen sind. Mag sein, dass bei Hofmannsthal die Zunahme an Lebensjahren und die Verkomplizierung der äußeren Verhältnisse der Donaumonarchie hier eine Rolle spielen, für Bodenhausen liegt die Ursache dafür in dem funktionsbedingten »Heranrücken« an die Entscheidungsträger im Deutschen Reich. Bei dem Austausch über die wachsende Kriegsgefahr in den Jahren vor 1914 wird – wie auch im Kriegsbriefwechsel Hofmannsthals mit Kessler – der Wiener Dichter zum »Österreicher«, zum Gewährsmann, zum Exponenten des Habsburgerreiches, der Hinweise und Vorschläge des »deutschen« Verbündeten erhält. Die dunklen Wolken am Horizont nehmen jedenfalls sowohl Bodenhausen als auch Hugo von Hofmannsthal wahr und sie sorgen sich. Tiefe und Innigkeit des auf geistiger Übereinstimmung beruhenden Verhältnisses des Kunstfreundes und des Dichters sind schon von den Zeitgenossen erkannt worden. Nicht zu Unrecht hat die Herausgeberin der schriftlichen Hinterlassenschaft den Titel »Briefe der Freundschaft« gewählt. Einige Voraussetzungen für die Beziehung sind aber dennoch erwähnenswert. Die erste davon ist, dass Eberhard schon in den PAN-Jahren definitiv auf den Eintritt in eine eigene schriftstellerische Laufbahn verzichtet hat. Damit scheidet jede Rivalität untereinander aus. Eine Quelle von eben doch denkbaren Unzuträglichkeiten aus beruflicher Konkurrenz ist damit von vornherein verschlossen. Dass dies anders sein kann, belegt das Verhältnis von Hugo von Hofmannsthal zu dem ebenfalls eng befreundeten Harry Graf Kessler. Zwischen diesem – der Graf ist künstlerisch keineswegs ohne Ambition und eigenes Interesse – und Hofmannsthal kommt es während der gemeinsamen Arbeit an verschiedenen Projekten zu erheblichen Spannungen. Wenn ihm Kessler vorschlägt, »wie der letzte Act eigentlich sein müsste ...« [100], zeigt sich der Dichter doch verschnupft. Solcherlei »Einmischung« hat Hofmannsthal von Freund Eberhard nicht zu gewärtigen. Das ist der eine Punkt. Ein anderer ist ebenso wichtig: Bodenhausen verehrt den Dichter und sein Werk aus ganzem Herzen. Er sieht in ihm einen Fortsetzer des großen Goethe. Bisweilen schäumt er über vor Begeisterung. Da Lob und Applaus nun einmal das Brot des Künstlers sind, wäre Freundschaft undenkbar geblieben, wenn Bodenhausen etwa der schriftstellerischen Leistung Hofmannsthals keinen oder kaum Respekt gezollt hätte. Ein letzter, eher verborgener Grund begünstigt Entstehung und Halten der freundschaftlichen Verbindung: Bis zu dem Übertritt Bodenhausens zur Großindustrie liegt zwischen dem Dichter und dem Kunstfreund eine ziemliche Identität im wirtschaftlichen Unterbau vor. Beide »haben nichts« und möchten, dass sich das ändert. Diese gefühlte Schicksalsgemeinschaft schweißt auch irgendwie zusammen, scheint jedenfalls kein Faktor zu sein, den man geringschätzen sollte.

5.

PRÄGEND: BODENHAUSEN UND DIE PREDIGER DES NEUEN STILS KESSLER UND VAN DE VELDE (ab 1894)

HARRY GRAF KESSLER (1868–1937):

Herkunft und Familie: Harry Clemens Ulrich Kessler ist geboren am 23. Mai 1868 in Paris und damit nur wenige Wochen älter als Bodenhausen. Dessen Vater, Adolf Wilhelm (von) Kessler, stammt aus süddeutsch-schweizerischem Geschlecht. Mit einem kurzen, aber hellen Schein, wiewohl von nur episodischer Bedeutung, erleuchtet Anfang des 16. Jahrhunderts Johannes Kessler die Familiengeschichte: Im Jahr 1522 trifft er in Jena im »Schwarzen Bären« auf Martin Luther. Jener, sich zuerst noch hinter der Maske des »Junker Jörg« verbergend, wird deshalb von dem reisenden Schweizer Studenten fälschlich für Ulrich von Hutten gehalten. Johannes Kessler wirkt später an der Einführung des evangelischen Bekenntnisses in der Schweiz mit. Seine Eindrücke vom Zusammentreffen mit dem großen Reformator hat er schriftlich der Nachwelt hinterlassen. »Selten gibt ein Bericht ein so lebendiges Bild Luthers wie dieser von Johannes Kessler.« [64] 1566 erhebt Kaiser Maximilian II. in Augsburg die Kessler in den Adelsstand [36]. Inwieweit das Prädikat spätere Generationen aktiv geführt haben, war vorderhand nicht zu ermitteln. Ein Bedürfnis dafür entsteht wohl erst, als die Verknüpfung von Geldgeschäften und aristokratischem Habitus wirtschaftlichen Vorteil verspricht.

Die Familie erhält die preußische Anerkennung ihres Adels im Jahr 1879. Ab 1881 dürfen die Kessler einen reußischen Grafentitel führen. Ausgestellt ist die Urkunde auf Schloss Osterstein (Gera) [36]. Die Standeserhöhung zum Grafen erfolgt jedenfalls nicht durch Kaiser Wilhelm I., wie das verschiedentlich behauptet wird [21]. Man kann sich allerlei denken, welche Gründe den Duodezfürsten von Reuß jüngere Linie veranlasst haben, einen Bankier zum Grafen zu erheben. Harrys Vater leitet »in Paris die Niederlassung eines alten hamburgischen Bank- und Kommissionshauses, das seit dem 18. Jahrhundert der Familie seiner Mutter, den Auffmordt, gehörte.« [21] Wie sich gern Geld zu Geld gesellt, so auch hier. Sein Vater Adolf Wilhelm heiratet die 1852 in Bombay geborene Alice Harriet aus der Familie Blosse Lynch, von Hause aus altirische Barone. Es wird offenkundig, wo die Quelle des als märchenhaft empfundenen Reichtums der Kessler springt. Der Vater, der erste Graf Kessler, stirbt schon 1895. Seitdem repräsentiert vor allem Harry Graf Kessler als einziger männlicher Abkömmling die Familie. Die Glieder des gräflichen Hauses bleiben außerordentlich überschaubar. Neben Harry gibt es nur noch seine Mutter, deren gewöhnliche Aufenthaltsorte der Gotha [36] mit Paris und Nizza benennt, und die deutlich jüngere Schwester Wilhelma. Harry Graf Kessler bleibt unverehelicht. Seine Schwester heiratet in eine altadelige französische Familie ein, die in der napoleonischen Ära zu hohen Ehren aufgestiegen ist. Schwager Kesslers wird ein Marquis de Brion, zu dessen Vorfahren der 1813 bei Bautzen gefallene, treue Gefährte Napoleons, der Großmarschall des Palastes, Michel Duroc, zählt. Als Randnote noch eine Merkwürdigkeit: Die einschlägigen Adelsjahrbücher bedienen sich der Schreibweise »Keßler«. Neuere Literatur verwendet jedoch fast ausschließlich die Form »Kessler«. Stets hält sich übrigens in Hof- und Adelskreisen das Gerücht einer Liaison zwischen Kesslers Mutter und dem späteren

Kaiser Wilhelm I., als dessen Resultat die Geburt Harrys angenommen wird. Diese Gerüchte über seine Abstammung haben Kessler insgesamt wohl eher geschadet als genützt.

Harry Graf Kessler: Lebensumstände

Kessler hat eigentlich drei Heimatländer, nämlich über die Mutter und deren Verwandte Großbritannien, wegen des Ortes der Geburt und des gewöhnlichen Aufenthalts von Mutter und Schwester Frankreich sowie wegen der väterlichen Abstammung und seines eigenen Lebensmittelpunktes Deutschland. Damit nimmt er schon so etwas wie eine europäische Identität vorweg. Kessler wird an Internaten in Frankreich und Großbritannien erzogen und unterrichtet. »Unter seinen Mitschülern in Ascot war Winston Churchill.« [21] Studiert wird in Deutschland in Bonn, Heidelberg und Leipzig. Obwohl Kessler ohne weiteres in der Lage gewesen wäre, finanziell den Eintritt in die Diplomatenlaufbahn zu stemmen, hat man ihn dort nicht haben wollen. Dagegen standen: »... der junge Adel der Familie und hartnäckige Gerüchte um seine Abkunft« [45]. In gewissem Sinne wird er sich bisweilen tatsächlich »in einer feindlich gesinnten preußischen Gesellschaft ...« [45] bewegt haben. Sticheleien dahingehend, er verkörpere etwas von einem Parvenu, ist er wohl öfter ausgesetzt. Ob man seine gelebte Internationalität in allen Kreisen gern gesehen hat, mag auch dahinstehen. Allerdings muss man sich hüten, eine solche Auffassung zum Dogma zu erheben. Dagegen spricht zum Beispiel, dass er unangefochten jahrzehntelang Reserveoffizier bei den 3. Garde-Ulanen in Potsdam – also in der Residenzstadt – gewesen ist. Wenn man sich noch die Ehrpusseligkeit und den bisweilen zur Schau gestellten Hochmut des Gardeoffiziers der Wilhelminischen Ära vor

Augen hält, dann stellt diese »Militärkarriere« Kesslers schon eine erhebliche Anpassungsleistung dar. Mit dem Tod des Vaters 1895 gelangt er in den Besitz eines Vermögens, »das ihm große Freiheit der Lebensführung gestattet« [21]. Er unternimmt weltumspannende Fahrten, hält sich in den Vereinigten Staaten und in Mexiko, in der arabischen Welt, aber auch in Indien, China und Japan auf. In den zwei Jahrzehnten vor dem Weltkrieg wirken Kesslers Mobilität und Umtriebigkeit geradezu atemberaubend. Die Existenzform seines Lebens ist die einer einzigen geschäftigen Reise. Stationen lauten häufig Paris, London, Berlin, Weimar. Soweit die biografischen Umstände durch Berührung der Lebenswege von Kessler und Bodenhausen gekennzeichnet sind, so, wie beim Anbeginn in der Genossenschaft PAN, wird davon noch zu reden sein. Deshalb hier nur Stichworte dazu: das Weimarer Engagement, Zusammenarbeit mit Hugo von Hofmannsthal, Weltkriegsjahre als Offizier und faktisch deutscher Kulturattaché in der Schweiz.

Nach dem Tod von Eberhard von Bodenhausen, in den Tagen von Umsturz und Revolution, erlangt Kessler kurzzeitig doch noch eine exponierte Stellung im diplomatischen Dienst. Als Gesandter des Deutschen Reiches in Warschau organisiert er den Rückzug der deutschen Truppen aus dem Osten. Die neue polnische Regierung bricht aber die Beziehungen zum Reich nach wenigen Wochen ab, womit sich auch Kesslers Auftrag erledigt [93]. Er stellt sich im Nachkriegsdeutschland der neuen Regierung zur Verfügung, verschreibt sich der pazifistischen Bewegung und wirbt für die Völkerbundsidee. Nicht jedem gefällt dieses Engagement des »roten Grafen«, wie er nun ab und an geschmäht wird. Nach Scheitern bei der Reichstagswahl 1924 und einem »gesundheitlichen Zusammenbruch« 1926/27 [93] zieht er sich in den folgenden Jahren aus der Politik vollständig zurück. Er macht das, was er immer noch am besten kann: Werbung für den guten Geschmack. Die Zeitläufte treiben ihn, der Deutschland zunehmend kritischer gegenübersteht, 1933 in die Emigration. Von einer Parisreise kehrt er nicht mehr nach Berlin zurück, wählt vielmehr Palma de Mallorca als Wohnsitz aus. Auch wirtschaftlich haben die politischen Entwicklungen den Grafen schwer mitgenommen. Aus nicht sofort einsichtigen Gründen wird 1919 nach dem Tod der Mutter in Frankreich Kesslers Erbe beschlagnahmt [93]. Sein deutsches Vermögen geht infolge der Emigration verloren (»1933–1937 Verkäufe, Beschlagnahme, Zwangsversteigerungen seines Besitzes in Berlin und Weimar« [93]). Verarmt und mittellos erlischt sein Lebenslicht 1937 in Lyon. Letzte Ruhe findet er in Paris auf dem Friedhof Père Lachaise.

Harry Graf Kessler: Werk und Wirkung

Kulturerneuerer und Kommunikationstalent: Maßgeblich für die Würdigung Kesslers ist zunächst der Umstand, dass er dem in Künstler- und Intellektuellenkreisen um sich greifenden Unbehagen über den herrschenden Kunstgeschmack beitritt. Die Suche nach alternativen Äußerungsformen in bildender Kunst und Architektur hat Kessler fördernd und lenkend, vor allem aber mit ungezügelter Leidenschaft, begleitet. Er stürzt sich in das kulturelle Leben der Zeit und wird dadurch auch zum Geburtshelfer eines künftigen Kunstverständnisses. Im wahrsten Sinne des Wortes darf er sich als einen »Wegbereiter der Moderne« [100] betrachten, eine Zuschreibung, die vielleicht treffender sein wird als der »Flaneur durch die Moderne« [23], da dieser Fortbewegungsart doch immer ein Schein des ziellosen Umherstreifens anhaftet. Ziellos ist Kessler aber nie, weiß vielmehr genau, was er will. Mit kolossalem Enthusiasmus pflegt er ungezählte Kontakte mit Künstlern, vornehmlich aus Deutschland, Nord- und Westeuropa. Er wirkt damit in seiner Wahlheimat für ein aufnahmebereites Klima bezüglich neuer künstlerischer Eindrücke. Sein Kampf für einen Stilwechsel beinhaltet gleichlaufend mäzenatische Betätigung zugunsten von Künstlern, die ihm für den angestrebten Zweck dienlich scheinen; zu nennen hier vor allem: Henry van de Velde und der Maler Edvard Munch.

Kulturelle Hinterlassenschaft: Davon abgesehen, dass auch Kessler zu den manischen Briefeschreibern seiner Zeit zählt, mithin eine hohe Zahl solcher Zeugnisse aus seiner Feder vorliegen, hinterlässt er darüber hinaus punktuell Außerordentliches. An erster Stelle ist hier sein »monumentales Tagebuchwerk, ... ein literarisches Jahrhundertwerk« [23] zu nennen. 57 Jahre lang vertraut Kessler seinem Tagebuch Eindrücke und Gedanken über die Welt um sich an. »Etwa 12 000 mehr oder weniger bedeutende Zeitgenossen« [129], nach Easton-Laird sogar mehr als 40 000 [26] bevölkern diesen Kosmos. Damit offenbaren die Aufzeichnungen Kesslers ein Zeitpanorama allerersten Ranges und gleichzeitig werden sie zu einem unerschöpflichen Steinbruch, in dem Biografen und Zitatesucher aller Couleur Abbau treiben. Den Lebenszyklus dieser originellen Persönlichkeit überdauert haben ferner dessen Memoirenbände »Gesichter und Zeiten« und die »Notizen über Mexiko«. Eine späte Frucht, die unter anderem auch auf dem Wissen beruht, das Kessler in seinen Tagebüchern angehäuft hat, ist eine Lebensbeschreibung des Industriellen und Politikers Walther Rathenau aus dem Jahr 1928. Zu den bleibenden künstlerischen Leistungen Kesslers zählt schließlich dessen Mitwirkung an verschiedenen Hauptwerken Hugo von Hofmannsthals (Rosenkavalier, Josephslegende).

Cranach Presse: Dass Kessler als Ästhet und sensibler Kunstfreund eine besondere Beziehung zu Büchern entwickelt, verwundert überhaupt nicht. Sie gelten ihm nicht

Harry Graf Kessler, 1920er Jahre
(Archiv Schloss Neubeuern)

nur als Lektürestoff; das Lesen eines wirklich »schönen« Buches muss auch ein sinnliches Erlebnis sein. Aus diesem Verständnis heraus ruft er 1913 einen Verlag für bibliophile Kostbarkeiten ins Leben, den er wegen des örtlichen Bezuges zu Weimar Cranach Presse nennt. Exklusivität und Preis engen – wie beim PAN – den Interessentenkreis erheblich ein. Aber: gewinnbringende Massenproduktion wird von vornherein nicht beabsichtigt. Es ist ein Unterfangen, das mit der Wendung l'art pour l'art immer noch am besten zu beschreiben ist. Das Unternehmen produziert unter Einbeziehung erster Künstler der Zeit Druckwerke von ungewöhnlich hoher Qualität, die sich vor allem durch das »Zusammenspiel von Illustration und Typografie« [17] auszeichnen. Legendären Rang erlangen in dieser Beziehung die Veröffentlichung der Odyssee in der Neuübersetzung von Rudolf Alexander Schröder und eine Hamlet-Ausgabe aus dem Jahr 1929, die kurz darauf zum Buch des Jahres gekürt wird. Die Cranach Presse liegt Kessler wirklich am Herzen. So wird es ihm nicht leichtgefallen sein, das Unternehmen 1931 aus wirtschaftlichen Gründen liquidieren zu müssen.

KESSLER UND BODENHAUSEN

Wir kennen aus Kesslers Feder die Umstände, durch die erstmals in der Studentenzeit sein Interesse auf Eberhard von Bodenhausen gelenkt wird (vgl. 2. Kapitel). Wirkliche Bekanntschaft, die zu Freundschaft und gegenseitiger Wertschätzung führt, resultiert aber dann erst aus der gemeinsamen Arbeit am PAN. Es ist anzunehmen, dass er zu dem Gleichaltrigen aufgeschaut hat. Eberhard von Bodenhausen ist von der Persönlichkeit Kesslers mehr als beeindruckt. Jener verkörpert – mit Händen zu greifen – einen Lebensstil, der Eberhard in gewissem Sinne als erstrebenswert vorschwebt. So wie Kessler lebt, möchte Bodenhausen gern leben. Das Auftreten Kesslers vermittelt den Eindruck, dass ihm Geldsorgen so fremd wie nur etwas sind. Wenn einer in der Lage ist, ein im wahrsten Sinne des Wortes selbst bestimmtes Leben zu führen, dann ist es der junge Graf. Zwar überzeugen dessen Titulaturen eher weniger, aber eines ist echt: das ist der Reichtum. Bei dieser Sachlage wird es Eberhard dem Freund außerordentlich hoch angerechnet haben, dass er sein Vermögen nicht als Lebemann in Casinos, Bädern und auf Rennplätzen vergeudet, sondern es für jene höheren kulturellen Zwecke einsetzt, die auch Bodenhausen wichtig sind wie das tägliche Brot. Die rastlose Umtriebigkeit des Grafen, seine Kontakte, Beziehungen und fortdauernden Reisen vermitteln dem Freundeskreis, dem auch Bodenhausen angehört, tiefe Einblicke in die zeitgenössischen kulturellen Strömungen in Deutschland, Frankreich und England. »Kessler hatte stets nicht nur das neueste Theaterstück gesehen, den soeben erschienenen Roman gelesen, sondern auch die Dichter, Sänger und Schauspieler kennengelernt, von denen andere nur in der Zeitung lasen.« [21] An diesem Wissensvorsprung hat Harry Graf Kessler selbstredend auch Freund Eberhard teilhaben lassen. Das Verständnis Bodenhausens für übernationale Aspekte der künstlerischen Phänomene der Zeit, bis hin zum Erkennen eines europäischen Zusammenhanges, ist durch Kessler zweifellos gefördert worden. Die Freundschaft mit Kessler hat bis zum Tod Bodenhausens 1918 Bestand gehabt, wenngleich sich Abstufungen erkennen lassen, sich die Qualität der Beziehung über die Jahrzehnte schon verändert hat. Zu diesem Thema hat Simon [90] sehr tiefgründige Überlegungen angestellt. Zwar waren Kessler und Bodenhausen in vielen äußeren Umständen »gleich«: Adelige Abstammung (an der »jungen« Nobilität Kesslers dürfte sich Bodenhausen kaum gestört haben; das wurde durch das Vermögen wettgemacht), gleiche Kunstinteressen, gleicher demonstrativer »Männlichkeitserweis«: beide dienen als Reserveoffiziere in »noblen« Reiterregimentern (nur am Rande: auch Freund Hofmannsthal ist wie Kessler Offizier bei den Ulanen). Unter Auswertung der brieflichen Hinterlassenschaft macht Simon dann aber doch erhebliche Differenzen in der seelischen Verfasstheit von Kessler und Bodenhausen aus, die einer stetigen »guten Freundschaft« etwas im Wege stehen. Kessler, sich seiner eigenen Wichtigkeit bewusst, neigt zu Polemik und zum Opponieren. Beide Freunde schätzen und achten das Urteil des anderen. Aber oft hat dies auch etwas von einem Ringen um Meinungsführerschaft. »Die Abhängigkeit, in die sich Bodenhausen gegenüber der Bestimmtheit Kesslers begab, führte manchmal so weit, daß Bodenhausen in Diskussionen nicht mehr der Sache wegen, sondern um der Selbstbehauptung willen widersprach.« [90] Zentrale Bedeutung misst Simon einer Äußerung des Grafen gegenüber der Schriftstellerin Anette Kolb bei: Er, so Kessler, teile die Menschen, mit denen er verkehre, in drei Klassen ein: »solche, die er liebe, solche, denen er vertraue und solche, die er benütze.« [90] Nach dieser Kategorisierung – die Kessler selbst in der Praxis nicht sauber zu scheiden wusste – meint der Literaturwissenschaftler, dürften sich Bodenhausen und Kessler »geliebt« haben. Er setzt einen gewissen Abbruch in der Herzlichkeit der Beziehung auf das Jahr 1904, als es wegen der Weimarer Aktivitäten zu Misshelligkeiten zwischen den Freunden kommt [90]. Zwar bleiben persönliche Nähe und Sympathie erhalten, auch gibt es bisweilen Phasen erneuten Einvernehmens. Von allerletzter Vertrautheit, die auch gegenseitige ehrliche und schonungslose Offenheit über die eigenen Sorgen und Ängste impliziert, ist der Freundschaftsbund aber wohl nie getragen. So steht denn das Verhältnis der beiden, in dem sich Bodenhausen »intuitiv abgrenzt« und Kessler immer und überall »Haltung« zeigen will, unter einem »stets spürbaren Vorbehalt« [90]

HENRY VAN DE VELDE (1863–1957)

Herkunft und Familie: »Als zweitjüngstes von acht Kindern bin ich am 3. April 1863 geboren. Meine Mutter hat oft davon gesprochen, dass es ein Karfreitag war.« [101] So eröffnet der Künstler selbst seine Lebensbeschreibung. Er erblickt das Licht der Welt in einer Antwerpener Apothekersfamilie, von der er später nur das Günstigste zu berichten weiß. Das geistige Klima Antwerpens, einer »Metropole der Künste« [101], führt ihn über die Musik zur bildenden Kunst. Auf den Entschluss Maler werden zu wollen reagiert van de Veldes Vater »mit geradezu verwirrendem Wohlwollen.« [101] Damit kann der Junge jedenfalls, ohne familiäre Widerstände überwinden zu müssen, eine künstlerische Laufbahn einschlagen, wenngleich er sich nach einiger Zeit von der Malerei abwendet. Der Belgier Henry Clement van de Velde repräsentiert seiner Herkunft nach ein Milieu, das mit der aristokratischen Welt eines Bodenhausen oder eines Kessler nichts gemein hat. Ein starkes, in sich ruhendes, aber dennoch selbstbewusstes Bürgertum tritt einem hier entgegen. Während adelige Abkunft entscheidend danach beurteilt wird, wie »alt« die Familie, wann eine erste urkundliche Erwähnung nachzuweisen ist, zählt im Kosmos des Bürgers ausschließlich eigene Leistung. So verwundert dann auch nicht das Bekenntnis des Künstlers: »Es ist mir nie in den Sinn gekommen, nach dem Ursprung meiner Ahnen zu forschen. Ein paar Brocken aus Gesprächen über meinen Großvater mütterlicherseits genügten meiner Neugier.« [101] Die lebenden oder doch noch zeitlich nahe bekannt gewesenen Verwandten van de Veldes üben Professionen aus wie: Apotheker, Kaufleute, Advokaten und »patentierte Überseekapitäne« [101]. Einen interessanten Hintergrund weist die Familie seiner zukünftigen Ehefrau Marie-Louise (Maria) Séthe, die van de Velde 1894 heiratet, auf. Die Schwiegereltern sind Deutsche, die lange in Paris leben und deren Ahnenreihe schottische Vorfahren aufweist. Die Ehe scheint glücklich gewesen zu sein. Das Paar zieht fünf Kinder groß. Maria, die 1943 verstirbt, ist – ähnlich wie Gerty bei den Hofmannsthals – der Fels in der Brandung, der unverzichtbare Anker, der sichere Hafen, der Henry van de Velde die Ausübung einer aufreibenden Berufstätigkeit gestattet. Dessen Schwiegermutter Louise Friederique Séthe initiiert und inspiriert – um ihre Tochter nach dem Tod eines Neugeborenen abzulenken – ein Projekt, das sozusagen als Referenz für den Kunststil steht, der Henry van de Velde für zukünftige Zeiten vorschwebt: das ist das erste Heim der Familie, das Haus Bloemenwerf in Uccle in der Region Brüssel. Vieles von dem, was später den Architekten und Raumgestalter van de Velde ausmacht, findet sich bereits hier. Man mag es kaum glauben, aber ein Eckpfeiler der Moderne beruht auf dem freundlichen Einvernehmen eines Ehemannes mit seiner Schwiegermutter. Diese stützt das Vorhaben finanziell, lässt sich durch Einwendungen Dritter, so des Bauunternehmers, der um den Ruf seiner Firma fürchtet, nicht erschüttern. Van de Velde: »Es genügte mir nicht, die Pläne des Hauses zu entwerfen, sondern ich entwarf alles, was zur Einrichtung und Ausschmückung gehörte, ...« [101]. Haus Bloemenwerf entwickelt sich im Sinne eines »Musterhauses« zu einer Pilgerstätte der frühen Moderne.

Henry van de Velde: Lebensumstände

Der »Prediger« hat ein Programm und klare Vorstellungen, weiß, was er will. Im heimischen Uccle, in Brüssel oder in Belgien selbst erzeugt er geringe Resonanz. So bleibt Tatsache, dass der Siegeszug seiner künstlerischen Anschauungen ohne die schwärmerische Anhänglichkeit seiner deutschen Unterstützer unmöglich gewesen wäre. Davon wird noch zu reden sein. Bodenhausen und Kessler tragen jedenfalls entscheidend zu seiner Etablierung als Architekt und angewandter Künstler in Deutschland bei. So eröffnen sich selbst unter Berücksichtigung aller Probleme doch ganz neue Möglichkeiten. Über die Vermittlung von Harry Graf

Porträt von Henry van de Velde, um 1914. Originalfotografie von Louis Held, Weimar. Stempel des Ateliers Held
(Privatbesitz Reinhard Käsinger)

Kessler, der eine Verbindung zu Elisabeth Förster-Nietzsche herstellt, tritt er Ende 1901 in den Landesdienst des Großherzogtums Sachsen-Weimar, wird Berater zur Förderung von Industrie und Kunsthandwerk und Leiter einer Kunstgewerbeschule. Das Weimarer Engagement, das erstmals nach der Goethe-Zeit die Stadt an der Ilm – neben Darmstadt – wieder zu einem kulturellen Zentrum von Rang macht, währt für van de Velde nicht ewig. Der Einfluss Kesslers in der Residenzstadt schwindet, grundsätzliche Streitigkeiten dahingehend, dass van de Velde gegen die »industriegemäße Typisierung« [88] seiner Kunst Einwendungen erhebt und schließlich der Ausbruch des Krieges 1914 machen seine Lage unhaltbar. Trotz eines Passes als »deutscher Staatsbürger belgischer Nationalität« [88] wird er Schikanen unterworfen. 1917 verlässt der Künstler das im Krieg stehende Deutsche Reich und geht in die Schweiz, später nach Holland. Dort arbeitet er in den zwanziger Jahren bevorzugt für das Sammlerehepaar Kröller-Müller (Den Haag und Wassenaar). Seine Tätigkeit endet, als die Mäzene wirtschaftlich ins Wanken geraten und sie ihre hochgesteckten Ziele zum Wohle der Kunst zumindest vorläufig nicht mehr weiterverfolgen können. Nun, nach mehr als zwanzigjähriger Abwesenheit, führt ihn der Lebensweg 1924 wieder nach Hause. Er ist jetzt ein namhafter, gefeierter Architekt und Künstler. Durch die Verbindung der Einnahmen aus einer Professur in Gent, der Beschäftigung als Institutsleiter und weitere freischaffende Tätigkeit kann er auch wirtschaftlich als gesichert gelten. Das Institut Superior des Arts decoratifs (ISAD) stellt van de Velde in eine Reihe mit dem Bauhaus: »Das ISAD, mein Brüsseler Institut, war die pädagogische Zitadelle, die dem Weimarer Bauhaus folgte. Mein 1902 gegründetes Seminar und die Weimarer Kunstgewerbeschule waren die erste. Die zweite war das Bauhaus.« [101] Wieder international wirkend, ist er auch in Deutschland in verschiedene Projekte involviert. Nun, er steht 1933 bereits im 70. Lebensjahr, ist das Eis gebrochen. Er findet nicht nur internationale Anerkennung, auch in seiner Heimat wird er geehrt. »An meinem siebzigsten Geburtstag glaubte die Regierung meines Landes zum ersten Male eine offizielle Feier zu meinen Ehren wagen zu können, ohne sich selbst und mich feindseligen Kundgebungen auszusetzen.« [101] In der Rede führt er aus: »Der Gedanke des ›neuen Stils‹ ist seit vierzig Jahren so eng mit meinem Leben verbunden, daß ich ihn geradezu als persönliches Abenteuer betrachten muss.« [101]

Während des Zweiten Weltkrieges bleibt der Architekt trotz deutscher Besatzung und fortgeschrittenem Alter weiter in Belgien und in Holland beruflich aktiv. Nach dem Rückzug der deutschen Truppen legt man ihm die partielle Zusammenarbeit »mit dem Referat für Kunstschutz der deutschen Militärverwaltung« [88] als Kollaboration mit dem Feind aus. Wie im Ersten Weltkrieg in Deutschland, ist er in den Jahren nach dem Zweiten Weltkrieg – nun in der Heimat – ein Verfemter, zur falschen Zeit am falschen Ort. Boshaftigkeiten und »schändlichsten Erniedrigungen« [101], wie van de Velde es in seinen Erinnerungen selbst bezeichnet, ausgesetzt, bestimmen ihn, 1947 Belgien zu verlassen. Zum wiederholten Male muss er sein »materielles Leben von Null an neu beginnen.« [101] Den letzten Wohnsitz nimmt er wieder in der Schweiz, in Oberägeri, empfängt dort gleichsam als Nestor der Zunft Besucher aus der Welt der Architektur und verfasst seine Memoiren, deren Zuverlässigkeit und Aufrichtigkeit allerdings heute bisweilen in Zweifel gezogen werden. Am 25. Oktober 1957 stirbt van de Velde in Zürich.

Henry van de Velde: Werk und Wirkung

Der Beitrag, den Henry van de Velde zur Stilbildung der Moderne geleistet hat, kann kaum hoch genug gewürdigt werden. Er verdient den Titel eines Pioniers zu Recht. Im Selbstbild sieht er sein Wirken für einen Stilwechsel als beinahe religiös aufgeladene »Mission« [101]. Das Formgefühl van de Veldes wird vorgeprägt durch die englische Arts und Crafts-Bewegung. Jene, beginnend mit ihren Hauptvertretern William Morris und John Ruskin, wertet um die Mitte des 19. Jahrhunderts insbesondere Handwerksprodukte durch Verbindung mit künstlerischer Formgebung auf. Sie schafft ein Gefühl dafür, dass auch gewöhnliche Alltagsgegenstände natürliche Schönheit ausstrahlen können und sollen. Somit bildet die Arts and Crafts Movement eine der Wurzeln der modernen industriellen Formgestaltung. Der Kampf van de Veldes und seiner Mitstreiter gilt der herrschenden Nachahmung historischer Stile (»Historismus«) und einem darauf aufbauenden Eklektizismus, d. h., der (zusätzlichen) Vermischung von Stilen. Architektur und Kunsthandwerk der zweiten Hälfte des 19. Jahrhunderts werden vornehmlich geprägt durch Neo-Stile (Neo-Byzantinischer Stil, Neo-Romanik, Neo-Gotik, Neo-Renaissance, Neo-Barock, Neo-Klassizismus). Das gilt nicht nur für die Bauten, die im neuen Deutschen Reich in Gestalt von Gerichten, Postämtern, Bahnhöfen, Kasernen und Kirchen in derartigen Baustilen massenhaft erstehen, sondern gleichwohl auch für Innenausstattungen, Möbel aller Art und Gebrauchsgegenstände. Die letzteren zeichnen sich oft durch überladene Ornamentik und Verschnörkelung aus, die bisweilen dem Gebrauch hinderlich sind. Eine Angst des Künstlers geht dahin, dass im Maschinenzeitalter »seriell gefertigte ›Scheußlichkeiten‹ die Weltmärkte überschwemmen würden« [108].

Diametral die Herangehensweise von van de Velde: Aus der Grundform der Linie entwickelt er ein ganzes Programm. Sie gilt ihm als Mutter aller Formgestaltung. Bilder sagen mehr als Worte. Man vergleiche den sich kathedralenartig auftürmenden, mit Krimskrams vollgestopften Schreibtisch Kaiser Wilhelms I. [75] mit einem im »Neuen Stil« van de Veldes geformten Schreibtisch. Schlichte, elegante Linienführung – wie »zurückflutende Wellen im Sand« [108] – bestimmt den Eindruck dieses Möbels. Der engagierte Betrachter wird sofort erkennen, was Kulturpioniere wie van de Velde, Kessler und auch Bodenhausen am herrschenden Stil

Arbeitszimmer Kaiser Wilhelms I. in Berlin, um 1880
(Abb. aus Wilhelm Oncken, Unser Heldenkaiser, im Besitz des Verfassers)

S. 103: Schlichte Eleganz um 1900: Arbeitszimmer des Bodenhausen-Freundes Mutzenbecher, entworfen von Henry van de Velde
(Privatbesitz Reinhard Käsinger)

verabscheuen und wohin die Vertreter der Moderne wollen. Van de Velde gehört mit den Resultaten seines Schaffens der Weltkultur an. In einem außerordentlich langen Leben hat er ein reiches Werk hinterlassen. Wenngleich der Künstler kaum ein Gebiet der Gestaltung auslässt, er sich sozusagen als Allround-Genie erweist, liegen doch die Schwerpunkte auf der Architektur, dekorativen Innenraumensembles und der Formgebung für Alltagsdinge wie Möbel und Gebrauchsgegenstände. Neben dem bereits erwähnten »Musterhaus« der frühen Moderne, Haus Bloemenwerf, sind hier lediglich beispielhaft zu nennen die Villa Esche in Chemnitz sowie die Kunstgewerbeschule und das Nietzsche-Archiv in Weimar. Die doch beachtliche Zahl der Neubauten, Umbauten und Innenraumlösungen für betuchte Auftraggeber, die van de Velde allein während der deutschen Jahre vor dem Weltkrieg geschaffen hat, belegen, dass er mit seinem »Neuen Stil« durchaus einen Nerv der Zeit trifft. Parallel schafft er ein grafisches Werk, das vom Buchschmuck bis zum

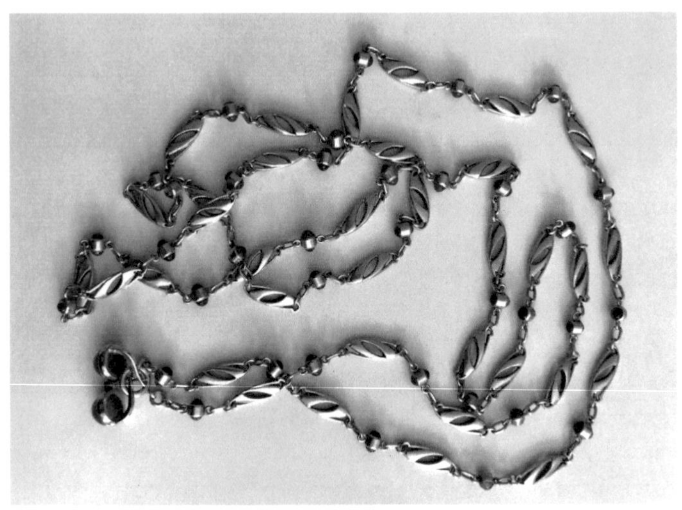

Silberkette nach einem Entwurf von Henry van der Velde
(Aus dem Besitz von Reinhild Maxtone-Mailer, Foto vom Original. Privatbesitz Reinhard Käsinger)

GEDRUCKT VON W. DRUGULIN, LEIPZIG. DREISSIG EXEMPLARE WURDEN IN DER GROSSHERZOGLICH SÄCHSISCHEN KUNSTGEWERBESCHULE IN WEIMAR NACH EINEM EINBANDENTWURF VON PROFESSOR HENRY VAN DE VELDE MIT DER HAND GEBUNDEN. DIES IST NR. 19

Künstlerischer Buchschmuck nach Entwürfen von Henry van de Velde: Einband des Hofmannsthalschen Werks »Alkestis« von 1893
(Privatbesitz Reinhard Käsinger)

S. 105: PAN 1897, Heft 2
(Privatbesitz Reinhard Käsinger)

HENRY VAN DE VELDE, BUCHEINBAND

NIEDERLAENDISCHE KUNST
BELGIEN UND HOLLAND

VAN DE VELDE, MEUNIER, ISRAELS

HENRY VAN DE VELDE, BUCHEINBAND

HENRY VAN DE VELDE

Van de Velde hat sich in diesem Jahre den Deutschen vorgestellt in der Abteilung der Dresdener Ausstellung, deren Einrichtung Bing übernommen hatte. Leider zeigte er sich da nicht durchgehend in günstigem Lichte. Er giebt selbst zu, dort keine Wohn- sondern Schauräume geschaffen zu haben und er entschuldigt das damit, eine Ausstellung verlange etwas Repräsentatives; die einfache Einrichtung eines Zimmers, wie er sie sich wünsche, käme da gar nicht zur Geltung und Beachtung. Letzteres mag auf eine grofse Anzahl von Besuchern zutreffen; aber es ist sicherlich ein Fehler, wenn der Künstler diesem falschen Geschmack Rechnung trägt. Denn der ernsthafte Besucher einer Ausstellung — und nur für diesen ist schliefslich die Ausstellung da — geht nicht hin um zu kritisieren, oder um sich zu amusieren, er will etwas lernen. Und wenn ihm eine Zimmereinrichtung gezeigt wird, so will er gerade daraus einen unmittelbaren Nützen für sich und seine Wohnung ziehen. Aus den Zimmern, die van de Velde in Paris zur ersten Einrichtung von l'Art nouveau geschaffen hatte, sind viele Anregungen zur zweckmäfsigen Ausgestaltung des Innenraumes ausgegangen und ein Teil davon war ja auch nach Dresden übernommen worden; trotzdem werden die Meisten die Dresdener Ausstellung verlassen haben mit dem Gefühl, dafs sie so ihre Zimmer kaum einrichten können. Der Zweck wäre damit verfehlt; und das ist um so bedauerlicher, als kaum ein besserer Lehrmeister auf diesem Gebiete gefunden werden kann, als gerade van de Velde.

*

Wem es gelingt Einlafs zu erhalten in die Privathäuser in Brüssel und Ostende, die in einzelnen Räumen oder in ihrer gesamten Ausstattung der glücklichen Hand dieses Künstlers ihre Entstehung verdanken, der wird sich von dem einheitlichen Geist überzeugen können, der aus diesen Räumen spricht. Jeder Raum in Farbe und Linie harmonisch. Jedes Stück zweckmäfsig in sich, zweckmäfsig in seiner Verwendung; jede Raum-Gesamtheit ruhig, harmonisch und notwendig, wie ein Organismus. Leider ist es nicht gelungen eine gröfsere Anzahl seiner Schöpfungen schon jetzt hier zu veröffentlichen. Die Dresdener Ausstellung hat indessen seinen Namen so sehr in den Vordergrund des Kunstinteresses gerückt, dafs auch ohnedem eine Würdigung seiner künstlerischen Persönlichkeit zur Zeit geboten erscheint.

*

Van de Velde kennt kein Spezialgebiet.

Das unterscheidet ihn fundamental von seinen Vorgängern in England und von all den deutschen Künstlern, die wie ein Wunder in jüngster Zeit allerorten erstanden sind, mit Leistungen ersten Ranges, aber jeder auf seinem bestimmten Teilgebiet. Der Wille, ein Ganzes zu schaffen, ist da noch nicht entwickelt, der künstlerische Gedanke wurde nicht zu Ende gedacht. Denn das kennzeichnet diese praktische, mitten im Leben stehende Kunst, dafs zu dem künstlerischen Empfinden die streng logische, angestrengte Denkthätigkeit treten mufs, die alle Gestaltungsbedingungen auf den so zahlreich gebotenen Gebieten untersucht und

Werbeplakat reicht. Da er sich ja selbst als Verkünder dieses »Neuen Stils« begreift, ist die publizistische Verbreitung und Verteidigung seiner Kunstauffassung für ihn selbstverständlich. So begründen schaffenspraktische Programmschriften van de Veldes, die er in großer Zahl hinterlässt, die Grundlagen der Moderne auch theoretisch. Ganz in diesem Sinne trägt eine seiner Veröffentlichungen aus dem Jahr 1902 den wundervollen Titel »Kunstgewerbliche Laienpredigten«. Die

Vielgestaltigkeit der Hinterlassenschaft von van de Velde ist auch in der jüngeren Vergangenheit Gegenstand musealer Großereignisse gewesen. Van de Velde mit seinem Formen- und Einfallsreichtum ist jedenfalls heute keineswegs vergessen, sondern als Künstler von europäischem Format anerkannt. Inzwischen weiß man: ohne van de Velde kein Bauhaus, ohne Bauhaus kein IKEA.

HENRY VAN DE VELDE UND BODENHAUSEN

Wie in verschiedenen anderen Fällen auch, stehen Bekanntschaft und spätere Freundschaft zu dem belgischen »Alleskönner« Henry van de Velde mit der Tätigkeit für die Kunstzeitschrift PAN im Zusammenhang. Dieser hat schon zum Thema »Künstlerische Tapeten« veröffentlicht. Der Beitrag »Ein Kapitel über den Entwurf und Bau moderner Möbel« ist in Vorbereitung. Am 13. Mai 1897 sucht Bodenhausen van de Velde auf: »Ebenfalls von Julius Meier-Graefe empfohlen, erschienen in ›Bloemenwerf‹ zwei hochgewachsene, vornehme Besucher: der Baron Eberhard von Bodenhausen von der Redaktionskommission des ›Pan‹ und der Graf Morton Douglas.« [101] Aus dieser ersten Begegnung mit dem belgischen Künstler entsteht eine lebenslange Freundschaft, obgleich, wie sich zeigen wird, van de Velde nicht leicht zu nehmen ist, er seine Ecken und Kanten hat. Aber gleiche Interessen und künstlerische Ziele festigen den Bund. Bodenhausen ist dem Freund ehrlich zugetan. Dass in der Folge persönliche, also freundschaftliche und geschäftliche Interessen zu synchronisieren sind, unterwirft die Beziehung mancher Belastung. Den Feldzug für einen neuen Kunstgeschmack kämpft Eberhard an der Seite van de Veldes durch. Er betrachtet ihn als »unser gemeinsames Werk« [11]. Dass Bodenhausen als spiritus rector die Führung der Geschäfte zur Etablierung van de Veldes auf dem deutschen Kunstmarkt praktisch zugewachsen ist, macht ihn nicht nur glücklich. Ein Stoßseufzer aus dem Jahr 1900 lässt das ungeschminkt erkennen. Er, Bodenhausen, der sich der Sache wegen nicht scheut, dem Freund reinen Wein einzuschenken, wenn er nach dessen Meinung fehlgeht (»... hatte ich ... das Empfinden, dass Sie sich auf einem falschen Weg befinden ... – [11]), erklärt unumwunden: »Ich wäre doch froh, wenn zwischen uns andere als rein menschliche Beziehungen nicht beständen ...« [11]. So bleibt nur, einem Freundesbund wirklich Respekt zu zollen, der manch geschäftlicher Aufregung zum Trotze dennoch gehalten hat. Erkennbar ist die Mühewaltung Bodenhausens des Ergebnisses wert. Mit tätiger Hilfe des Freundes hat van de Velde in Deutschland seinen künstlerischen Durchbruch erzielt. Die – wie noch zu lesen sein wird – wahrlich nervenaufreibenden Anstrengungen Bodenhausens zur Verpflanzung des Belgiers und seiner Kunst nach Deutschland hat ihm der Freund am Ende seines Lebens möglicherweise nicht mehr in genügender Deutlichkeit angerechnet und mit dem Blick auf die Nachwelt in seiner »Geschichte meines Lebens« kaum angemessen vergolten. Das fällt schon Curjel [101] auf, wenn er ausführt: »Eine so bedeutende Gestalt wie Eberhard von Bodenhausen, dem van de Velde so viel zu verdanken hatte, verschwindet in den Memoiren schon bald nach 1900, obwohl ein intensiver Briefwechsel zwischen den beiden Männern ihre dauernde Verbundenheit beweist; auch der vorzeitige Tod Bodenhausens im Frühling 1918, der van de Velde, wie wir aus Briefen wissen, tief getroffen hat, ist nicht erwähnt.« [101] Allerdings muss man gerechterweise festhalten, dass zwischen der Niederschrift der Memoiren und der Markteinführung van de Veldes im Deutschen Reich weit mehr als ein halbes Jahrhundert liegt. Da gerät manches in Vergessenheit, an einiges möchte man sich vielleicht auch nicht erinnern, weil es Auseinandersetzung mit der eigenen Unzulänglichkeit bedeutet.

6.

ENDE DER JUGENDZEIT: REISEN UND EINTRITT IN DIE ERWERBSLAUFBAHN (1896–1902)

Berufliche Pläne und Auseinandersetzung mit dem Vater: Wenige Tage alt ist das neue Jahrhundert. Am 4. Januar 1900 klagt Bodenhausen: »Denn ich bin ja so zerrissen, dass ich gar nicht weiß, wohin; soll ich mich mit Politik befassen, mit Handelspolitik, mit Geschäften, mit Kunst? Soll ich mal Landwirt werden? Was soll ich werden, denn ich bin ja noch gar nichts.« [11] Ein Blick zurück: Schon 1894 fordert Vater Hans Heinrich, dass der Sohn seine juristischen Studien als »den Grundstein für eine spätere Laufbahn im Staatsdienst« [11] begreife. Dem Vater schwebt hier zuallererst die höhere Verwaltungslaufbahn vor; gern sähe er am Ende seiner Tage Eberhard als Minister [11]. Allenfalls scheint er noch willens, ihn auf dem heimischen Landratsposten zu akzeptieren, aber dies wohl auch nur als Sprungbrett zu Höherem. Der praktische – für Eberhard von den Voraussetzungen her ohne weiteres gangbare – Weg dahin, wäre folgender gewesen: Da der preußische Landrat jener Zeit »nicht nur Staatsbeamter, sondern auch Organ der Selbstverwaltung« ist, steht dem Kreistag das Recht zu, einen geeigneten Kandidaten vorzuschlagen. Aber: »Die Praxis ging regelmäßig dahin, dass ein Regierungsassessor zum Kommissar bestellt wurde und der Kreistag nach sechs Monaten auf sein Präsentationsrecht verzichtete.« [106] Bis zum Frühjahr 1902 wird der Vater dem Sohn immer wieder mit der Forderung, sich für eine solche Laufbahn zu erwärmen, in den Ohren liegen. Dieser windet sich, sucht eine definitive Entscheidung zu umgehen. Der Vater macht es ihm auch nicht leicht: Ködert er den Sohn erst mit der Zusage, ihm bei Übernahme des Landratspostens das Gut Thierbach [11] zu überlassen, rückt er, aus welchen Gründen auch immer, alsbald wieder davon ab. Der Übergabetermin wird 1896 um vier Jahre nach hinten geschoben. Auch eine erwogene Übernahme von Gut Meineweh verläuft im Sande [11]. Im April 1902 vertraut Eberhard seinem Tagebuch dann an: »Abends am 4ten kam ich in Meineweh an. Alle ziemlich traurig, dass ich den Landrat endgültig aufgegeben ...« [11]. Mit dieser Entscheidung bereitet der Sohn dem Vater eine herbe Enttäuschung, die lange Zeit am Verhältnis der beiden genagt haben wird. Indes, auch die Verwundungen, die Hans Heinrich, wahrscheinlich ohne es je selbst zu bemerken, seinem Spross durch mehrfache Verweigerung des Eintritts in den auswärtigen Dienst [30] zufügt, sitzen tief. Wegen wirtschaftlicher Gründe (vgl. 9. Kapitel) und schlicht, weil es Hans Heinrich nicht will, muss Eberhard von Bodenhausen einer Profession entsagen, die er ohne Zweifel mit Herzblut erstrebt hat. Sommer 1896: »... ich habe nach Friedrichsfelde einen Brief von Papa bekommen mit einer endgültigen Absage. Grund ist Geldmangel und das wird dann auch, wie billig, an die Spitze des Briefes gestellt; dann folgen noch einige sekundanerhafte Auslassungen über Entfremdung von der Heimat, Gewöhnung an zu große Bedürfnisse etc., die mich eigentlich am meisten geärgert.« [11] Noch aus London teilt Eberhard im Oktober 1896 dem Vater mit, dass er sich nun damit abgefunden habe, auf »diesen größten Wunsch meiner letzten vier Jahre« Verzicht zu leisten. Wie schmerzlich ihn dies berührt, schildert Bodenhausen an gleicher Stelle: »In die Diplomatenlaufbahn wäre ich mit Passion hineingegangen; ich hätte alles um mich totgearbeitet. In fünfzehn Jahren hätte ich eine Stellung gehabt. Ich denke jetzt nicht mehr daran.« [11] Offenkundig wenden sich auch seine Gefühle infolge der Umstände. Die Trauben, die er nicht kriegen kann, scheinen ihm nun sowieso

Hans Heinrich von Bodenhausen – der Vater von Eberhard von Bodenhausen, um 1899, Fotografie von Otto Mayer, Dresden (Landesarchiv Sachsen-Anhalt, H52, Gutsarchiv Degenershausen, Nr. 347, Nr. 114)

sauer. Wenige Jahre später, nämlich 1901, schont er diesen Stand, dem er selbst zugehören wollte, nicht mehr: »Im allgemeinen scheinen die Diplomaten ein unzufriedenes, dabei anmaßendes Volk zu sein, durch Intelligenz weniger als durch selbst geschaffenen und *geglaubten* (Hervorhebung im Original) Nimbus von anderen Beamtenkreisen unterschieden. Alles schimpft. Leute wie Bülow und Hatzfeld werden als Geistesgleiche abgeurteilt.« [11] In dem vorbezeichneten Brief an den Vater stellt er auch klar, dass ihm eine Anstellung in der öffentlichen Verwaltung grundsätzlich als Last, als Bürde gilt. Schon die Referendarzeit habe er als »qualvoll« empfunden. In »der Regierungslaufbahn« sei er »in fünf Jahren ein verbrauchter Mann.« [11] So wird die Zeit zwischen dem Ausscheiden aus dem Staatsdienst im Frühjahr 1896 [90] bis zum Beginn des neuen Jahrhunderts auch eine Spanne der beruflichen Selbstfindung. Im Ergebnis weiß Eberhard von Bodenhausen nun, was nicht geht und was er eigentlich nicht will. Aber was will er?

»Kavalierstour« – Sommer 1896 bis Frühjahr 1897: Reisen bildet nicht nur, es stellt gleichzeitig einen Ausweis von Weltläufigkeit und Gewandtheit im Umgang mit dem Fremden dar. Ebenso schimmert aber immer noch ein Rest der klassischen adeligen »Grand Tour«, auch genannt »Kavalierstour«, durch. Eine solche Fahrt in entfernte Länder schloss vorzeiten häufig die Erziehung des jungen Aristokraten ab, entließ ihn praktisch aus der elterlichen Obhut ins Leben. Nun ist Eberhard von Bodenhausen, als er seine bemerkenswerte Reise antritt, bald dreißig Jahre alt, passt nicht mehr so ganz in das Muster. Aber man wird dieses adelige Erziehungsmoment mitdenken müssen. Auch darf man das persönliche Umfeld Eberhards insoweit nicht unberücksichtigt lassen. Der von Freund Kessler gepflogene Lebensstil, zu dem ständiges Umherreisen in Europa und den Erdteilen wie selbstverständlich gehören, wird das seinige getan haben. Konzipiert wird die große Fahrt als »vom Vater versprochene Weltreise« [11]. Indes erweisen sich die Planungen als Makulatur. Aus Geldgründen muss die Fahrt nach Übersee und in den fernen Osten entfallen. Allerdings hält sich Bodenhausen zumindest eine auskömmliche Zeit in West- und Südeuropa, einschließlich eines »Abstecher(s) nach Nordafrika« [30], auf. Anfang August 1896 »besucht er Freunde im Französischen Jura« [90], macht in Basel und Straßburg [11] Station und begibt sich demnächst nach England. Er richtet sich, spätestens ab dem 5. August, auf etwa drei bis vier Wochen in St. Leonards on Sea, an der Kanalküste nahe Hastings, ein. Dann begibt er sich nach Schottland – 9. September in Edinburgh – und Irland [11]. Ende September schreibt er aus Liverpool, von Oktober bis Ende November 1896 lebt Bodenhausen in London. Von einer Reise nach Oxford weiß er zu berichten: »Ich habe mich selten an einem Ort so wohl gefühlt« [90]. Nachdem Anfang November das ganz große Abenteuer Amerika und Japan abgeblasen ist, reist der junge Mann nach Paris. Noch bevor das alte Jahr zu Ende geht, kommt er in Madrid an. Den Jahreswechsel feiert er in Gesellschaft des deutschen Botschafters von Radowitz. Nach dem Aufsuchen solch geschichtsträchtiger Orte wie Cordoba und Sevilla erreicht Bodenhausen Ende Januar 1897 Gibraltar. Von dort begibt er sich per Schiff Anfang Februar nach Neapel. Einige Tage hält er sich in der ersten Februarhälfte in Rom auf, dann folgt Anfang März Florenz. Kurze Zeit danach dürfte Bodenhausen wieder heimatlichen Boden betreten haben, denn ab dem 12. März [30] befindet er sich schon in Berlin. Dass Eberhard noch ausgedehnt unterwegs sein kann, verdankt er einem Geldgeschenk seiner Tante Amalie. Sie tut das nicht nur, um ihrem Neffen einen Gefallen zu erweisen, sondern auch »der Leute wegen« [11]. Fazit: Eberhard von Bodenhausen bereist erhebliche Teile Europas, ist knapp acht Monate unterwegs. Das ist auch, wie man sieht, eine Statusfrage und ein Beleg, dass sich die Familie eine solche Reise »leisten kann«. Diesen Nebenaspekt darf man aber getrost vernachlässigen; der Ertrag der Reise ist für den jungen Mann ein ganz außerordentlicher. Man wird sich vorderhand Eberhard als überdurchschnittlich begabt auf dem Gebiet des Erlernens moderner Sprachen vorstellen müssen. Das Französische beherrscht er wohl seit den frühen Jugendjahren in Wort und Schrift. Den Grundstock dazu haben Erzieherin und Gymnasium gelegt [11]. Jetzt nutzt er das mehrwöchige Verweilen in St. Leonards on Sea, »um sich in die englische Sprache und Literatur zu versenken.« [11] Als er von Paris aus auf die iberische Halbinsel aufbrechen will, arbeitet er sich in die Urgründe der spanischen Sprache ein [11]. Noch in einer Nekrologstelle, die sich mit einiger Wahrscheinlichkeit auf diesen Lebensabschnitt bezieht, wird solcher Kunstfertigkeit gedacht: »Er vervollkommnete zunächst seine Sprachkenntnisse und brachte es in kürzester Frist dahin, dass er fließend englisch, französisch und italienisch schrieb und sprach.« [81] Die Reiseeindrücke von den britischen Inseln kann man kaum in einer Summe zusammenfassen, so vielfältig und gemischt sind sie. An der Kanalküste, dem wegen der Landung von 1066 berühmten Hastings, beeindruckt ihn eine öffentliche Bibliothek, die englischer Bürgersinn auf die Beine gestellt. Mit dem Blick des Kunstliebhabers taxiert er die »liebevollen Büchereinbände«, die Buchläden bereiten ihm »wahre Freude« [11]. Kunsterlebnis und Kunstbetrachtung bleiben für ihn stets zentral. Immer hat er im Blick, was für eine Veröffentlichung im PAN geeignet wäre. Im jugendlichen Überschwang teilt er aber auch im Rundumschlag aus: Das »Londoner Niveau ist doch unerhört niedrig« [90], aber die Arts and Crafts-Bewegung liebt er; sie, so Bodenhausen an Kessler, sei von »allerersten Classe« [90]. Es sei nur »staunenswerth, wie diese Handvoll Menschen in einem so unkünstlerischen Volke solche Renaissance haben herbeiführen können.« [90] Ungezählte Bauten, Kunstwerke und Galerien werden mit (über-) kritischem Blick [11] beäugt. In London wird er in einer Gesellschaft mit dem amerikanischen Maler James Whistler bekannt, wie er denn die Reise überhaupt auch zur »Kontaktpflege mit Künstlern« [30] nutzt. Neben Besuchen bei Vertretern der englischen Oberschicht, bleibt Bodenhausen auch nicht die zum Teil himmelschreiende Armut der einfachen Leute verborgen. Aus Edinburgh: »Ein Gang durch die alte Stadt war schauerlich; schmutzige, halb verfallene hohe Mietskasernen mit trostlosen schwarzen Höfen; alle Gestalten zerlumpt und gräßlich elend aussehend; beinahe an jeder Straßenecke eine vollkommen betrunkene Frau ...« [11]. Ganz ähnliche Eindrücke erregen sein Gemüt in Irland [11] und in Zentralengland, in Birmingham [11]. In Frankreich, Spanien und Italien bildungswütige, kunstgeschwängerte Tage: Museen, Gemäldegalerien und antike Bauwerke ziehen Bodenhausen geradezu magisch an. Die Malereien Pompejis findet er wenig beeindruckend, eher abstoßend und lächerlich, »eines Zimmeranstreichers würdig« [11]. Veröffentlichte Briefstellen und Tagebuchauszüge lassen seinen ungeheuren kulturgeschichtlichen Wissensschatz erahnen. Und oft hat er ein eigenes, zum Teil schroffes, verwerfendes Urteil zur Hand, das der unbefangene Betrachter nicht jedes Mal und unbedingt teilen muss [11].

Erste industrielle Periode 1897–1902: Im April 1897 tritt Eberhard von Bodenhausen als Gründungs-Geschäftsführer bei einer ins Leben zu rufenden chemischen Fabrik ein. Der Entschluss setzt einen vorläufigen Endpunkt unter die Querelen, die er mit dem Vater wegen seiner beruflichen Zukunft auszufechten hat. Jener, so berichtet Eberhard an seinen Freund Treskow, sei »natürlich zuerst außer sich« gewesen, habe sich jedoch »in die veränderte Situation« gefunden, »... sobald er sah, welche Stellung ich mir selbst gemacht.« [11] Trotziger Stolz, den herrischen Vater in die Schranken gewiesen zu haben, klingt durch. Ein höchstpersönlicher Umstand hat Bodenhausen zuvörderst angetrieben: Er möchte heiraten, was ihm ohne gesichertes Einkommen nicht opportun erscheint. Dieses erste bedeutsame wirtschaftliche Engagement Bodenhausens ist eine Frucht der Bekanntschaft mit der Familie des Grafen Hugo Sholto Douglas [36]. Mit dessen Sohn Morton, genannt »Morchen«, wie er selbst Dr. jur. und Reserveoffizier bei den Bonner Husaren, unterhält Bodenhausen freundschaftliche Beziehungen. Der Vater des alten Grafen Hugo Sholto ist Justizkommissar, der Großvater Prediger der reformierten Gemeinde zu Aschersleben [94] gewesen. Braunkohlen- und Steinsalzförderung haben die Familie zu erfolgreichen Unternehmern werden lassen. Die Familie Douglas (und Bodenhausen?) erwerben ein Patent, das die industrielle Herstellung und Verwertung »chemisch reiner Eiweißkörper« [90] zum Gegenstand hat. Während der Monate in England ist Morchens Bruder Angus von Douglas an Bodenhausens Seite. Dessen Ziel ist der Erwerb des entsprechenden Patents [30]. Mutmaßlich hält Bodenhausen auch Anteile an der Gesellschaft, denn er lässt Treskow wissen: »Ich ... bin bei Morchen und seinem Vater als Kompagnon eingetreten, worüber schon längere Zeit Verhandlungen zwischen Mor und mir bestanden.« ([11]/entgegen: [30]) Bei dem Produkt, von dessen Markteinführung sich Bodenhausen einen wirtschaftlichen Durchbruch erhofft, handelt es sich um ein Eiweißpräparat. Dessen Zweck ist es, als Fleischersatz zu dienen. Damit, so meinen die Unternehmer, gewinnt ein solches Erzeugnis bei sprunghaft wachsenden Bevölkerungszahlen zwangsläufig Bedeutung für die Volksernährung. Am 14. September 1897 wird die Proton GmbH in Mülheim am Rhein gegründet. Rechtliche Veranlassung macht es 1898 erforderlich, die Firma zu ändern. Durch einen einfachen Austausch von Buchstaben löst man das Problem: aus der Proton GmbH wird die Tropon GmbH. Gemäß Dora von Bodenhausen soll Eberhard als Vorbereitung auf die praktische Direktorentätigkeit »zunächst in einem größeren Betrieb die Buchführung erlernt« [11] haben. In der Literatur liegt ein aus anderem Beweggrund verfasster Brief Bodenhausens vom 8. Juli 1897 aus Westeregeln vor [11]. Dieser Ort ist Sitz der zum Douglasschen Firmenimperium gehörenden »Consolidierten Alkaliwerke Westeregeln AG« [76]. Es dürfte insoweit eine gewisse Wahrscheinlichkeit dafür sprechen, dass es sich bei dem nicht näher spezifizierten »größeren Betrieb« um Westeregeln handelt. Wie auf dem ganzen Unternehmen kein Segen liegt, so scheint auch die Beziehung zu »Morchen«, und den Douglassen überhaupt, über die Jahre gelitten zu haben. Schon bald widert Bodenhausen die »Krämerseele« des Grafen, der immerhin eine Million Reichsmark in die Unternehmung gesteckt hat, an [30]. Föhl weiter: »Auch seine anfangs freundschaftlich geprägte Einschätzung der beiden Söhne Morton und Angus wurde auf harte Proben gestellt und wich zuletzt grauer Ernüchterung« [30]. Der Gang der Dinge erweist sich denn auch als recht unbefriedigend. Man beschäftigt sich nebenher noch mit anderen Projekten [30], Bau und Inbetriebnahme der Fabrik verzögern sich. Als am 15. April 1899 endlich die »eigentliche Produktion« einsetzt, kann sie »die vielen von Bodenhausen hereingeholten Aufträge kaum bewältigen« [30]. Von der Organisation der Geschäfte selbst darf man sich auch keine falschen Vorstellungen machen. Sie scheint wenig »stationär« gewesen zu sein. Bodenhausen pendelt zwischen Berlin, dem Sitz der Geschäftsführung [90] und der Betriebsstätte Mülheim. Vor allem aber bereist er im Auftrag der Firma Europa und Übersee. Am Ort der Produktion in Mülheim scheint er sich eher selten aufgehalten zu haben. Bisweilen gleicht er einem reisenden Vertreter mehr als einem honorigen Geschäftsführer. Allerdings kann er bei diesem Arbeitsstil gänzlich zwanglos auch seinen fortbestehenden Interessen frönen. Vielleicht ist es gerade das gleichzeitige Rollen auf unterschiedlichen Gleisen, das »Tanzen auf vielen Hochzeiten«, wie man so sagt, das Eberhard von Bodenhausen vor der Zeit aufgerieben hat. Hauptprofession bildet das Wohl des Unternehmens Tropon, parallel dazu läuft die weitere Unterstützung der Kunstzeitschrift PAN durch die Pflege von Künstlerkontakten. Dies geschieht selbstredend auch unter Einschluss eigener Sammlerinteressen. Gleichzeitig läuft eine sehr spezielle Förderung von Freund van de Velde, auch in Geldangelegenheiten. Dazu treten die allgemeinen Fährnisse des Lebens: Ärger mit dem Vater, Familiengründung. Wiedereintritt der Mutter in die Welt des Sohnes. Belegstellen aus Briefen spiegeln über die Jahre den Wandel in Eberhards Gemüt, soweit es Tropon betrifft.

März 1897: Bodenhausen ist guter Hoffnung, jetzt endlich die ordentlich dotierte Stellung, die ihn aus der Abhängigkeit vom Vater befreit, gefunden zu haben. Das verleiht der Stimmung Flügel. »Meine Lage ist damit so, dass ich heiraten kann, wann ich will. Ist das nicht herrlich! Wie ein Wilder stürze ich mich in die Geschäfte« [11].

September 1899: Bodenhausen versucht sich als Chemiker, um die Erzeugnisse in eine verkaufsfertige Form zu bringen, »lernt die Proteine« [30]. Die wirtschaftliche Entwicklung des Unternehmens beunruhigt ihn indes zunehmend. »Im allgemeinen war ich so präokkupiert in diesen Tagen wegen der hohen Reklamekosten, dem noch immer zögernden Absatz und der Befürchtung, wieder mit minus abzuschließen, dass ich kaum schlafen und gar nicht lesen konnte« [11].

Oktober 1901: Sein Engagement für Tropon verläuft in der Endphase frustrierend. Das in die Krise geratene Unternehmen wird durch die Familie Douglas liquidiert, umstrukturiert und faktisch zum zweiten Male gegründet. Eberhard gehört zwar noch bis 1904 dem erneuerten Aufsichtsrat [30] an, aber seine ökonomischen Blütenträume reifen nicht, ja er befürchtet jetzt sogar, »dass die fortgesetzte Beschäftigung mit Erwerb für meine innere Entwicklung gefährlich werden könnte« [11]. Seine Stellung betrachtet er am Ende als »glänzend, aber hohl« [30]. Er scheidet gegen Leistung einer Abfindung aus dem Unternehmen aus. Eigenes Fazit: »So erkenne ich, ... dass der Abschluß der Industrieperiode meines Lebens mich mit ihrer großen Enttäuschung mehr gereift hat, als wohl irgendwelches andere Erlebnis ...« [11].

Tropon und Bodenhausen – Was bleibt: Die Erfindung des Corporate Identity: Im Sommer 1897 [30] erteilen Eberhard von Bodenhausen und Morton von Douglas für das Unternehmen Tropon an Henry van de Velde einen speziellen Auftrag. Der Künstler dazu in seinen Erinnerungen: »Sie wünschten, mich mit der gesamten Propaganda – Plakate, Verpackung, Inserate in den Zeitungen und so weiter – zu beauftragen.« [101] Es geht hier also um die Frage, dass nicht nur das Erzeugnis als solches nützlich, gesund und schmackhaft sein soll, sondern es auch den Kunden in der optischen Darbietung ansprechen muss. Die jungen Unternehmer haben verstanden, dass das Publikum zuerst einmal wissen muss, dass es diese Ware »gibt«. Dazu bedient man sich des Mittels der Werbung durch Anzeigen und Plakate. Nun haben Bodenhausen und seine Mitstreiter die Reklame nicht erfunden. Die gibt es schon. Die Besonderheit besteht

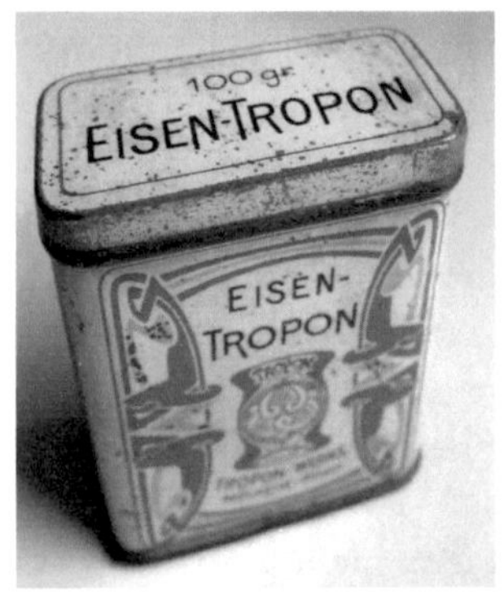

Plakat und Verkaufsverpackung (Blechdose) für Eisen-Tropon 1898, Entwürfe Henry van de Velde (Privatbesitz Reinhard Käsinger)

jedoch darin, dass hier nicht nur schlicht ein bestimmter Artikel annonciert wird. Vielmehr werden künstlerische Stilmittel der Moderne, einer Richtung, die gerade eben selbst erst um Anerkennung ringt, eingesetzt. Für Tropon gestaltet van de Velde bis 1900 »rund ein Dutzend verschiedener Verpackungen und drei Plakatversionen. Auch das Briefpapier und die Firmensignets gehen auf seine Entwürfe zurück ...« [30]. Die verschiedenartigen Produkte werden in sich ähnelnden Verpackungsvarianten angeboten. Bei dem Käufer soll also über das äußere Erscheinungsbild ganz bewusst ein Effekt des Wiedererkennens (Achtung: das ist ein Nährmittel der Marke Tropon!) ausgelöst werden. Das ist für den Ausgang des 19. Jahrhunderts schon eine sehr neuzeitliche Herangehensweise. Die einheitlichen, künstlerisch gestalteten Geschäftsbriefe, mit denen das Unternehmen im Verkehr nach draußen wirkt, das gesamte Produktdesign und noch dazu die Kreierung der Büroausstattungen in Berlin und Mülheim durch van de Velde schaffen einen durch die Kundschaft erfahrbaren Gesamtorganismus, wie es ihn bis dahin im Wirtschaftsleben noch nicht gegeben hat. Das ist »wohl das erste Beispiel für corporate identity und – in Ansätzen – für public relations.« [52] Vergleichbares, das aber wenige Jahre später, weist das künstlerische Werk des Industriedesigners Peter Behrens [95, 111] auf, der u. a. das corporate design für den Rathenau-Konzern AEG gestaltet. Bodenhausen zählt damit zu den »Gründungsvätern« des modernen Marketings. Auf ihn und sein fortschrittliches Kunstverständnis geht die Anregung zurück, die Ausführung verantwortet van de Velde. Die Resultate dieser fruchtbaren Kooperation, wie die weltberühmten Tropon-Plakate, krönen heute museale Sammlungen. Sie haben den Status von Ikonen der Moderne errungen. Der Schöpfer van de Velde konnte sich einen Platz in der Designgeschichte sichern. Dass die Inspiration zu solchem Schaffen von Eberhard von Bodenhausen herkommt, ist weitgehend vergessen.

Parallele Tätigkeiten – De facto Geschäftsführer der Unternehmungen von van de Velde (1897–1900): Zur Erinnerung: 1897 hat sich Bodenhausen, obgleich er weiter im Interesse der Zeitschrift unterwegs ist, aus der unmittelbaren Leitung des PAN zurückgezogen. Es ist aber so sehr typisch für ihn, dass er allein schon aus sittlicher Schuldigkeit weiter wünschenswerte künstlerische Richtungsentwicklungen fördern und stützen will. So setzt es keinesfalls in Verwunderung, dass er sich nicht nur zum empfehlenden Fürsprecher der Kunst des Belgiers, des »Neuen Stils«, macht, sondern eifrig an der Markteinführung van de Veldes in Deutschland mitwirkt. Als Dilemma stellt sich für van de Velde der Umstand heraus, dass er Möbel modernster Machart entwirft, jedoch nicht über ausreichende Ressourcen zu deren Fertigung verfügt. Am Beginn steht lediglich der Werkstattbetrieb im Wohnhaus des Künstlers in Uccle bei Brüssel, dessen Kapazität naturgemäß beschränkt ist.

Unter den Geldgebern für eine Ausweitung des Geschäftsfeldes Herstellung und Vertrieb von Möbeln, dekorativem Zubehör und kompletten Innenraumausstattungen nimmt Bodenhausen mit wohl nicht mehr als 5 000 Mark [30] keinen herausragenden Platz ein. Föhl dazu: »Sein Anteil und Verdienst war mehr ideeller Natur als Organisator des Ganzen« [30]. Die Existenz einer förmlichen »Sociéte Henry van de Velde« wird von der Wissenschaft bezweifelt, die Gründung der deutschen »Henry van de Velde G.m.b.H« mit Sitz in Berlin und Brüssel erfolgt erst im Dezember 1899. Sie muss schon im September 1900 die Segel streichen. Das Unternehmen erweitert sich durch Anmietung von größeren Werkstätten und Atelierräumen in Brüssel. Bodenhausen, Kessler und andere deutsche Verehrer haben über Veröffentlichungen in der Kunstzeitschrift PAN und die Propagierung durch das Beispiel mächtig die Werbetrommel für den Designer gerührt. Bald nennen Bodenhausen, Kessler und andere Innenraumausstattungen von van de Velde ihr Eigen, was jedenfalls für den betuchten Gast wie ein »Beratungsmuster« wirkt. Auf Messen und Ausstellungen werden die Produkte vorgestellt. Selbst Kataloge erscheinen in deutscher und französischer Sprache. Die Nachfrage steigt enorm, womit die Probleme beginnen. »... etwa zwei Dutzend komplette Wohn- und Arbeitsräume sowie die Ausstattungen für drei Galerien in Berlin und Den Haag« [30] fertigt das Unternehmen in eineinhalb Jahren. Mitte 1899 wird die Auftragslage als glänzend beschrieben. Dennoch scheitert das ganze Projekt. Föhl [30] hat diese Phase im Leben von Eberhard von Bodenhausen erschöpfend wissenschaftlich recherchiert und analysiert. In retrospektiver Betrachtung bleibt zuerst die Erkenntnis, dass Freundschaft und Geschäft sich nur in den allerseltensten Fällen glücklich ergänzen, sich vielmehr im Regelfall im Wege stehen. Die wirtschaftliche Zusammenarbeit von Bodenhausen und van de Velde stellt das gewünschte Einvernehmen der Freunde auf harte Bewährungsproben. Hauptursache des Untergangs der Firma scheinen die geschäftlichen Allüren des Belgiers gewesen zu sein, der eben Künstler und kein Kaufmann ist. Der Kreislauf des Einsatzes von Material und Lohnarbeit, die aus den Erlösen der Verkäufe zu bezahlen sind, wird nur mangelhaft beherrscht. Ständig bemüht sich Bodenhausen um frisches Kapital, das wiederum verzinst werden muss; Geldgebern räumt man großzügige Rabatte beim Erwerb von Möbeln ein. Genügt es am Anfang, dass van de Veldes Frau Maria mit ausgeprägtem Elan von zu Hause aus die Bücher führt [30], wird später unter Bodenhausens Oberaufsicht ein Geschäftsführer in Berlin eingestellt. Henry van de Velde zeigt sich in seinem Finanzgebaren erstaunlich leichtfertig. Er hält sich nicht an vereinbarte Preisabreden, trennt nicht korrekt zwischen Mitteln des Unternehmens und privatem Geld, zeigt sich gegen Kritik uneinsichtig. Graf Kessler ist über eine Rechnung für ein Paar Leuchter geradezu aus dem Häuschen (»Es gehört der ganze Wert, den ich auf V's Freundschaft lege dazu, daß ich die ganze Sache nicht umgehend zurückschicke.« – [30, 90]) Auch die Übertragung des kaufmännischen Geschäfts auf einen Berliner Rechtsanwalt rettet nichts mehr. Eberhard von Bodenhausen muss sich einen Vorwurf gefallen lassen: Die finanzielle Unordnung in den Geschäften van de Veldes hat er alsbald wahrgenommen. Aus persönlicher Sympathie hat er zu lange stillgehalten. »Fast kokett weigerte er (van de Velde – d. V.) sich lange, seine Arbeit rationeller und vor allem kommerzieller zu organisieren, mit dem steten Lamento, es fehle die kaufmännische Leitung und ein Direktor des Ganzen. Dieser Vorwurf zielte auf Bodenhausen ...« [30]. Verstimmt zeigt auf der anderen Seite auch Eberhard Nerven. Kessler hat das nach den Einlassungen von Bodenhausen später seinem Tagebuch anvertraut: van de Velde tue in geschäftlicher Beziehung Sachen, die man bei anderen als Betrügereien ansehen müsste. »Sein Familiensinn sei so stark, dass er, der sonst ein mimosenhaft zartfühlender Mensch sei, in Geldsachen mit der größten Brutalität vorgehe. Ich (Kessler – d. V.) kann diese Rücksichtslosigkeit im Geldpunkt nur bestätigen, er macht einen Anschlag und verlangt nachher das Fünffache.« [30] Niemand ist bekanntlich über die heranreifende Krise des van de Velde-Betriebes und dessen Auswirkungen auf das Fortbestehen der Freundschaft betrübter als Bodenhausen selbst [11]. Die unvermeidliche Überleitung des Unternehmens auf einen neuen Eigentümer gelingt halbwegs. Finanziell ist das Engagement sowohl für van de Velde als auch für Bodenhausen ein Verlustgeschäft gewesen. Aber immerhin, man scheint einander nichts nachzutragen. Eigentlich schon irgendwie überraschend dauert die Freundschaft trotz vorheriger Belastung fort.

Eine Bilanz für die Zeit um den Jahrhundertwechsel herum fällt in Gesamtheit für Eberhard von Bodenhausen ziemlich niederschmetternd aus: Es kulminieren negative Entwicklungen wirtschaftlicher Natur und führen jeweils zum Ende von Engagements, von denen sich Eberhard zu Beginn immerhin einiges versprochen hatte: Die van de Velde-Unternehmung geht ein; die Zeitschrift PAN wird ebenso liquidiert wie die erste Tropon G.m.b.H. König bringt es auf den Punkt: »Man muss vor Augen haben, dass all diese Aktivitäten – PAN, Tropon, van de Velde GmbH – gleichzeitig geschehen und – im Jahr 1900 – gleichzeitig scheitern« [52]. Nur ein von Grund auf robuster und in sich ruhender Charakter vermag solche Summierung von Schicksalsschlägen ohne Schaden an Leib und Seele zu ertragen.

Nordamerikareise April bis Juni 1900: Bekanntlich zählen die Vereinigten Staaten von Amerika zu jenen Zielen, die Eberhard von Bodenhausen bei seiner »Grand Tour« wenige Jahre zuvor anvisiert hat. Aus finanziellen Gründen muss er sich die große Fahrt in die neue Welt versagen. Nun, wohl im Zusammenhang mit seiner leitenden Tätigkeit bei der Tropon G. m. b. H., reist er im April 1900 nach New York [11]. Das Amerikabild kultivierter Europäer dieser Zeit kann man mit dem heutigen nicht vergleichen. Weder wird ihnen die ungeheure Größe des Landes bewusst, noch haben sich die USA in der Weltpolitik bisher einen Namen gemacht. Grenzkriege mit dem südlichen Nachbarn Mexiko und die Vertreibung der indigenen Bevölkerung spielen im Bewusstsein der Politiker der alten Welt keine Rolle. Der erste moderne Krieg der Geschichte, der außerordentlich blutige amerikanische Bürgerkrieg 1861 bis 1865, liegt eine Generation zurück und wird als fernab liegend, als innerpolitische Auseinandersetzung betrachtet. Ein letztlich unbedeutendes Ereignis lässt aber erahnen, dass der schlafende Riese am Erwachen ist: Die Hawaii-Inseln werden annektiert. Unter Präsident McKinley (1897–1901) geraten die Vereinigten Staaten erstmals in der neuesten Zeit in einen bewaffneten Konflikt mit einer europäischen Macht. Aus den Restbeständen des spanischen Kolonialreichs erwerben die USA praktisch Kuba, Puerto Rico und die Philippinen. Damit setzt das Land ein Zeichen, dass es zukünftig in den internationalen Beziehungen ein Wort mitreden will.

Überfahrt: Bodenhausen reist von Southampton aus mit dem Schnelldampfer »Kaiserin Maria Theresia« nach New York, wo er am 20. April eintrifft (»... Einfahrt am Freitag ganz herrlich.« – [11]). Nur am Rande: das Schiff des Norddeutschen Lloyd nimmt ein ganz eigenartiges Schicksal. 1890 als »Spree« erbaut, umbenannt auf den Namen der österreichischen Herrscherin, wird es 1904 als Hilfskreuzer nach Russland verkauft und sinkt in der Seeschlacht von Tsushima [49]. Die Zeit der Atlantikpassage scheint rasch vergangen zu sein: Lektüre, beginnend mit dem »American Commonwealth« von James Bryce und reichlich Konversation mit bemerkenswerten Menschen füllen die Tage aus.

Eindrücke aus der neuen Welt: Diese beschränken sich auf die Neuenglandstaaten mit den Hauptzielorten New York, Washington und Boston. Da Bodenhausen in Washington das dortige Patentamt im Beisein eines Rechtsberaters mit seinem Besuch beehrt, liegt eine Beziehung zum Tropon-Eiweiß recht nahe. Doch im Einzelnen: Die Summe der über New York niedergelegten Gedanken führt zu der Erkenntnis, dass diese Stadt einem Hexenkessel gleicht. »Es ist der einzige Ort der Welt, an dem ich diese Sprache unserer Zeit gehört habe in einer fertigen Verkörperung und nun gleich mit dieser Gewalt.« Ergriffen und zugleich verunsichert meint er, er stehe »in einem Gebrause von Rädern ..., aus dessen sinnverwirrendem Getöse und Disharmonie ganz von fern her sich die gewaltigen Akkorde einer neuen Harmonie ankündigen« [11]. Hier fühlt ein faustisches Ahnen den vollkommenen Siegeszug von Industrie und Technik voraus. Die Wolkenkratzerkulisse der Stadt ruft in ihm ungute Gefühle und grenzenlose Bewunderung zugleich hervor [11]. Als völliger Gegensatz überrascht ihn Washington. »Handel und Industrie sind Dinge, die man hier nur dem Namen nach kennt; es ist eine Stadt, in der nur Beamte wohnen und etwaige reiche Leute, die früher hier Beamte waren.« Sie gilt ihm als »... die vornehmste Stadt, die ich kenne, ... dazu das ausschließlich elegante Leben, die guten Wagen, Automobile von Damen gefahren, alles in scheinbar heiterer Stimmung« [11]. Von einer anderen Erfahrung ist Bodenhausen ganz überwältigt. Zwar findet er die Kuppel des Capitols schlicht »scheußlich«, aber: »... wie in allen öffentlichen Gebäuden, erstaunte mich die Leichtigkeit, mit der man überall, ohne sich an irgend jemand zu wenden, Zutritt hat. Alles, was public property ist, wird auch einem jeden ohne jedes Zeremoniell zugänglich gemacht. Durch den Sitzungssaal und Bibliothek des Houses of Representatives geht man hindurch, als gehöre man dazu. Das Haus des Präsidenten, White House, ist von allen Seiten zugänglich. Man geht hinein und sieht sich die Empfangsräume an, ohne daß irgendwelches führende Wesen einen im geringsten störte. Zum General-Arzt der Armee (wg. Eiweißnahrung? – d. V.) ging ich heute hinein, wie ich in Berlin zu keinem Patentanwalt eindringen könnte; ganz unangemeldet; es wird als selbstverständlich betrachtet, daß man einfach hineingeht und seine Wünsche vorträgt; dafür sind ja die officials da. What can I do for you, Sir? ist die selbstverständlichste Frage, mit der man empfangen wird.« [11] Das klingt unglaublich, wie aus einer fremden Welt. In Boston widmet er sich anderen Dingen. Bodenhausen nutzt den Aufenthalt und besichtigt auf Empfehlung des Berliner Museumsmannes Wilhelm Bode die Kollektionen amerikanischer Kunstsammler. In einer Mußezeit an den Niagarafällen entsteht an wenigen Tagen im Mai die brillante Schrift »Darwin und die Ästhetik«, später »Entwicklungslehre und Ästhetik« genannt. Sie beweist, dass er auf dem Gebiet der Kunst die Sphäre eines engagierten Laientums schon meilenweit hinter sich gelassen hat. Im Juni 1900 trifft Bodenhausen wieder in Europa ein. Er wird später noch mehrfach in die Vereinigten Staaten reisen, dann schon als Kenner von Land und Leuten.

Auf der Suche nach sich selbst? Vor der Überfahrt nach Amerika besucht Bodenhausen seine Mutter in Bussum (Niederlande). Diese wiederum hat dem Sohn schon Jahre zuvor von ihrer Hochzeit in Bridgeport (Long Island) mit Hans Heinrich von Bodenhausen recht ausführlich berichtet [11]. Der Sohn weiß von einer Schwester der Mutter ebendort. Nun hält sich Eberhard in New York auf. Etwa eine Schnellzugstunde, so um die 100 km, entfernt liegt Bridgeport. Dass er sich hier nicht auf die Suche nach seinen amerikanischen Wurzeln gemacht haben soll, vermag der Autor gar nicht zu glauben. In der gedruckten Literatur findet sich aber kein Hinweis darauf.

7.

MENSCHEN UND ORTE. EHESCHLIESSUNG, FAMILIENSCHICKSALE, WOHNSITZE (ab 1897)

MENSCHEN

Neben der fortwährenden Auseinandersetzung mit dem Vater um die berufliche Zukunft sind die Jahre nach dem Ausscheiden aus dem Staatsdienst davon geprägt, dass zwei Frauen in zeitlicher Nähe zueinander in Eberhards Leben treten. Simon [90] hat sich dahingehend ausgesprochen, dass die Beziehungen Eberhards zu beiden Elternteilen als »auf signifikante Art gestört« anzusehen seien. Wenn auch nicht nach außen in die Augen springend, so tragen die Familienverhältnisse doch den Anschein einer gewissen Zerrüttung in sich. Den Vater soll er gehasst haben – vielleicht in diesem Falle doch ein etwas zu hartes Wort –; die abwesende Mutter überhöht er in idealistischer Manier. Gut verständlich erscheint daher Simons Ansatz, dass eben auch bestimmte Entscheidungen Eberhards auf diese Situation zurückgeführt werden müssen: »Bodenhausen glaubte, vom Schicksal gebrandmarkt, ein Unglückskind zu sein. Den Entzug einer intakten Familie kompensierte er durch eine rasche Heirat und mehrere Kinder. Etwa gleichzeitig fand er seine spätere Frau und seine leibliche Mutter; beide Kontakte nahm er gegen den Willen des Vaters auf; die Wiederbegegnung mit der Mutter verlief ebenso stürmisch wie das Verlieben in die Frau.« [90]

Aufblühendes Interesse an der Mutter: Auf den Juni oder Juli 1896 [90, 11] kann Eberhards Kontaktaufnahme zu seiner Mutter datiert werden. Er selbst steht nunmehr schon im 28sten Lebensjahr. Weit mehr als zwei Jahrzehnte vollständiger Trennung liegen zwischen beiden. Dora von Bodenhausen im Lebensbild ihres Mannes dazu: »Am Geburtstag des Vaters überreicht ihm dieser einen Brief von ihr, den ersten, den Bodenhausen persönlich in Empfang nimmt, worin die Mutter ihm Glück und Segen zu seiner Verlobung wünscht. Da er sich bisher aus der Anhänglichkeit an den Vater gebunden fühlte, auf jede Annäherung an die Mutter zu verzichten, fragt er auch diesmal nach der Möglichkeit einer Antwort, worauf ihm mit einem Hinweis auf seine ja nun errungene Selbstständigkeit geantwortet wird, er müsse nach eigenem Gutdünken handeln. Nach wenigen Tagen ist er bei seiner Mutter in Holland« [11]. Eine wirklich enge Beziehung, eben nach Simon »stürmisch« wie ein Liebesverhältnis [11], entsteht. Eberhard lässt die Mutter in sein Leben hinein; sie wird nun ein wichtiger Teil davon. Gut möglich, dass ihm erst jetzt bewusst wird, wieviel ihm durch die frühe Scheidung der Eltern verloren gegangen ist. Auch nachvollziehbar, dass er das dem Vater anlastet. Fanny von Bodenhausen hat die Niederlande zu ihrer Wahlheimat erkoren. In Laren bei Bussum, schon im Weichbild von Amsterdam, bewohnt sie wohl ein Haus in der Bahnstraat [11]. Die Kontakte gestalten sich intensiv und nachhaltig. Besuche des Sohnes in Holland finden mehrfach statt. Brieflicher Verkehr atmet grundehrliche und tiefste Herzlichkeit. Die Ecken und Kanten der Beziehung liegen im Geistigen. Bodenhausen im April 1900: »Sie redet unaufhörlich über Theosophie ...« und traktiert ihn mit Artikeln über Tibet, die er aber durchaus interessant findet [11]. Jedoch entdecken Mutter und Sohn keinen gemeinsamen Zugang in diesen Dingen. Eberhard, sowieso kein ausgeprägt religiöser Mensch, stört an der Theosophie, »daß man das Gute tun und das Böse lassen soll, nicht um ihrer selbst willen, sondern im Hinblick auf Lohn und Strafe.« Das stehe ihm, so Eberhard, nicht hoch genug [11]. Womöglich hat Fanny mit diesem von der amtskirchlichen Maßregel abweichenden Hang zur Esoterik schon Hans Heinrich verschreckt. Auch der Tag der Hochzeit mit dem Vater wird thematisiert, was Eberhard an seine amerikanischen Wurzeln erinnert [11]. Sei dem, wie es wolle. Fanny, die Mutter, dazu: »Nur in der Theosophie fand ich Frieden und Trost ...« [11]. Und Eberhard ist viel zu klug und tolerant, um es deswegen zu einer Trübung kommen zu lassen. Wenige Jahre lediglich dauert das glückliche Mutter-Sohn-Verhältnis an. Als »klein, bildhübsch, mit schneeweißen Haaren, schwarzen Augenbrauen und leuchtenden Augen« [11] beschreibt Dora von Bodenhausen ihre Schwiegermutter, dies wohl nach der Beschreibung des Ehemannes, denn dass sich beide je gesehen haben, scheint nicht belegt. Sicher ist sich aber die Biografin, dass Fanny schon lange den Krankheitskeim in sich trägt, der sie im Dezember 1903 niederstreckt. Ergreifend jenes Briefstück, in dem Eberhard von Bodenhausen seine alte Freundin Frau Ernst von den Umständen des Ablebens unterrichtet. Ein Herzschlag habe sie im Schlafe hinweggerafft. Eberhard bringt die tote Mutter zur Einäscherung nach Hamburg, weil es in Holland kein Krematorium gibt [11]. Das Sterben der wiedergefundenen Mutter erscheint ihm am Ende gar nicht als Kummer. Er ist nur unendlich dankbar für die zurückliegenden Jahre mit ihr.

Einheirat der Schwester in die Familie von Katte: Im Februar 1890 heiratet Eberhards ältere Schwester Helene Eleonore im Alter von 23 Jahren in Meineweh Kuno Heinrich von Katte aus der Linie Zollchow. Für jenen ist es die zweite Ehe. Seine erste Frau, Margarete von Krosigk (Hohenerxleben), verstarb kinderlos. Eleonores Mann ist Kavallerieoffizier; zunächst bei den Brandenburger Kürassieren, zuletzt im Range eines Oberstleutnants als Kommandeur des 2. Garde-Dragoner-Regiments in Berlin. Sitz der Familie ist Wilhelmsthal bei Genthin. Bodenhausens Schwester verliert ihren Mann bereits 1897. Ein Bruchstück in Eberhards Korrespondenz erinnert an diese Zeit. Nach einer Anhäufung von PAN-Nachrichten beklagt Bodenhausen gegenüber Graf Kessler, dass der Trauerfall Auswirkungen auf eigene Planungen habe: »Meine Hochzeit werde ich nun leider im allerkleinsten Kreise nur feiern können, da ich vorgestern (also am 22. Juli 1897 – d. V.) meinen Schwager Katte begraben habe« [11]. Die Witwe hat zwischenzeitlich drei Kinder, den im Oktober 1890 geborenen Sohn Rudolf und zwei Töchter [37]. Ein Blick in die weite Ferne: Eberhards Neffe tritt nach der Wiedereinführung der Wehrpflicht in die Luftwaffe ein und wird noch am 1. April 1945 zum Generalmajor [1] befördert. Merkwürdig mutet der Umstand an, dass Eberhards Schwester und deren Familie zumindest in den veröffentlichten Briefen so überhaupt keine Rolle spielen.

Brautleute – Eberhard und Dorothea: Eine berührende Geschichte: Im Sommer 1896 ergibt sich die Gelegenheit, einen Abstecher zur Familie des ihm schon bekannten Freiherrn Jan von Wendelstadt auf Schloss Neubeuern am Inn [134] zu unternehmen. Ausgangspunkt bildet wahrscheinlich ein Aufenthalt Bodenhausens in München [11]. Als Anlass wird man PAN-Geschäfte vermuten dürfen. Dort redet er nämlich unter anderem mit dem Verleger Bruckmann, der über vielfältige Kontakte in die Kunstwelt verfügt. Bei diesem Besuch nun »sieht er in einem Zimmer die Photografie eines jungen Mädchens, die ihn fasziniert. Sie stellt die Schwägerin des Hausherrn dar, die heute erwartet wird.« Dann am Abend in geselliger Runde wird dem Gastgeber gemeldet: »Eben ist Ihre Schwägerin ins Haus gekommen.« [11] Eberhard scheint sofort in Zuneigung entbrannt und zeigt sogar Interesse an fester Bindung. Solches bekennt er jedenfalls dem Schlossherrn, der seinerseits mit einer geborenen Gräfin von Degenfeld-Schonburg die Ehe eingegangen ist, sogleich. Dem kurzen Kennenlernen schließt sich am nächsten Tage ein Ausflug ins Kaisergebirge an. Unmittelbar danach verlässt Eberhard – jedoch nun »jäh gebunden« [11] – Neubeuern und tritt seine große Reise an, von der wir schon wissen. Offenbar ziemlich spontan und kurz entschlossen erwählt Eberhard von Bodenhausen die Gräfin Dorothea von Degenfeld-Schonburg. Sie zählt 19 Jahre, der Werbende ist beinahe ein Jahrzehnt älter. Hans Heinrich, Eberhards Vater, wirkt wenig begeistert von dem Elan, den sein Sohn in puncto Familiengründung an den Tag legt. Zum einen sieht es so aus, als ob Bodenhausen seinen alten Herrn in die Brautwahl überhaupt nicht einbezogen hat, ihn vielmehr vor eine vollendete Tatsache stellt. Womöglich hat Eberhard durch seinen Coup auch eigene Pläne des Familienoberhaupts durchkreuzt. Zum anderen wird kolportiert, dass sich der Vater des künftigen Bräutigams über die erwartete Mitgift enttäuscht gezeigt habe [30]. Die noble Abkunft seiner Schwiegertochter, was Hans Heinrich zumindest beruhigt haben mag, ist über jeden Zweifel erhaben. Die Degenfeld-Schonburg können auf einen Titel verweisen, der noch aus dem alten Reich stammt. Bereits 1716 ist die Linie Eybach in den Reichsgrafenstand erhoben worden [50]. Aus der Ferne, diesen Eindruck gewinnt man, kommen sich die zukünftigen Eheleute näher. Die erhalten gebliebene Korrespondenz spricht Bände. Eine pädagogische Ader Eberhards, sein Streben, alles um sich herum emporzuheben und zu veredeln, schaut auch hier heraus. So, wie er bei einem breiten Publikum ein modernes Kunstverständnis befördern möchte, werkelt der Baron auch im Detail an der geistigen Erhöhung und Fortbildung seiner künftigen Braut. Nicht nur an den auf ihn einstürmenden Reiseimpressionen lässt er Dorothea teilhaben, nein, er

Dorothea von Bodenhausen, geb. Gräfin von Degenfeld-Schonburg, und Eberhard von Bodenhausen, um 1898, Fotografien von E. Bieber, Berlin (beide Abb. Landesarchiv Sachsen-Anhalt, H 52, Gutsarchiv Degenershausen, Nr. 347, Nr. 121 – Dora und Nr. 124 – Eberhard)

weiht sie auch in seine weitreichenden Pläne ein: so will er »die Zeit ... benutzen, um die wundervolle Buddhistische Religion noch näher kennenzulernen vor meiner Reise nach Indien.« [11] Ohne Zweifel möchte er dem jungen Mädchen auch ein wenig imponieren. Leidenschaftlich, zugleich jedoch geistig tiefschürfend, wirken Briefstellen über die Beziehungen zwischen Landschaft, Kunst und Künstler, die Bodenhausen der Gräfin nahebringen will. Er wünscht sich, dass die Frau, die er im Leben an seiner Seite sehen möchte, an jenen Dingen ehrliches Interesse nimmt, die ihm so außerordentlich wichtig und teuer sind. Vor Dorothea breitet er das gewaltige Panorama seiner belletristischen und bildkünstlerischen Neigungen aus. Natürlich bleibt es nicht bei schlichten Werkempfehlungen. Eberhard schickt Büchersendungen an die Angebetete und verordnet ihr einen literarischen Kanon (»Sie müssen sich anschaffen: ... – [11]). So trägt der intensive Briefwechsel zweifelsohne dazu bei, dass die Vertrautheit wächst. Eberhard ringt sich schon zehn Wochen nach der ersten Begegnung ganz mutig zu einer Entkrampfung der Anredeformel durch: Mit »Liebe Gräfin« möchte er Dorothea ab jetzt ansprechen, »›Verehrt‹ ist doch zu gräßlich ...« [11], meint er. Ostern 1897 gehen die beiden jungen Leute auf Schloss Eybach, dem Sitz der Eltern der Braut, das Verlöbnis ein.

Eheschließung und Familiengründung: Die Heirat Eberhards, wohl faktisch gegen den Willen des Vaters, ist, neben der schließlichen Verweigerung einer beruflichen Laufbahn, wie sie sich der Patriarch wünscht, der andere schwere Schlag, den er ihm versetzt. Deutlicher kann das Streben nach eigener Entscheidungshoheit – Eberhard ist nun fast 30 Jahre alt – nicht bekundet werden. Literatur vermutet sogar, dass das recht zielstrebige Eingehen einer Bindung der Reflex auf den gefühlten »Entzug einer intakten (eigenen – d. V.) Familie« sei [90]. Einer solchen Sicht wird man beitreten können. Die Emanzipation vom Vater, ein sich »Freischwimmen«, bilden diese Jahre in der Tat allemal. In Abgrenzung zu dem eben wieder gewonnenen Kontakt zur Mutter und durch den Eintritt einer geliebten Frau in seine Welt gewinnen auch die Konturen des Vaters klarere Züge. Er, Eberhard, weiß jetzt, ja, ist sich gewiss, dass jener so bleibt, wie er ist und er sich seine Souveränität in wichtigen

Dorothea von Bodenhausen, um 1900
(Archiv Schloss Neubeuern)

Dorothea von Bodenhausen mit ihrem Vater
Alfred Graf von Degenfeld-Schonburg in Heidelberg, um 1903
(Archiv Schloss Neubeuern)

Auf Schloss Neubeuern, um 1900. Rechts stehend Jan Freiherr von Wendelstadt, davor Dora von Bodenhausen, davor sitzend Eberhard von Bodenhausen, links von ihm seine Schwägerin Julie von Wendelstadt und weitere Schlossgäste. (Archiv Schloss Neubeuern)

Lebensfragen stets wird erkämpfen müssen. Auf der anderen Seite erkennt er im Vater den »großen, herrlichen Menschen«, dem er einfach dankbar sein muss. Gleichzeitig scheinen ihm dessen Schwächen unverstellt durch: »Hätte er mehr Gehirn, so wäre er das Prototyp des ›Chevalier sans peur et sans erreur‹« (»Ritter ohne Furcht und Fehler« / in Anlehnung an eine Bayard-Zuschreibung (dort reproche statt erreur – d. V. – [11]). In einem Brief von 1896 an Frau Ernst – eine schöne Belegstelle für das Vertrauen, welches er diesem frühen Muttterersatz entgegenbringt – zieht er ein vergleichendes Fazit betreffend das Oberhaupt der Familie und ihn selbst: »Es fehlt eben *jede* (Hervorhebung im Original – d. V.) gemeinsame innere Basis ...« [11]. Bei dieser Konstellation, das liegt auf der Hand, darf Eberhard auch nicht mit weitergehender geldlicher Hilfe des Vaters rechnen. Sein Eintritt in die Tropon G.m.b.H. bringt Rettung. Mit einem Geschäftsführergehalt fühlt sich Eberhard von Bodenhausen stark genug, notfalls auch gegen dessen Willen zu handeln. Dem Freund Treskow teilt er im März 1897 frohgestimmt diese Erwartung mit [11]. Anlässlich der Verlobung Ostern 1897 zu Eybach weiß man noch von einem Irrtum bezüglich der Wappenfarben der Bodenhausen. Eberhard sieht sich zu der Klarstellung gehalten, sie seien rotweiß und nicht rotgelb. Ganz beschämt räumt Dora ein, sie habe auf Bällen immer rotgelbe Kotillonschleifen verteilt [11]. Solche Unzuträglichkeiten werden von der Hochzeit, die am 23. Oktober 1897 in Eybach stattfindet, nicht mehr berichtet. Der Bräutigam ist nun auch in der Familie der Schwiegereltern heimisch geworden. Eine Anmerkung noch: Trauungen zwischen Angehörigen so räumlich und kulturell entfernter Adelskreise fallen doch ein wenig aus dem Rahmen. Dass Preußen in schwäbische Adelsfamilien einheiraten, stellt einen eher seltenen Vorgang dar.

Kinder

In der Familie stellt sich alsbald Nachwuchs ein. Eberhard und Dorothea (meist in der Literatur »Dora« genannt) werden Eltern von vier Kindern, die (bis auf eines), ohne wirklich ein hohes Alter zu erreichen, zumindest alle den Vater überleben.

Karin (1898–1920): Eine erste Tochter wird am 5. Oktober 1898 in Bonn geboren. Als junger Vater macht sich Eberhard Gedanken, wie man durch Erziehung den eigenen Sinn für das Schöne und die Kunst auf ein Kind übertragen könnte, so auch während seiner Überfahrt nach New York im Jahr 1900 (»... stand immer Karin vor mir.« – [11]). Zum zweiten

Geburtstag im Oktober desselben Jahres, er selbst muss beruflich abwesend sein, verfasst er einen »Brief« [11] an Karin, der die innigsten Wünsche für das Kind mit der Liebe und dem Stolz der Eltern paart. Selten erlebt man Eberhard so emotional. Ein Jahr später beklagt er ungeduldig, dass bei (der dreijährigen! – d. V.) Karin, noch immer nicht der »geringste Sinn für Musik« [90] eingezogen sei. Viel später: Eine höhere Schule hat Karin wohl in Weimar besucht [21]. Die 16-Jährige offenbart Probleme, ihre Gefühle auszusprechen. Der Vater muntert sie auf, warnt vor der Gefahr einer »zu weit gehenden Absonderung gegen Andere, da man sich dann leicht in seine Ideen verbohrt ...« [11]. Frühjahr 1917, München, Hotel Basler Hof, Eberhard notiert: Er sei »... einem jungen Mädchen (begegnet), das mich plötzlich anfeixt und sich als Karin entpuppt. Sieht einfach fabelhaft aus. Alles bleibt stehen und sieht sich um ... Es war ein reizender Abend ... ich musste immerfort erzählen von Amerika und den Verwandten und von der Mama, was Karin glühend interessierte« [11]. Karin hat für Eberhard

Kindergruppe auf Schloss Neubeuern, v. l. Karin, unbekannt, Christa, Luli (Julie) und Marie-Therese Degenfeld (Tochter von Christoph von Degenfeld und Ottonie), um 1910
(Archiv Schloss Neubeuern)

einen Spitznamen kreiert: »Bockelchen«, nennt sie ihn [109]. Das Drama um die junge Frau muss der Vater nicht mehr erleben. Im April 1920 ertränkt sich die Schönheit, die wohl doch – aus welchen Gründen auch immer – an der Welt gelitten hat, im Berliner Müggelsee [109].

Hans Wilke (1901–1937): Am 17. Mai 1901 erblickt auf Schloss Eybach der ersehnte Sohn das Licht der Welt. Man braucht kein Prophet zu sein, um die geradezu mythische Bedeutung dieser Tatsache zu erahnen. Das Erscheinen eines männlichen Erben auf der Bildfläche vertreibt alle bösen Gedanken vom »Untergang« der eigenen Blutslinie. Dem Stammhalter als dem zukünftigen Chef des Hauses gebühren Sonderrechte gegenüber den anderen Geschwistern. Ganz in diesem Sinne ersucht Eberhard seinen Vater im Jahre 1909: Er solle gelegentlich eines Aufenthalts der Kinder in Meineweh sich ausgesucht um Hans Wilke kümmern, ihm alles zeigen. Sodann: »Aber es ist nötig, dass die Mädels nicht oder doch meist nicht dabei sind, da sonst seine Aufmerksamkeit sich natürlich zersplittert« [11]. Eberhard von Bodenhausen setzt demnach auf ein bewährtes aristokratisches Erziehungsmuster. Ansonsten ist er auch beim Sohn sehr bemüht, zeitig Fundamente einer außerordentlichen Bildung zu legen. Der Junge besucht ab Mai 1913 das Schweizer Internat Lyceum Alpinum in Zuoz. Schulbesuche in Königstein / Taunus, Wernigerode, Weimar [90] und Berlin folgen. »Der Vater schreibt wöchentlich mindestens einen Brief an seinen Sohn und erwartet pünktlich dessen Sonntagsbrief. Er verfolgt das Lernpensum genau und achtet auf die Ausbildung einer klaren Handschrift. Er erwartet logisches Argumentieren ... und verbietet dem sensiblen, leicht ablenkbaren Jungen jede Hast bei der Erledigung seiner Aufgaben.« [44] Der junge Baum trägt Früchte: dem 17-Jährigen gegenüber bekundet Eberhard anerkennend, verbunden mit Empfehlungen, wie man sich mit Gewinn der Malerei Cranachs annähern möge, dass er im Übrigen überrascht sei, wie leicht der Sohn schon qualitätvolle Briefe schreibe [11]. Später studiert er, wie schon Vater und Großvater die Rechte und wird zum Dr. jur. promoviert. Er heiratet 1925 Anga, Tochter des Grafen Angus von Douglas, Bruder des Jugendfreundes von Eberhard von Bodenhausen aus den englischen Reise- und den Tropon-Tagen. Lebens-

Hans Wilke und Vater Eberhard von Bodenhausen, um 1912
(Archiv Schloss Neubeuern)

lang hat Hans Wilke an einer Tuberkuloseerkrankung zu laborieren. Wohl auch wegen des Klimas – er benötigt »Luft und Sonne« [44] – werden zwei Farmen in Kurwitu (Kenia) erworben. Ehrenamtlich arbeitet er im Werberat der Deutschen Wirtschaft mit. Sein Verhältnis zum Nationalsozialismus soll ein distanziertes gewesen sein. 1937 findet man Hans Wilke erschossen in Kenia auf. Die Umstände seines Todes bleiben ungeklärt. Von Unfall über Selbsttötung bis zum politisch motivierten Mord reichen die Spekulationen [53, 131]. Er hinterlässt die 1931 geborene Tochter Reinhild.

Julie (1902–1951): Eine weitere Tochter, die diesen Namen erhält, wird am 7. November 1902 in Heidelberg geboren.

Julie von Bodenhausen (Luli), 1928, (Archiv Schloss Neubeuern, Sammlung von Christophe Freiherr von Meyern-Hohenberg)

Luli Deste (Künstlername der Tochter Eberhards) im New Yorker Hotel Waldorf Astoria, 1938 (Archiv Schloss Neubeuern, Sammlung von Christophe Freiherr von Meyern-Hohenberg)

Sie schlägt in den zwanziger und dreißiger Jahren eine Laufbahn als Schauspielerin ein, zunächst beim Theater, wo sie an durchaus respektablen Häusern auftritt, dann, ab 1932 beim Film. Hier erlangt sie unter dem Künstlernamen Luli von Hohenberg einige Popularität. In diesem Zusammenhang: Der familiäre Spitzname des Mädchens scheint seit Kleinkindertagen »Luli« [90] gewesen zu sein. Julie von Bodenhausen dreht Filme auch in Großbritannien und den Vereinigten Staaten – dort unter dem Pseudonym Luli

Deste – wo sie ab 1940 dauernd lebt. Der Philosoph Theodor W. Adorno, den sie 1943 kennenlernt, zeigt sich tief beeindruckt von ihr. [128] Im Laufe ihres turbulenten Lebens geht sie mehrere Ehen, die letzte 1944 mit dem amerikanischen Flugzeugtechniker und Erfinder Paul Kollsman, ein, stirbt aber schon 1951 in New York. Aus der ersten, 1922 in Neubeuern geschlossenen Ehe mit dem Freiherrn Gottfried von Meyern-Hohenberg geht der Sohn Gottfried Eberhard, geboren 1924, hervor.

Christa (1909–1986): Schließlich wird am 21. März 1909 in Essen-Bredeney eine weitere Tochter geboren. Nach einer in London eingegangenen Ehe, die nach wenigen Jahren geschieden wird, heiratet sie 1953 in New York den Kaufmann Rupprecht Spremberg und lebt dann wohl in Sao

Eberhard von Bodenhausen mit Tochter Christa auf Schloss Neubeuern, um 1910 (Archiv Schloss Neubeuern, Sammlung von Christophe Freiherr von Meyern-Hohenberg)

Paulo / Brasilien [34]. Sie ist 1986 verstorben und damit das einzige Kind, das beide Elternteile überlebt hat.

Frau und Mutter: Dorothea von Bodenhausen (1877–1969)

Häusliche Verhältnisse: Die Ehe zwischen Eberhard und Dora, auch genannt »Mädi«, dauert etwas länger als zwanzig Jahre; dann verstirbt der Gatte im besten Mannesalter. Der Biograf will nicht unbescheiden sein und Bewertungen aussprechen, die ihm nicht zustehen. Indes: bestimmte Anzeichen verdichten sich beinahe zu Gewissheiten, wenn man eine überfliegende Gesamtschau vornimmt. Da ist zunächst die unübersehbare Verschiedenartigkeit der Lebenskreise von Mann und Frau. Eberhard von Bodenhausen ist schon von der sozialen Genetik her dazu bestimmt, »draußen im feindlichen Leben« für den angemessenen (»standesgemäßen«) Unterhalt der Familie zu sorgen und das tut er auch bis zur Erschöpfung. Dieser Anspruch verfolgt ihn bis in die Krupp-Jahre. Die Frau sorgt für das gehobene Ambiente, das der Besucher im adeligen Haushalt erwartet, und sie zieht die Kinder groß. Eberhard als Vater ist prädestiniert, die geistige Formung des Sohnes und der Töchter nach seinem idealen Bilde – und sei es brieflich aus der Ferne – zu überwachen. Die ausgesprochen pädagogische Ader, von ihm als wertvoll erkanntes Wissen und dessen Aneignungstechniken weiterzugeben, wird geholfen haben. Modellhaft mag jene Verbindung als mustergültig empfunden werden, in der Ehegatten tagein, tagaus zusammenleben. Das ist in der Familie Bodenhausen jedenfalls nicht zu jeder Zeit gegeben. Der Grund liegt zum einen in der aufreibenden Reisetätigkeit des Ehemannes, zum anderen darin, dass die jeweiligen Wohnsitze und die Orte der Geschäftstätigkeit oft räumlich weit auseinanderfallen. Es macht den Eindruck, dass die Heidelberger Zeit jene ist, in der am ehesten ein regelmäßig fortdauerndes Zusammenleben besteht. Selbst in den Krupp-Jahren kann man vermuten, dass Dora und die Kinder sich oft in Essen, später Degenershausen oder bei der Verwandtschaft in Eybach und Neubeuern aufgehalten haben, während Eberhard auf Reisen oder in Berlin durch die Profession gebunden ist. Die Erledigung organisatorischer und betreuender Aufgaben der Ehefrau für Haushalt und Kinder ist selbstredend auch im gehobenen bürgerlichen oder adeligen Haushalt »Arbeit« gewesen, wenngleich stets Dienstpersonal zur Hand ist.

Impressionen vom Ehealltag: Nach dem Ideal der Zeit hat die Frau eine vorgegebene, kulturell geprägte Rolle auszufüllen. Aus dieser tritt Dora auch nur selten heraus. Ähnlich wie Gerty von Hofmannsthal wirkt sie zu Lebzeiten Eberhards vordergründig als schmückendes, dekoratives Element. Hochtrabende künstlerische, philosophische oder tagespolitische Denkungsart wird ihre Sache nicht gewesen sein. Das Beackern dieser Felder bleibt in aller Regel Männersache. Ob die Ehe der beiden über alle Jahre »gut« gewesen ist: wollte jemand darüber richten? Wer zeitgenössische Fotografien auf einen zweiten Blick prüft, stellt fest, dass nicht nur Eberhard spürbar altert. Auch »Mädi« wandelt sich von der Engelsgleichen zu einer Frau in fortgeschrittenen Jahren mit leicht matronenhaften Zügen. Jedoch, das ist nur die Hülle, der Behälter. Anhaltspunkte für gefühlsmäßige, seelische Wandlungen der Eheleute im Verhältnis untereinander bleiben spärlich, gar zu schnell gelangt man auf das Minenfeld hypothetischer Behauptungen. Weinzierl [103] geht unter Auslegung brieflicher Äußerungen Hofmannsthals von einer in den letzten Jahren vor dem Tode des Gatten »zunehmend unglücklichen Ehe mit Dora« aus. Deutungen sind schwierig. Wünschte Eberhard lieber eine über die Schwägerschaft hinausgehende Verbindung mit Ottonie von Degenfeld, der

Familienidyll auf Schloss Neubeuern: stehend Eberhard von Bodenhausen mit Tochter Christa, vorn v.l. Hans Wilke, Luli, Mutter Dorothea, Karin, 1910 (Archiv Schloss Neubeuern)

Witwe seines Schwagers Christoph? Der Dichter teilt ihr in Bezug auf Eberhard mit: »... er kann es nicht aushalten mit Mädi zu leben, und nur, wenn Sie dabei sind, ist es erträglich.« [103] Und das ist noch eines der freundlicheren Zitate. Ein anderes: Aus dem, eben allerdings weitgehend von »Mädi« redigierten brieflichen Nachlass ergibt sich keine Ambition Eberhards, in engere Beziehung zu anderen Frauen zu treten. Als »Schürzenjäger« kann man ihn sicher nicht bezeichnen. Eine Ausnahme bliebe zu erwägen: Die unübersehbare Schwärmerei für und das Verzaubertsein durch die 1879 in Wyborg geborene Natascha von Goloubew, geborene Cross, die Ehefrau eines russischen Kunsthistorikers und Kommilitonen aus Heidelberg, ließe an Einiges denken. Bodenhausen 1903 über »Tata« an Henry van de Velde: »Seit Monaten begleite ich sie beinahe jeden Abend ... Für mich ist sie eine neue Offenbarung des Menschen und – völlig von Freund zu Freund – sie würde meine Frau geworden sein, wenn wir uns unter Verhältnissen kennengelernt hätten, die das ermöglichten.« [11] Ein Weiteres: Offensichtlich konnte Dora von Bodenhausen durch Forschheit und missverstandene Lebhaftigkeit im Auftreten (»Baronin Kolibri« – [44]) auch verletzen. Neuere Literatur nimmt an, dass »Mädi« im fortgeschrittenen Alter tatsächlich nicht nur angenehme Seiten zeigte. Schuster [84] führt aus: »... bei aller postumen Diskretion, die uns auferlegt ist, muss erwähnt werden, dass sie (Dora von Bodenhausen – d. V.) schon Hofmannsthal auf die Nerven ging und sogar der hartschalige Rudolf Borchardt der ›Faslerin‹ am liebsten auswich.« Sollten die häufigen Phasen der Abwesenheit Eberhards vom heimischen Herd nicht nur dem Gebot eines ehernen geschäftlichen »Müssens« entsprungen sein, sondern kam ihm das wegen unauflösbarer Eheprobleme sogar entgegen? Wir wissen es nicht. Ganz ehrlich: Ist es schlimm, wenn es dabei bleibt? Irgendetwas muss allerdings in den Krupp-Jahren manche bis dahin unbelastete Beziehung verdüstert haben. Denn 1906 schreibt

Hofmannsthal noch treuherzige Briefe an Dora (»Adieu liebe Baronin; liebe Mädi« – [10]). Man sollte vielleicht nicht jedes Wort, das aus Verärgerung gesprochen und zufällig überliefert oder welches in einem Moment der Schwäche zu Papier gebracht worden ist, auf die Goldwaage legen. Dafür, dass manche Kritik, die Eberhards Frau trifft, denkbar nur die äußere Haut ihrer Persönlichkeit beschreibt, nicht den inneren, menschlichen Wesenskern, spricht ein gewichtiger Umstand: Es ist gerade Dora, genannt »Mädi«, die sich nach dem Ableben Eberhards grundhaft vor allem der Sicherung und Sortierung seines geistigen und kulturellen Nachlasses widmet. Selbst unter Inkaufnahme, dass die letzten Jahre der Eheleute schwierig, vielleicht wenig vergnüglich gewesen sein sollten, sich etwa »die Anmut und Grazie in der Ehe« [11] verflüchtigt hätte, so erwirbt sich Dora von Bodenhausen allein deswegen kulturgeschichtliches Verdienst.

Eine letzte Anmerkung: Ob Eberhard sich auch der körperlichen »Freundesliebe« hingegeben hat, wird ungeklärt bleiben müssen. Hergemöller [41] nimmt ihn zwar in sein lexikalisches Werk zu diesem Thema auf, ein überzeugender Beweis wird aber eher nicht geliefert. Zu konzedieren bleibt allerdings, dass sich über die Jahrzehnte tatsächlich im Umfeld des Barons zahlreiche Männer mit gleichgeschlechtlicher Orientierung bewegt haben. Bei dem Berufen auf verschiedene Briefstellen [41] vermag durchaus eine gewisse Schwüle und übersteigerte Gefühlsbetontheit diesen Verdacht zu begründen. Ob eine solche Annahme gerechtfertigt ist, kann dahinstehen. Eine heute bisweilen merkwürdig anmutende Emotionalität im vertraulichen brieflichen Austausch unter engsten Freunden ist für die Zeit nicht untypisch. Dass solche Äußerungen jedoch einen Anbeweis für eine bestimmte Spielart der Sexualität darstellen, darf man bezweifeln.

Nähe zu den Familien Degenfeld und Wendelstadt

Durch die Eheschließung Bodenhausens mit der jungen schwäbischen Gräfin von Degenfeld-Schonburg tritt eine Gruppe interessanter Charaktere in sein Leben. Diese über die eine oder andere Verwandtschaft mit der Familie seiner Frau verbundenen Personen begleiten ihn von nun ab. Über den Stand, den der Schwiegersohn Eberhard von Bodenhausen bei den Eltern der Frau hat, ist nichts vermeldet. Da er sich aber oft über längere Zeit in Eybach aufhält, dürfte das Verhältnis zu dem Grafen Alfred von Degenfeld, der allerdings schon 1906 verstirbt, und zu dessen Frau, einer geborenen von Hügel, zumindest nicht fühlbar belastet gewesen sein. Im Gegenteil: Bodenhausen widmet sein Buch über Gerard David, das 1905 erscheint, seinen Schwiegereltern. Ein zum Teil recht enges Verhältnis entsteht über die Zeit mit den Geschwistern seiner Frau und deren Ehepartnern. Ihr 1866 geborener Bruder Christoph Martin – zuletzt Major und Adjutant des Herzogs Albrecht von Württemberg – heiratet 1906 Ottonie von Schwartz (1882–1970). Sie schenkt einer Tochter Maria Therese Anfang 1908 das Leben, aber schon im selben Jahr stirbt ihr Gatte an einer Krebserkrankung. Doras ältere Schwester Julie (1871–1942), heiratet 1895 den Freiherrn Jan von Wendelstadt (1856–1909), der auf Neubeuern sitzt. Wie schon berichtet, lernt Eberhard seine Frau gerade dort kennen.

Der Weg des Schlossherrn von Neubeuern, Eberhards Schwager, liest sich in mancher Beziehung wie ein Seitenstück zum Grafen Kessler. Aus einer Darmstädter Bankiersfamilie stammend, verfügen Jan von Wendelstadt und seine Mutter, eine holländische Adelige, über ein ganz außerordentliches Vermögen. Der eingeschlagene Pfad, den Reichtum mit einem Adelsprädikat zu krönen, kommt

Dora von Bodenhausen, Karin, Jan und Julie von Wendelstadt (v. l.), Landgut Hinterhör Altenbeuern, 1906 (Archiv Schloss Neubeuern)

ihm teuer und dornenreich. Nach aufreibend mühseligem Kampf wird er 1891 in die bayerischen Adelsmatrikel aufgenommen [43]. Damit erglüht am aristokratischen Firmament ein ähnliches Gestirn wie Kessler, den Carl Jakob Burckhardt noch fast dreißig Jahre nach dessen Tod als »improvisierten Graf aus St. Gallen« [103] schmäht. Unter dieser Voraussetzung bewegt sich Wendelstadt gesellschaftlich unter seinen »Standesgenossen« tatsächlich auf dünnem Eis. Ein nur tragisch zu nennendes Geschick tritt hinzu: Zur Katastrophe kommt es, als der Publizist Maximilian Harden den Fürsten Eulenburg – der Kaiser Wilhelm II. in Duzfreundschaft verbunden ist – wegen seiner vermeintlichen oder tatsächlichen Homosexualität öffentlich bloßstellt. Auch Jan von Wendelstadt gehört zu den Gefährten Eulenburgs, hat diesen in Liebenberg aufgesucht und der Namensgeber der »Eulenburg-Affäre« ist des Öfteren in Neubeuern zu Gast. So wird, zwar als Randfigur, auch Bodenhausens

Hans Wilke, Karin von Bodenhausen, Julie von Wendelstadt, Christa und Dorothea von Bodenhausen (v. l.), 1910 in Hinterhör (Archiv Schloss Neubeuern)

Schwager in die Untersuchung einbezogen. Selbst persönliche Intervention Eberhards bei Maximilian Harden zugunsten des Verwandten [71] bewirkt nichts mehr. Der wohl bedeutendste Gesellschaftsskandal der Kaiserzeit vernichtet die Idylle auf Neubeuern. Ob die sexuellen Vorlieben des Freiherrn in der Zeit vor dem Ersten Weltkrieg strafbar sind oder nicht, kann einem unbefangenen Betrachter gleichgültig sein. Die Reputation in den Kreisen, denen Jan von Wendelstadt so gern angehören will, ist jedenfalls vollständig dahin, bis auf den Grund zerstört. Als der Schlossherr 1909 die Augen schließt, bleibt die Ursache seines Ablebens zweifelhaft. Aber ganz egal, ob er selbst Hand an sich gelegt hat oder ob ihn die physischen Folgen von Aufregungen und Demütigungen dahingerafft haben, stirbt ein Mensch, der ein besseres Ende verdient hätte. Bodenhausens Schwager gilt als gebildeter, weltläufiger Zeitgenosse und angenehmer Gesellschafter und Gastgeber. Schon seit den achtziger Jahren entwickelt sich Neubeuern auch zum Treffpunkt von Künstlern verschiedener Genres. Bei alledem – Fotos stellen ihn nicht selten in einheimischer Tracht (»Tiroler Kostüm« – [11]) dar – hat er sich wohl an seine urbayerische Umgebung vollkommen und überzeugend angepasst. Die Gemeinde Neubeuern hat in ihm einen Wohltäter, der auch viel Nützliches für sie getan hat, verloren. Nach dem Tod des Freiherrn beginnt faktisch eine neue Zeitrechnung auf Neubeuern. Das Regiment auf der Burg übernehmen nun die Witwe Julie von Wendelstadt und ihre Schwägerin Ottonie, die »wie zwei ›alleinerziehende Mütter‹« agieren [99, 105]. Häufig gesellt sich Dora von Bodenhausen mit ihren eigenen Kindern hinzu. Bedeutsam wird die Verbindung, die sich zwischen Bodenhausens Schwägerin, der Gräfin Ottonie (Spitzname »Sweety«) und dem Dichter Hofmannsthal anspinnt. Tage vor dem Tod Wendelstadts zieht die Witwe von Christoph Martin auf der Burg ein. Wegen der Schicksalsschläge vorerst depressiv und gesundheitlich schwer angegriffen, schöpft sie Kraft aus der Freundschaft zu Hugo von Hofmannsthal. Die Frucht dieser Nahbeziehung, die zum allermindesten den Namen eines platonischen Begehrens, einer »Briefliebe« [105], wirklich verdient, diese gefühlsbetonte intensive Korrespondenz zwischen dem Wiener Poeten und Bodenhausens Schwägerin Ottonie, gehört der Literaturgeschichte an. Eberhards Schwägerin Julie, Schwester von Dora, heiratet 1916 in zweiter Ehe einen Freiherrn Herwarth von Bittenfeld. Die Verbindung wird später durch Scheidung aufgelöst. Aus welchen Gründen auch immer, Bodenhausen ist über diese Entwicklung alles andere als glücklich: »Neubeuern. Juli mit neuem Mann. Atmosphäre wegen dem neuen Mann denkbar unbehaglich. Benehmen Julie *völlig würdelos.*« [109, kursiv im Original]

ORTE

Die Städte: Will man »Orte« nennen, zu denen Eberhard von Bodenhausen eine besondere – will heißen: innere – Beziehung entwickelt haben könnte, so hat man zunächst in die zu scheiden, die unumgänglich mit meist beruflich veranlassten Lebenslagen zu tun haben und jene, die letztlich der Adelskultur zuzurechnen sind. Zur ersten Gruppe gehört eine Anzahl von Städten, die da sind: Bonn, Heidelberg, Leipzig, Essen und Berlin. Bonn ist er über Universität und Militärdienst verbunden. Heidelberg hat er wegen des Studiums der Kunstgeschichte aufgesucht. Eberhard hat die Stadt – und dies trotz persönlicher Sorgen und Unwägbarkeiten – ins Herz geschlossen. Sein Aufenthalt dort bleibt ihm lebenslang unvergesslich. Einen Teil seines Jurastudiums hat er in Leipzig absolviert und den Doktortitel da erworben. Man möchte aber auch meinen, dass ihm die Stadt wegen der Nähe zum väterlichen Gut Meineweh ohnehin bestens bekannt gewesen sein wird. Essen als *die* schwerindustrielle Herzkammer des Deutschen Reiches und die Region Rhein-Ruhr lernt er schon als Tropon-Geschäftsführer, vor allem aber über die Tätigkeit bei der Firma Krupp gründlich kennen. Mit seiner Familie lebt er zwischen 1908 und 1918 in einem Haus in Essen-Bredeney. Dieser Hort, so beschreibt ihn später Dora, wird zur »Insel der Schönheit ..., die er uns inmitten von Stahl und Eisen gebaut hatte; ...« [109]. Wenn man jedoch jene Stadt sucht, die ihm mutmaßlich durch Beruf und Schicksal am nächsten steht, so ist das ohne jeden Zweifel Berlin. Bereits als Referendar tritt er in den Dunstkreis dieser bedeutenden Metropole des Kaiserreichs. Die PAN-Jahre sind unzertrennlich mit Berlin verbunden. In der Tropon-Zeit und in den Krupp-Jahren hält sich Bodenhausen mit außerordentlicher Regelmäßigkeit und über lange Zeit dort auf. Berlin ist unangefochten administratives und kulturelles Zentrum des Reichs. Da ist es nur natürlich, dass auch Großunternehmen dort der Politik den Puls fühlen wollen und ihre Gewährsmänner vor Ort in Position bringen. Neben der eigentlichen Krupp-Niederlassung in Berlin unterhält das Unternehmen fortdauernd eine Suite im Hotel Adlon, dem wirklich allerersten Haus am Platze, die häufig von Bodenhausen bewohnt wird. Unzählige Briefe weisen als Aufgabeort diese noble Herberge aus. Sucht man also Stätten in Berlin, die sehr unmittelbar und direkt mit Eberhard von Bodenhausen in Verbindung zu bringen wären, so kommt das Hotel Adlon dafür durchaus in die engere Wahl. Etwa zwei Jahre vor seinem Tode beabsichtigt Bodenhausen für sich und die Familie einen angemessenen Wohnsitz in Berlin [11] zu begründen. Ein Umzug von Essen nach Berlin wird für den Herbst 1918 ins Auge gefasst: »Für die Wintermonate war ein von Messel erbautes Haus in der Hauptstadt erworben« [11, 44]. Hier schimmert etwas von den Plänen durch, die Eberhard für's Alter geschmiedet hat, deren fernerer Realisierung er aber vom Schicksal enthoben worden ist. Ihm schwebt als Ideal für die nächsten Jahrzehnte ein regelmäßiger Wechsel zwischen Berlin und Degenershausen vor. Aufenthalte in Berlin, dem Schmelztiegel, der auf engem Raum stets wichtige und interessante Persönlichkeiten aus Wirtschaft, Politik und Kunst zusammengeführt hat, mag Bodenhausen sich mehr für Treffen mit offiziellem oder informellem Anstrich denken. Als Rückzugsort in das gänzlich Private plant er ohne Zweifel den Landsitz Degenershausen fest ein. Tatsächlich ein reizvoller Kontrast und schon Ende 1915 äußert er gegenüber Kessler recht klare Vorstellungen: »Ich gedenke ..., meinen Hauptsitz in Berlin aufzuschlagen, mit Sommerwohnung in Degenershausen und Meineweh ...« [90]

Familiensitze

Voranstellend sind hier jene adeligen Wohnsitze zu nennen, die mit der Einheirat in die gräfliche Familie Degenfeld in Verbindung stehen, die also gastweise durch Eberhard von Bodenhausen mit gewisser Konstanz aufgesucht werden.

Schloss Eybach: Die Familie seiner Schwiegereltern residiert auf ihrem Stammsitz Schloss Eybach bei Geislingen nahe zur Residenzstadt Stuttgart. Seit 1456 ist das Gut im Besitz der Familie, die zunächst einen Renaissancebau errichtet. Zwischen 1766 und 1775 ist das noch heute existierende Schloss in einem Übergangsstil vom Rokoko zum Klassizismus entstanden [123]. Als zur Familie gehörig hat sich Eberhard von Bodenhausen oft in Eybach aufgehalten. Verlobung und Eheschließung sind dort vollzogen worden. Nach dem Ausscheiden bei Tropon im Herbst 1901 wählt er das Palais für längere Zeit zum ständigen Aufenthalt [90]. Seine Schwiegereltern gehören im Übrigen einem recht zahlreich blühenden Geschlecht an, zu dem auch eine ungarische Linie zählt.

Schloss Neubeuern: Das Wendelstadtsche Schloss Neubeuern bei Rosenheim in Bayern stammt vom Beginn des 12. Jahrhunderts. Erbauer der ersten Burg sind die Grafen von Mögling-Frontenhausen. Weitere Besitzer werden in der Folge das Domstift Regensburg und die Herren von Preysing [25], bevor es 1882 in das Eigentum der Wendelstadt übergeht. Das Gut umfasst beim Kauf zunächst 256 ha landwirtschaftliche Nutzfläche [43], bis zum Ersten Weltkrieg wächst diese auf 1000 ha an [43]. »Eberhard von Bodenhausen wird nach seiner Hochzeit im Jahr 1897 mit seiner Frau zum immer wiederkehrenden Gast auf Schloss Neubeuern.« [43] In den Jahren vor Ausbruch des Krieges von 1914 finden jeweils zum Jahreswechsel die berühmten »Neubeurer

Schloss Eybach / Stadt Geislingen, Ansichtskarte unbekannter Provenienz (Archiv Schloss Neubeuern)

Postkarte Schloss Neubeuern am Inn, 1909 (Archiv Schloss Neubeuern)

Auszug aus dem Gästebuch der Familie Bodenhausen: Schloss Neubeuern, 1922 (Archiv Schloss Neubeuern, Sammlung von Christophe Freiherr von Meyern-Hohenberg)

Wochen« auf dem Besitz statt. Diese regelmäßigen Treffen von zum Teil namhaften Künstlern aller Couleur mit kunstbegeisterten Laien gehen ganz maßgeblich auf die Initiative Bodenhausens zurück. Zum Besitz gehört das Gut Hinterhör, das in den Korrespondenzen der Zeit oft Erwähnung findet. Das Anwesen wird im 20. Jahrhundert zunächst Landschulheim und ist heute private Internatsschule. Diese hütet einen einzigartigen kulturgeschichtlichen Schatz: Das sind die Gästebücher von Neubeuern, die in Nachdenklichkeit und Scherz 60 Jahre Kunst- und Kulturgeschichte spiegeln [43].

Güter Meineweh, Hollsteitz und Thierbach: Das Bodenhausen-Gut Meineweh und das räumlich eng mit ersterem verbundene Hollsteitz stellen für die Vita von Eberhard von Bodenhausen überaus bedeutsame Orte dar. Zu den äußeren Gegebenheiten sei auf die Darstellung im Eingangskapitel verwiesen. Die Beziehung Bodenhausens zur Örtlichkeit selbst kann nur eine zwiespältige gewesen sein. Meineweh ist der Platz seiner Kindheit. Aber: die Blitzlichter der Erinnerung führen hier unausweichlich zur unschönen Trennung der Eltern. Im späteren Leben bleibt das Gut stets verbunden mit dem Wissen, dass es der Wohnsitz eines bisweilen drängend und nörgelnd in die Entscheidungen des Sohnes hineinregierenden Vaters ist. Demzufolge wird sich mutmaßlich die Anziehungskraft des Ortes in Grenzen gehalten haben. Andererseits gewinnen der Großvater und dessen Stammgut Meineweh für die Kinder Eberhards im Sinne einer in Generationen denkenden Adelskultur durchaus an Wichtigkeit. Ein Weiteres: Im nahe gelegenen Hollsteitz liegt seit Zeiten die Begräbnisstätte der Familie. Der 1912 verstorbene Vater findet dort letzte Ruhe. Und: Hollsteitz und Meineweh umrahmen die letzten Erdenstunden Eberhards, worüber an gehöriger Stelle zu berichten ist. Wer heute sich ein Bild von den Baulichkeiten machen will, wird

Gut Meineweh in Sachsen-Anhalt (Foto: Birgit Röhling, 2024)

Gut Meineweh, im Hintergrund die Kirche
(Foto: Birgit Röhling, 2024)

nicht anders können, als den Sitz des Vaters als recht bescheiden zu würdigen. Ein einfach gehaltenes Gutshaus mit rückwärtigem Park. Mehr ist es mit Sicherheit auch nicht zu Lebzeiten Eberhards gewesen. Auch wenn er Meineweh nicht auf Dauer bewohnen möchte, ist er doch um Sicherung des Besitzes jenseits der wirtschaftlichen Interessen bemüht. In seinem Auftrag erneuert der Münchner Architekt Felix Graf von Courten zwischen 1912 und 1914 die Grablege der Familie in Hollsteitz; das Kirchengebäude in Meineweh lässt er restaurieren. Mit der Ausmalung des Gotteshauses im Innern zeigt sich Eberhard nicht ganz zufrieden. Irgendwie, so möchte man meinen, trägt er es aber doch mit Humor: »Auch sind die Wolken des Himmels etwas zu schwer und zu dunkel geworden, und der eine Engelskopf

Gut Hollsteitz in Sachsen-Anhalt, im Hintergrund die Kirche
(Foto: Birgit Röhling, 2024)

Kirche in Hollsteitz mit steilem Aufstieg (Foto: Birgit Röhling, 2024)

erinnert bedenklich an den Kopf des Kladderadatsch (= zeitgenössische Satirezeitschrift – d.V./[44])«. Wohl als Zeichen, dass er allen Fehden im Leben zum Trotze nun doch mit ihm Frieden geschlossen hat, lässt er einen Gedenkstein für seinen Vater Hans Heinrich aufrichten [44]. Lediglich am Rande: Meineweh stellt heute außerdem einen Gedenkort

Kirche in Hollsteitz (Foto: Birgit Röhling, 2024)

Gut in Thierbach (Foto: Birgit Röhling, 2024)

an den Fabeldichter und Philosophieprofessor Christian Fürchtegott Gellert aus dem nahen Leipzig dar, der Mitte des 18. Jahrhunderts wohl mehrfach von Bonau herübergewandert kommt. Eine angemessene Erinnerung an Eberhard von Bodenhausen steht bisher aus.

Rittergut Degenershausen: Zu dem Besitz als solchem ist eingangs schon einiges ausgeführt. Wenn wir aber hier von solchen Landschaftsräumen reden, zu denen Eberhard von Bodenhausen eine Herzensbeziehung gewonnen hat, dann ist mit Gewissheit an allerersten Stelle Degenershausen zu nennen. Bei der Geburt steht es erst wenige Jahrzehnte im Eigentum der Familie. Zunächst dürfte auch Eberhard die Existenz des Gutes, wie schon Vater und Großvater, vorwiegend unter Renditegesichtspunkten wahrgenommen haben. Das ist kein Vorwurf, sondern für den aktiv Land- und Forstwirtschaft treibenden Unternehmer Überlebensfrage. Die atemberaubende Schönheit des Harzes, die liebliche »Verpackung« des Areals, tritt da erst einmal zurück. Als Ausgangspunkt herrschaftlicher Jagden kann man sich Degenershausen gut vorstellen, wenngleich keine Symptome zu diagnostizieren sind, die Vater oder Sohn Bodenhausen als unersättliche Nimrods ausweisen. Jagen, so der Eindruck, wird von Eberhard weniger als Passion, denn als eine Ausprägung adeliger Lebensform, deren Technik man eben zu beherrschen hat, verstanden. Mag sein, dass er in jungen Jahren auf diesem Feld noch engagierter gewesen ist (»Die Jagd war ganz reizend – ich schoß vierzig Hasen – leider konnte ich den zweiten Tag nicht mehr bleiben, da ich eine Hochwildjagd beim Grafen Stolberg in Roßla (Harz) angenommen hatte ...« – [11]). In den mittleren und reifen Jahren wird das Waidwerk zumindest als gesellschaftliches Ereignis kaum mehr eine herausgehobene Rolle gespielt haben. Jäger bleibt Eberhard gleichwohl. So darf man sich durchaus den Baron in Joppe und mit Büchse durch die

Wälder streifend vorstellen. Von einem solchen Pirschgang gemeinsam mit dem Dichter Rudolf Borchardt, der in Degenershausen als Gast weilt, berichtet er noch Anfang 1915 [10]. Als junger Mann nutzt er das Gut auf dem Unterharz, wenn man Korrespondenz aus dieser Zeit so deuten darf, bisweilen als »Schmollecke«, in die er sich zurückzieht, um seinem Vater, mit dem er über Kreuz liegt, auszuweichen. Er beklagt in Briefen aus dem Jahr 1896 gegenüber Dritten das belastete Verhältnis zu jenem [11] und das Scheitern seiner beruflichen Pläne, wofür er dem Vater Hans Heinrich die Schuld gibt: »Nun sitze ich hier in Degenershausen seit dem 1. Juli und suche langsam meinen Groll über die verweigerte Diplomatenlaufbahn zu überwinden.« [11] Im Sommer 1896 vertraut er bei einem Aufenthalt in Degenershausen seinem Tagebuch an: »Heute morgen ging ich allein nach Ellrichsthal und Schwendeberg. Papa hat enorm, aber selbstredend nur sehr korrekt geschlagen. Ich taxiere seine Einnahme aus Eichen allein auf 18 000 M. und den ganzen Jahres-Reingewinn auf mindestens 60 Mille. Ich kann das zum Glück heute in meiner Unabhängigkeit (ziemlich übertreibend; hat aber wohl schon Aussicht auf Tropon-Geschäftsführung – d. V.) ohne jeden Groll sagen.« [11] Dafür jedoch, dass er gegenüber dem Vater weiter in ungesunder Skepsis verharrt, spricht ein Gedanke, den er an gleicher Stelle niederlegt. Er meint, nicht Liebe zu den Söhnen lasse die Gutsherren für ihren Landbesitz rackern, sondern beim Vererben sei nur eine »Fortsetzung ihrer eigenen Person und ihrer Beziehung zu dem Besitz« das Ziel. Das sei »mit Inbrunst als Liebe empfundener Egoismus.« [11] Degenershausen steht aber auch als Quell und Anfang manch erfreulicher Entwicklung. Seinen ersten Brief an die wieder gefundene Mutter schreibt Bodenhausen aus dem Harz [11].

Übernahme von Degenershausen 1912: Im Februar übergibt Vater Hans Heinrich erst die Verwaltung sämtlicher

Güter. Am 12. Juni 1912, zufällig ist es der Geburtstag des Sohnes, schließt er für immer die Augen und Eberhard tritt dessen Erbe an. Erst jetzt kann er eigenständig Entscheidungen über die Betriebe treffen, da es trotz gegenteiliger Ankündigungen des Vaters zu dessen Lebzeiten nie zur Übertragung wenigstens eines Teils des Grundbesitzes gekommen ist. Der Entschluss, für sich und seine Familie als Landsitz auf Dauer gerade Degenershausen zu erwählen, hat Gründe: Sowohl in Meineweh als auch in Degenershausen gibt es herrschaftliche Wohnhäuser. Das Gutshaus in Meineweh erscheint für die schon recht große Familie wenig attraktiv. Hinzu dürfte treten, dass Eberhard sich dort ständig an die Auseinandersetzungen mit seinem alten Herrn erinnert fühlen würde. Zudem ist Bodenhausen selbst kein Landwirt. Wäre er in seinem Beruf stärker agrarisch orientiert gewesen, hätte sicher auch Meineweh in Betracht gezogen werden können. So spricht jedenfalls vieles für Degenershausen. Da die Erwerbstätigkeit Eberhards stark auf Essen und Berlin konzentriert ist, weist alles klar auf die Zielrichtung, der Familie und sich auf dem unumstritten landschaftlich schönsten Besitz der Linie ein Refugium zu schaffen.

Eberhard von Bodenhausen und das Gut Degenershausen: Mit dem Entscheid, das Gut Degenershausen zum Hauptsitz der Familie zu erwählen, hat er eine grundsätzliche Bestimmung getroffen. Im Mittelpunkt seines beruflichen Lebens steht zu dieser Zeit ohne Zweifel die Firma Krupp. Als Großgrundbesitzer behält er sich freilich, sozusagen im Nebenamt, auch die Oberaufsicht über die land- und forstwirtschaftlichen Betriebe vor. »Mit Hilfe von drei Inspektoren und einem Güterdirektor leitet Eberhard die vier Güter von insgesamt 2000 Hektar in straffer Korrespondenz von Essen aus sowie durch regelmäßige Wochenendbesuche von Berlin.« [44] Gerade aber das Verhältnis Eberhards zu

Gutshaus Degenershausen, Federzeichnung, vermutlich aus den 1930er Jahren (Besitz: Reinhild Maxtone-Mailer, Foto: Reinhard Käsinger)

Degenershausen als ein vorrangig verstandesmäßiges zu bewerten, dürfte fehlgehen. Der nach außen Rationalität und Zweckmäßigkeitsdenken ausstrahlende Wirtschaftsführer hat wohl mit ziemlicher Sicherheit in Degenershausen einen Platz für Gemüt und Herz, einen Fleck zur weiteren Kultivierung innerer Werte, gesucht und gefunden. Er, dessen Leben von beträchtlichen Turbulenzen und Brüchen, aber auch von fortwährender Ruhelosigkeit geprägt wird, ist bisher an vielen Orten zu Hause und zugleich nicht zu Hause. Es scheint, als ob er sich nach einem Zufluchtsort voll Harmonie und Stille gesehnt hat. Aus dieser Sicht haben ihn höchstpersönliche Bedürfnisse veranlasst, das Gut am Rande des Harzes zu seiner Wahlheimat zu machen. So geht er denn ans Werk.

Der Landschaftspark: Eine grüne Flaniermeile hat das Anwesen wohl schon sehr lange gehabt. Maria von Katte [44] hat zur Entwicklung von Degenershausen und seines Parks erschöpfend publiziert, worauf wir uns beziehen wollen: Wegen mangelnder Ausstattung kommt um 1860 eine dauernde Nutzung als »Sommersitz« noch nicht in Betracht, wenngleich Eberhards Großvater Hans Constantin bekundet: »Es ist ein Lieblingsgedanke von mir.« Gärtnerisch besteht zunächst mehr Interesse an der Aufzucht von Nutzpflanzen (z. B. 10 ha Obstplantagen – [44]) als an der Schaffung eines herrschaftlichen Parks. Dafür gibt es im Übrigen auch gar kein Bedürfnis, da sich die Grundeigentümer eher selten am Ort aufhalten. Dies bleibt in etwa der Stand der Dinge bis zum Ableben des Vaters Hans Heinrich, dessen bevorzugter Aufenthaltsort bekanntlich Meineweh gewesen ist. Eberhard ist 44 Jahre alt, als er auch Degenershausen übernimmt. In den wenigen Jahren, die ihm noch verbleiben, wird er zum eigentlichen Begründer des heutigen Landschaftsparks. Zwar hat man noch unter der Ägide des Vaters Anfang des Jahrhunderts die Straße zwischen Ermsleben und Harzgerode so verlegt, dass sie nicht mehr das Terrain zwischen Park und Gutshaus zerschneidet. Andere, zum Teil schon Jahrzehnte alte Pläne, die bisher in der Schublade liegen, werden aber erst jetzt umgesetzt. Die nunmehrige Straßenführung gestattet die Erweiterung des »alten Gartens« [44] zu einem schließlich 14 Hektar großen Landschaftspark. Diesen schmücken auf Betreiben Eberhards hin schließlich »über 110 Arten einheimischer und fremder Gehölze« [44]. Hinter dem westlichen Hofgebäude legt man einen Nutz- und Ziergarten an. Schließlich lässt Bodenhausen 1914 das noch heute existierende Forsthaus errichten. Eine »Spezial Karte vom Parke des Rittergutes

Rechts: Obelisk im Landschaftspark Degenershausen, Falkenstein / Harz (Foto: Birgit Röhling, 2024)

Degenershausen« aus demselben Jahr lässt bereits das Wegenetz dieser landschaftlichen Perle erkennen, wie es heute wieder erstanden ist. Schon zu Lebzeiten Eberhards bedeuten Erhalt und Weiterentwicklung der Parkanlage ständigen Kampf. Er sorgt sich um die Anlage großflächiger Pflanzungen mit Tausenden von Gewächsen und »führt in diesen Jahren einen umfangreichen Schriftwechsel mit verschiedenen Baumschulen: in Friesland, in Berlin und Brandenburg, in Holstein und Thüringen.« [44] Harte Rückschläge bleiben nicht aus. Im Februar 1912 konferiert Eberhard von Bodenhausen »in Halle auf dem Bahnhof« gelegentlich der Durchreise nach Meineweh mit seinem Oberförster Poppe. Dieser führt über Degenershausen aus, dass »der Schaden, den der vorige Sommer durch seine Trockenheit angerichtet habe und der erst jetzt in seinem vollen Umfang zu Geltung gekommen sei, ... jede Erwartung und Vorstellung (übersteige). Sämtliche Kulturen, die jünger sind als 16 Jahre, sind total vernichtet; usw. usf ...« [44]. Eine Trockenperiode hat es also schon 1911 gegeben, besonders schlimm aber kommt es 1917. Die Umstände lassen Bodenhausen an die Aufgabe des Rittergutes denken. »Die Natur hat sich im Lauf der letzten 10 Jahre derartig gegen diesen Strich des Harzes gewendet, dass ich trotz der tiefen Anhänglichkeit, die ich an den Besitz habe, allen Ernstes in Erwägung ziehen würde, ihn zu verkaufen, wenn er nicht fideikommissarisch gebunden wäre. Jahr für Jahr erziele ich bei dem grössten Eifer nichts als Misserfolge.« [44] Hugo von Hofmannsthal lässt er Ende Juni 1917 wissen: »... Bei mir vertrocknen 50jährige Linden! Ganze Hänge mit Pflaumenbäumen stehen da, als sei eine Feuersbrunst drüber hin gegangen ... Hans Wilke wird am 15. Juli in Degenershausen konfirmiert. Er beschäftigt sich dort damit, von früh bis Abend Wasser in den Park zu schleppen, damit es nicht völlig und restlos braune Wüste werde um uns.« [10] Allen Widerwärtigkeiten zum Trotz überlebt die Anlage und erfährt durch den Sohn Eberhards in den zwanziger und dreißiger Jahren vor allem aus botanischer Sicht Fortentwicklung [44]. Ein optimistisches Fazit zieht Eberhard von Bodenhausen im Mai 1914, als er an den Sohn Hans Wilke schreibt: »Hier ist es nach vielem Regen geradezu zauberhaft schön, mit dem blühenden Flieder und den blühenden Kastanien. Degenershausen wird mit der Zeit ein wahres Paradies. Freilich ist der Umbau noch lange nicht fertig. Dafür steht aber das neue Försterhaus fix und fertig da und ist eine Zierde der ganzen Gegend. Die neuen Parkwege sind fertig. Alle Nistkästen sind bewohnt. Es ist eine Freude hier zu sein.« [44]

Gutshaus Degenershausen: Es handelt sich vom Grundtypus her um ein schlichtes zweistöckiges Gebäude mit sechzehn Achsen, aufgesetztem Spitzdach und mittigem Eingang in der Längsfront. Ein luftig leichter Vorbau dort stellt den einzig bemerkenswerten baulichen Schmuck dar. Mit Umbau und Modernisierung des Gutshauses wird der Architekt Carlo Graf von Courten beauftragt. Maria von Katte führt aus: »Das Innere des Hauses wird mit Elektrizität und Sanitäreinrichtungen versehen, das Treppenhaus zum Teil neu gestaltet. Außen entsteht ein Eingangsportal und nach dem Plan van de Veldes wird zur Gartenseite hin eine hölzerne Veranda angebaut. Sie hat ein spitz zulaufendes Dach, das vorn mit einem Zapfen geschmückt ist. Die überhängende Dachfront bildet fünf Bögen. Die Veranda erlaubt dem Giebel des Gutshauses ab dem Mittelgeschoss eine freie Wirkung in den Park. Die Front ist im oberen und unteren Bereich begrünt.« [44] Wie man erkennt, kommen die Segnungen der modernen Technik vor dem Ersten Weltkrieg auch beim herrschaftlichen Wohnen an. Ein Seitenstück: Etwa zur gleichen Zeit erfolgt z. B. die Modernisierung des Anwesens der adeligen Familie von Wilmowsky in Marienthal bei Eckartsberga durch den Architekten Paul Schultze-

Aus dem Gästebuch der Familie: das Gutshaus in Degenershausen, um 1914 (Archiv Schloss Neubeuern, Sammlung von Christophe Freiherr von Meyern-Hohenberg)

Naumburg. Zur Raumgestaltung und Anordnung der Zimmer findet sich wenig. Die Repräsentationsräume wie Speisezimmer, Salon, Bibliothek und Arbeitszimmer dürften sich im Obergeschoss befunden haben. In der Gesamtschau wird es tatsächlich ein »von außen schlichte(s), aber harmonische(s), und innen mit viel zeitgenössischer Kunst und einer schönen Bibliothek versehene(s) Gutshaus« [44] gewesen sein. Ob die Umbauten des Sohnes Hans Wilke in den zwanziger Jahren (Sonnenterrasse, Garage im Erdgeschoss) den Beifall Eberhards gefunden hätten, darf bezweifelt werden. Degenershausen ist zu Lebzeiten Eberhards auch von einigen bedeutenden Persönlichkeiten, die dessen Lebenswege kreuzen, aufgesucht worden. Beispielhaft sollen hier nur Rudolf Borchardt, Rudolf Alexander Schröder und Henry van de Velde [11] genannt werden. Zahlreiche Briefe und Telegramme an und von Bodenhausen erreichen bzw. verlassen das Gutshaus. Zuständig für den Gutsbezirk ist das »Postamt in Ermsleben« [10]. So gerät das winzige Städtchen am Rande des Harzes ganz unbewusst auch ein klein wenig in die kulturelle Welt der Moderne hinein.

Aus dem Gästebuch der Familie von Bodenhausen: das Gutshaus in Degenershausen mit Blick auf die von van der Velde entworfene Veranda (Archiv Schloss Neubeuern, Sammlung von Christophe Freiherr von Meyern-Hohenberg)

Begräbnisstätte im Park: Im Gegensatz zu dem Wohngebäude des Gutes, das den Zeitläuften zum Opfer fiel und heute nicht mehr existiert, ist die Grabanlage erhalten geblieben. Dort ruhen Eberhard von Bodenhausen und seine beiden ältesten Kinder Karin und Hans Wilke. Ein weiterer Gedenkstein deckt den als Kind in den Nachkriegswirren verstorbenen Bernhard Heinrich von Katte. Die letzte Urnenbeisetzung fand im Sommer 2024 statt. Die Asche der Enkelin von Eberhard von Bodenhausen, Reinhild, hat ihren Platz an der Seite von Vater und Großvater gefunden. Der Entwurf der Ruhestätte geht auf Rudolf Alexander Schröder zurück. Deren Lage im Park beschreibt er Tage nach dem Tod Eberhards in einem Brief an Hugo von Hofmannsthal: »... ein fichtenumstandener Rasenfleck, der nach vorn in eine weite, gegen Südost geneigte Parkwiese übergeht. Weiter hin senkt sich das offene Land in Mulden und Hügelwellen gegen die Ebene hinab: vorn abwechselnd Acker, Wiese und Fruchtgarten, dann von beiden Seiten hineingreifend Laubwald über einer sanften Talschlucht, dazwischen, weiter zurück ein Fichtenhain auf einer Kuppe und hinter ihm, schon in zarter Fernsicht die Ruine der Plessenburg (sachlich richtig ist: die Burgruine Arnstein – d. V.) von einer letzten Hügelstufe herüberschauend ...« [44]. An der Stirnseite des Gräberfeldes über steinerner Sitzbank prangt ein von Eberhard von Bodenhausen noch selbst erwählter Auszug aus Schröders Elegie »In memoriam«, der da lautet:

WIR NUR GEHEN EINHER, UND
SCHAUN HIER UNTEN DEN WANDEL
UND VERSTEHEN IHN NICHT,
SELBER IN WANDEL VERSTRICKT.
IHN ABER DUENKET ES GLEICH,
WAS AUSGEHT, ODER WAS EINGEHT,
WEIL ER DER SEINIGEN KEINS
UNTER DEN FLUEGELN VERLIERT.

Den Charakter der irdischen Ruhestätte beschreibt Maria von Katte als an römische Vorbilder angelehnt, denn: »Das Dichterwort und der Blick in die weite Landschaft sind ihre bestimmenden Elemente ...« [44]. Der Ort der Anlage wird familiär »Dora's Ruh« genannt. Es ist anzunehmen, dass diese Stelle wegen des allein dort sich bietenden Fernblicks länger bereits als lauschiger Rückzugsort gedient hat. Schon im Sommer 1916 schreibt nämlich die Tochter Karin nach Hause: »Wie ich mich auf den Degenershauser Wald freue, weiss niemand. In Gedanken sitze ich oft auf Doras Ruhe mit einem Buch ...« [44]. In tiefer Trauer bekennt die Schwä-

Degenershausen, Grabanlage der Familie im Park
(Foto: Birgit Röhling, 2024)

gerin Ottonie zwei Wochen nach dem Ableben Eberhards gegenüber Hofmannsthal: »Hugo – hier sitzen wir nun – Rudi (Schröder) spielt neben mir so schön, draußen strahlt und blüht alles ... in dieser Zeit, da sein (Eberhards) Degenershausen am schönsten ist ...« [44]. Unzweifelhaft haben also die Menschen um ihn die Beziehung von Eberhard von Bodenhausen zu seinem Refugium am Rande des Harzes als eine enorm innige, außerordentlich persönliche erkannt.

8.

STUDIUM DER KUNSTGESCHICHTE. BODENHAUSEN ALS ÜBERSETZER UND AUTOR. NEUE PERSPEKTIVEN? (1902–1905)

Ein neuer Lebensabschnitt: Wie schon ausgeführt, verkomplizieren sich die Erwerbsverhältnisse für Eberhard von Bodenhausen nach der Jahrhundertwende in einem enervierenden Ausmaß. Angefangene Geschäfte – PAN, Tropon, Unternehmung van de Velde – stocken, ja geraten in den Strudel krisenhafter Entwicklungen. Einer gewünschten Diplomatenlaufbahn muss er entsagen. Dabei ist er keine zwanzig mehr, sondern schon ein gereifter junger Mann von über dreißig, der Ehefrau und Kinder versorgen muss. Hinzu treten Phasen argen Selbstzweifels: »Es fängt aber an krankhaft zu werden, wie wenig ich mir noch zutraue; und es ist furchtbar, wie gerade durch dieses mangelnde Vertrauen die Fähigkeiten noch abnehmen.« [11] Nicht nur durch die obigen »großen« Niederlagen scheint Eberhard im Innersten erschüttert. Auch im Kleinen gelingt nichts mehr. Ende 1901 schwankt er noch einen Augenblick, ob er sich nicht doch als Landrat in Weißenfels wählen lassen soll, gibt seinem Vater eine halbgare Zusage, sich »zur Verfügung zu halten« [90]. Diese macht er aber wiederum davon abhängig, dass nicht eine anderweitige Industriestellung zu erlangen ist. Bereits seit den Bonner Borussentagen kennt Bodenhausen den Grafen Botho von Schwerin (1866–1917), der ihm enger Vertrauter und Gefährte wird. Dieser, ein Chemiker von Rang, arbeitet u. a. auf dem Gebiet der Elektroosmose. Bodenhausen verhandelt 1902 für den

Eberhard von Bodenhausen-Degener, um 1900
(Archiv Schloss Neubeuern)

Freund wegen der technischen Verwertung eines Zuckerpatents mit den Farbwerken Höchst. Seine Bemühungen sind nicht ganz uneigennützig. Simon [90]: »B. versprach sich dabei, Leiter des Osmosedepartements in Frankfurt zu werden.« Daraus ist erkennbar nichts geworden. Wegen des Wackelns und Lavierens um den heimischen Landratsposten wirkt es, als setze sich die Familie in ein schräges Licht (»Unruh-Briefe« – [90]). So sieht sich Bodenhausen genötigt, wegen einer Stellung, die er niemals ernsthaft angestrebt hat, klar und deutlich Verzicht zu leisten. Damit bleibt ihm »die traurige Zukunft einer Landratstätigkeit in Weißenfels« [11] erspart. Die Fäden der Überlegungen, wie sich Bodenhausen aus der Misere befreien könnte, sind verwickelt, laufen auch zum Teil parallel. Irgendwie hängen sie überdies mit Kessler, dem Eberhard in dieser Lebensphase recht nahesteht, zusammen. Der agile Graf, nicht zu bremsender Hans-Dampf in allen Gassen, will gerade zu dieser Zeit – um 1901/02 – Weimar »zum Mittelpunkt und zur Drehscheibe« seiner kulturpolitischen Aktivitäten machen [83]. Dabei zieht er nicht nur van de Velde in die Goethestadt an der Ilm, sondern er wünscht auch, dass sein Freund Eberhard von Bodenhausen in Weimar am Werk der Implementierung der künstlerischen Moderne mittue. Erste Pläne hierzu zerschlagen sich indes [90]. Ausgang des Frühjahrs 1902 steht Bodenhausen mit ziemlich leeren Händen da. Auf der Habenseite bleibt die als mäßig empfundene Tropon-Abfindung. Sie gewährt ihm zumindest eine gewisse Zeit lang finanzielle Sicherheit. Nachdem also auch die Hoffnung auf eine angemessene Stellung in Weimar für's Erste zerronnen ist, schreibt sich Bodenhausen »im Wintersemester 1902/03 als Student der Kunstgeschichte in Heidelberg ein.« [90] Neben Kessler [11] haben schließlich auch Flaischlen, van de Velde [90] und schon längere Zeit zuvor Lichtwark zur Aufnahme des Studiums geraten. Letzterer empfiehlt, »ein gründlichster *Fach*mann« [11] zu werden. Bodenhausen selbst ist eigentlich bereits seit Ende 1901 zur Aufnahme des »Kunst-Studiums« entschlossen [11].

Die Voraussetzungen: Es gibt nur wenige Zeitgenossen, die – ohne selbst Künstler zu sein – einen geradezu genialischen Sinn für Kunstwerke, Kunstverständnis und Stilfragen entwickelt haben, wie Eberhard von Bodenhausen. Dabei gilt ihm Kunst nicht als fernes Gebiet, sondern als immanenter Bestandteil des ganzen Lebens. Er kritisiert oberflächliche Schwärmerei für die Antike, ordnet sie jenen zu, die meist »nicht das leiseste Empfinden für Kunst« haben. »Es sind auch die Menschen, die die Kunst als etwas außerhalb des Lebens Stehendes, als einen Luxus und eine Feiertags-Beschäftigung ansehen, während sie bei kunstempfindenden Menschen das ganze Leben durchdringt.« [11] Sich zählt er zu den Letzteren. Aber dazu hat er auch allen Grund: Seitdem er mit Verve die Zeitschrift PAN belebt und gefördert hat, ist er auf's Engste mit dem Kunstbetrieb verbunden. Er ist nicht nur genauer Beobachter, Befruchter und Kritiker künstlerischer Entwicklungen in Deutschland und Westeuropa, sondern kennt eine Vielzahl von Schriftstellern, Malern, Grafikern, Bildhauern und Designern persönlich. Auch Museumsleuten wie Bode und Lichtwark sowie den Auguren der Kunsttheorie wie z. B. Meier-Graefe steht er seit Jahren nahe. Streng genommen darf er für einen Studenten der Kunstgeschichte als vollständig überqualifiziert gelten. Dennoch: bei aller Tiefe des Wissens bleiben seine Meinungsbekundungen stets private Äußerungen aus der Laiensphäre. Da liegt die Überlegung, seine Beschlagenheit mit akademischen Weihen zu überwölben, nahe. Auch ist das letztlich der Versuch, persönliche Leidenschaft und Beruf zu versöhnen. Hermann Uhde-Bernays hat eine grundlegende Studie »Eberhard von Bodenhausen als Kunstforscher und Kunstfreund« zum Erinnerungsband seiner Gattin beigesteuert [97]. Zu Recht gedenkt Uhde-Bernays dort auch der im Jahr 1900 während des Aufenthalts an den Niagara-Fällen entstandenen Bodenhausen-Schrift »Darwin und die Ästhetik«, die dann im letzten Jahrgang des PAN

(Heft 4, V. Jahrgang) unter dem Titel »Entwicklungslehre und Ästhetik« erschienen ist. Der Aufsatz ist eine philosophisch-theoretische Grundlegung über »die Kunst«, wie Bodenhausen sie versteht. Uhde-Bernays: »In keiner anderen seiner kleinen Schriften tritt seine Persönlichkeit so deutlich hervor, wie in diesem Essay ...« [11]. Bodenhausen selbst bemerkt: »Ich habe keine schriftstellerischen Ambitionen, ich habe mich nur selbst klar geschrieben« [90]. Als philosophischer Idealist stützt sich Bodenhausen einerseits auf Seele und Willen als Werkzeuge des künstlerischen Prozesses, andererseits hängt er der Dialektik an: »Die Lehre der Entwicklung ist alt wie die Welt.« [11] Träger der Entwicklung ist »die Seele, die zum Lichte will«. Kunst wird für ihn so zum »Blühen der Natur im Menschen.« [11] Hier offenbart sich Bodenhausen als Anhänger einer Naturphilosophie, wie sie sein Vorbild, der Weimarer Dichterfürst, vertritt. Bodenhausen sei nämlich jemand, der, wie Uhde-Bernays tiefsinnig bemerkt, »seinen Goethe nicht in der Tasche, sondern im Kopfe und im Herzen bei sich führt ...«. Vom Allgemeinen zu den besonderen Gegenständen kommend, bietet der Aufsatz Anhalte, wie sich der Verständige der Kunst nähern sollte. Wer die Natur auf sich wirken lässt, der versteht Kunst, so sein Credo: »Nicht in Büchern, nicht in Ausstellungen, nicht in Museen, diesen Gefängnissen von Licht und Leben, kannst du deinen Willen zur Kunst in dir wecken und weiten, so wenig du Gott in der Kirche findest, wenn du ihn nicht (mit – d. V.) hinein nimmst ...« [11]. Ferner: »Hier liegt der Schlüssel zum Verständnis des Genies. Genie ist Einheit mit der Natur.« Gleichzeitig mahnt Bodenhausen Toleranz bei widerstreitenden Auffassungen in der Kunst an (»... Achtung gegen die Schönheit anderer ...« – [11]) Die »kontradiktorische Unterscheidung zwischen ›alter‹ und ›moderner‹ Kunst« behagt ihm nicht. Selbst dem »unerbittlichste(n), unermüdlichste(n) Bekämpfer« der Moderne, dem Historienmaler Anton von Werner, lässt er

Gerechtigkeit widerfahren (auch wenn er ihn nicht mag): »Anton von Werner sieht den Menschen so, wie er ihn malt; sonst würde er ihn nicht so malen. Er ist eine durchaus ernsthafte, ausgesprochene Persönlichkeit mit einem Leben hinter sich voller Arbeit. Er malt die Welt, wie er sie mit seiner vollen Persönlichkeit sieht, wie er sie mit seinen, in langer steter Arbeit erworbenen Ausdrucksmitteln wiederzugeben weiß; wer darf ihm dieses Recht und diese seine Schönheit streitig machen?« [11]. Das kleine Meisterwerk bringt Bodenhausen innerhalb von drei Tagen [90] zu Papier. »Diese Arbeit«, so Uhde-Bernays, »ist das Glaubensbekenntnis seiner künstlerischen Überzeugung ...« [11], verfasst *vor* dem Studium der Kunstgeschichte.

»ZWEITSTUDIUM« IN HEIDELBERG

Eingeschrieben bleibt Bodenhausen in Heidelberg vom Wintersemester 1902/03 bis zum Ablauf des Semesters im Sommer 1905. Unterbrochen wird der Aufenthalt auch in dieser Zeit immer wieder von auswärtigen Verpflichtungen. Da sind zunächst Studienreisen zu nennen, die er mit dem Ziel antritt, Material und Wissen für das von ihm geplante Werk über den Maler Gerard David zu sammeln. Zu diesem Zweck begibt er sich erstmals im Sommer 1903 nach Belgien und England [90]. Im Sommer 1904 sucht er »wegen seiner G. David-Studien Madrid und Lissabon (im kommenden Herbst die Niederlande)« [90] auf. Im gleichen Jahr fährt er im Auftrag seines früheren Arbeitgebers Tropon nach St. Petersburg. Reisetätigkeit für den Deutschen Künstlerbund tritt noch hinzu.

Doch zum Anfang: Die Kinder lassen Bodenhausen und seine Frau, die den dritten Nachwuchs erwartet, erst einmal in Eybach zurück. Bevor sie sich in Heidelberg häuslicher einrichten, beziehen sie eine Pension am Ort. Am 24. Ok-

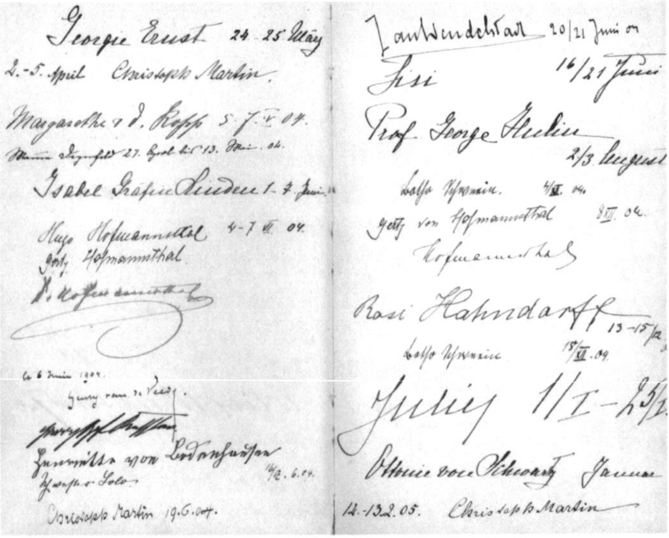

Gästebuch der Familie von Bodenhausen, Besucher in Heidelberg ab 1903 (Archiv Schloss Neubeuern, Sammlung von Christophe Freiherr von Meyern-Hohenberg)

tober 1902 [10] nimmt Bodenhausen das ihm so sehr am Herzen liegende Studium aktiv auf.

Zeugenschaft: Es liegen von Zeitzeugen Beobachtungen vor, die überdauert haben. Aus dem Kreis der Kommilitonen sind hier zwei zu nennen. Da ist zunächst der später international berühmte Kunsthistoriker und Museumsmann Wilhelm Valentiner (1880–1958), der als Student und Doktorand in Heidelberg sich aufhält: »Ein anderer jüngerer Freund war Wilhelm Valentiner, der spätere Kurator des Metropolitan-Museums in New York und Direktor des Museums in Los Angeles, für dessen Laufbahn in Deutschland und Amerika sich Bodenhausen freundschaftlich einsetzte.« [11] Dieser lässt sich wie folgt vernehmen: »Da erschien eines Tages in unserem kunstinteressierten Kreis in Heidelberg eine Persönlichkeit, die uns mit dieser allgemeinen Bewegung, von der die Geister damals erregt wurden, bekannt machen sollte. Baron Eberhard von Bodenhausen, eine stattliche breitgebaute Erscheinung mit regelmäßigen Zügen und bestimmtem Auftreten, wollte, obschon er bereits den juristischen Doktor hatte und schon in Amt und Würden gewesen war, auch noch den philosophischen Doktor an der Heidelberger Universität erwerben und bei Thode promovieren (gegenteilig: [98] – d. V.). Er kam zu mir in das kunsthistorische Seminar und bat mich, ihm Stunden in gewissen Gebieten der Kunstgeschichte zu geben, damit er nicht alle Vorlesungen bei Thode nachzuholen brauche und bald mit der Doktorarbeit beginnen könne. Er war ein Mann der Tat, das ließ sich sogleich erkennen, der aus einer anderen Welt als wir armen, schwankenden Studentlein mit unserem ängstlichen Gewissen kam. Er war Jurist, Bankier und Industrieller gewesen ...« [11].

Rasch bricht sich die Kunde Bahn, dass Bodenhausen »über das, was in der Welt an neuen, unerhörten Dingen auf dem Gebiet der Kunst und Literatur vor sich ging ...« bestens informiert, sehr vielen Protagonisten der künstlerischen Bewegung bekannt, ja zum Teil befreundet ist [11]. Nicht Wunder nimmt es, dass er bald »einen gewissen Anhang« [11] unter den Studenten gewinnt. Mit Richard Benz (1884–1966) vermeldet ein weiterer Beobachter einen Eindruck, der vorwiegend Äußeres spiegelt, aber wohl auch von Übertreibung nicht frei ist. Dennoch: bemerkenswert bleibt, dass er das Bild Bodenhausens – er veröffentlicht seine Erinnerungen 1950 – noch ein halbes Jahrhundert später so plastisch heraufbeschwören kann: »Im Auditorium bei Thode sah man neue Gesichter. Unmittelbar vor meinem Platz hatte sich ein auffallender Herr niedergelassen. Er war kein Jüngling mehr, etwa fünfunddreißig Jahre (im Original Benz: »schon an die vierzig Jahre« – [4]), hochgewachsen, vornehm: in jeder Bewegung, wie ich es selten gesehen habe, stolz und sicher, doch von größter Verbindlichkeit – ein Bild männlicher Grazie, wie es bei uns so selten ist. – Jetzt hatte Bodenhausen sich entschlossen, noch einmal gründlich Kunstgeschichte zu studieren ... Daneben pflegte er Beziehungen zur Großindustrie, um seine ziemlich hohen Lebensansprüche zu fundieren, war Liebhaber und Käufer von französischen Impressionisten. Und dieses vorurteilslose Im-vollen-Leben-Stehen gab mir einen ganz neuen Begriff von geistig-künstlerischer Existenz ...« [11, 42, 4]. Eine in ihrer Essenz wahrhaft meisterliche Charakteristik, an der wohl fast alles trifft. Allerdings, dieses Gefühl wird manifest: von den tatsächlichen Lebensumständen, dem engen finanziellen Korsett, in das Bodenhausen eingeschnürt ist, hat Benz keine Ahnung. Das schmälert aber nicht das Wertvolle der Darstellung: Bodenhausen imponiert schon als »Persönlichkeit« gegenüber dem gewöhnlichen »Studentlein«; er sticht aus der Masse hervor, fällt auf, ist im Umfeld der Hochschule bekannt. Man weiß um seine intensiven Verbindungen zu namhaften Künstlern und schätzt sein exzellentes Wissen. Mit dem Ziel der Reservierung eines bestimmten Sitzes im Hörsaal zu den Lehrveranstaltungen zweckt man eine Visitenkarte an den Platz. Eine lautet: »Dr. jur. Eberhard Freiherr von Bodenhausen, Leutnant der Reserve bei den Bonner Königshusaren.« [4] Auch Hermann Uhde-Bernays (1873–1965) lernt am Beginn der Heidelberger Zeit Eberhard kennen: »Eine massige Gestalt, junkerhaft aufrecht, mit einem ebenso massigen Schädel, beherrschten bartlosen Gesichtszügen, ruhig blickenden Augen und zurückhaltenden Bewegungen, schien er dem Typus des preußischen Generalstabsoffiziers zuzugehören.« [98] Der Lernende hat sich offenkundig mit Haut und Haar dem Studium der Kunst verschrieben. Darauf, dass sich der Bonner Borusse erneut gastweise einer schlagenden Verbindung angeschlossen hätte, gibt es keinerlei Hinweise. Vielleicht ist er dafür inzwischen auch einfach schon zu alt.

Koryphäen und Originale: In ihrem Lebensbild hebt Dora von Bodenhausen drei Wissenschaftler hervor, deren Vorlesungen Eberhard vornehmlich gehört hat. Dies sind der Kunsthistoriker Henry Thode (1857–1920), der Archäologe Friedrich von Duhn (1851–1930) und der Philosoph Kuno Fischer (1824–1907). Hinzu tritt noch der Geisteswissenschaftler Wilhelm Windelband (1848–1915), den Uhde-Bernays erwähnt [98]. Die Mitteilungen Bodenhausens an seine Frau lassen erahnen, dass er sich mutmaßlich in Heidelberg pudelwohl gefühlt hat. Da er schon ein gereifter, mit außerordentlichem Wissen ausgestatteter Mann ist, muss er nicht vor Professoren in Ehrfurcht erstarren, sondern vermag auch deren Vorlieben und karnevaleske Schrullen zu erkennen. In einer Zeit, in der die Universität kein Massenbedürfnis nach akademischer Bildung befriedigen muss, lebt alles noch sehr viel mehr vom unmittelbaren Kontakt zwischen Studenten und Professor. So macht auch Bodenhausen seine Erfahrungen. Thode hat er schon als Privatdozent in Bonn gehört. Die beiden sind also miteinander bekannt [4]. Inzwischen ist jener brillanter Kenner der Kunst der italienischen Renaissance und Autor bedeutender wissenschaftlicher Werke. Der Student im Oktober 1902: »Ich komme eben von Thode, der ganz charmant war. Er macht mir ganz den Eindruck, daß er sich sehr persönlich um einen kümmern wird. Ich war 5/4 Stunden dort und habe ihm viel sagen können. Insofern habe ich Pech, als er gerade an der Ausgabe seines neuen Werkes über Michelangelo ist und daher nicht vor dem 3. November anfangen kann zu lesen. Wir haben dann alle Kollegs eingehend durchgenommen.« [11] Thode hat schon die Leitung des Städelschen Kunstinstituts in Frankfurt vor der Heidelberger Zeit gehabt. Die persönlichen Lebensumstände prägen dessen künstlerische Auffassungen: In erster Ehe mit der Stieftochter Richard Wagners, Daniela von Bülow, verheiratet, ist er dem Komponistengott noch persönlich begegnet und mit dem Maler Hans Thoma, den auch Bodenhausen schon lange kennt, verbindet ihn eine Freundschaft. Der Hochschullehrer bleibt daher »Wagnerianer« und scheint Neuem in der Kunst kaum mehr aufgeschlossen. Bodenhausen im Oktober 1903 vertraulich an Kessler: »Ich mag ihn wirklich sehr gern und halte ihn auch für sehr fähig; nur wird er immer wieder von seiner Bayreuth-bornierten Frau in einen engen Dogmatismus hineingetrieben, der ihm jede Freiheit des Blicks trübt.« [90] Die Vorlesungen bei dem klassischen Archäologen Duhn dienen dazu, das zweifellos bereits vorhandene immense Wissen über die Kunst der Antike nach akademischen Regeln zu ordnen und zu systematisieren.

Als ungewöhnlich origineller Charakter erscheint Professor Kuno Fischer. Hinter dem Philosophen, Philosophie – und Literaturhistoriker liegt, als Bodenhausen kommt, schon eine überreich erfüllte Universitätskarriere. Seit mehr als fünfzig Jahren lehrt Fischer in Heidelberg, soll auch als Autor einer »Geschichte der neuern Philosophie« Nietzsche stark geprägt haben [124]. Nun ist er hoch betagt und vielleicht auch etwas drollig. An Ehren hat er alles abgefasst, was man in einer akademischen Laufbahn erreichen kann; selbst zum Wirklichen Geheimen Rat ist er ernannt. Seine wissenschaftliche Leistung mag hier ausnahmsweise hintanstehen. Nebenher folgendes: Fischer wird auch als einer der bedeutendsten Anekdotenlieferanten unter den Gelehrten gefeiert [124], was einschlägiges Schrifttum [2] bestätigt. Nur ein Beispiel, das auch in die Bodenhausen-Literatur Eingang gefunden, demnach zu Zeiten in Heidelberg kursiert hat: Die förmliche Ansprache an einen Wirklichen Geheimen Rat hat unter Verwendung des Titels Exzellenz zu erfolgen. Der Professor, auch irgendwie ganz unphilosophisch nicht frei von ordinärer Eitelkeit (bekannt als »Geheimer Rat und Excellenzherr«, der sich bei feierlicher Gelegenheit gern »mit breiten Ordensbändern über der Brust, nebst den Orden, die ihm ›aus dem Halse hingen‹,« – [11] – zeigt), empfängt regelmäßig Studenten. »Bei Kuno Fischer hatten die jungen Leute noch im Zylinder Besuch zu machen. ›Die Anrede ist Exzellenz‹, wurden sie in der Tür von der Haushälterin belehrt. Doch wünschte der große Historiker der Philosophie auch darin keine Übertreibungen, und als einmal ein Student sich vor lauter ›Exzellenz‹ erschöpfte, soll ihn Kuno Fischer angewiesen haben: ›Nicht immer Exzellenz, nur ab und zu.‹« [11] Eberhard von Bodenhausen kehrt von Kuno Fischer zurück mit dem Kommentar: »Es war zum Schießen ... Exzellenz empfingen mich in Pelz-Schuhen; daneben saßen Ihre Exzellenz und strickten. Sie blieb die ganze Zeit dabei und flocht sittig ihre Bemerkungen ein ... Der Mann posiert, dass es zum Freuen ist« [11]. Offenkundig gut präpariert, hält ihm der Professor in Ausführlichkeit ein Referat über die »Gräflich Degenfeldschen Damen«, wer wen geheiratet usw. Dann: »Gedenken Sie meine Vorlesungen zu hören? Jawohl, natürlich, Excellenz.« Weiter: »Ich lese jeden Tag von 5–6 – Pause – er wartet, dass ich es besser weiß und ihn korrigiere: pardon Excellenz, von 4–5. Und ich tue ihm den kleinen Gefallen. Er lächelt satt und befriedigt: Ja, Sie wissen ja, wenn man so viel im Kopf hat.« [11] Bodenhausens Fazit: gute, brave Menschen mit Schlafröcken und Simpelfransen [11]. Darüber, dass keine Etikettefrage gering genug ist, um

Professor Kuno Fischer, der »Exzellenzherr«, Heidelberg 1891, Fotografie von Ed. Schultze, Heidelberg (Deutsches Literaturarchiv Marbach)

auf der Fakultätssitzung erörtert zu werden (hier: welcher Herr welche Dame in Gesellschaft zur Tafel führt) erregt sich Uhde-Bernays noch ein Menschenalter später [98].

FRÜCHTE DER HEIDELBERGER JAHRE

Übersetzer und Autor: Die ersten beruhen auf der vorzüglichen Beherrschung der französischen und der englischen Sprache durch Bodenhausen. Uhde-Bernays: »In den Kreis der Kunstgeschichte trat er zunächst als Übersetzer ein. Er übertrug Fromentins ›Maitres d´autrefois‹ mit dem Titel ›Die alten Meister‹ ins Deutsche, ein berühmtes Buch des empfindsamen Malers, der die Feinheit seiner Gemälde mit einer fast noch größeren Grazie einer schmiegsamen Sprache verband.« [11] Das ist 1903. Ein Jahr später übersetzt der Baron – in Degenershausen [10] – das Buch des Engländers Stevenson über den Maler Velasquez und versieht es mit eigener Einleitung zum Thema [90]. Durch die Verbindung seiner Gewandtheit im Umgang mit Sprache, sowohl der eigenen wie den fremden, hohem Fachwissen und dem brennenden Interesse an der Materie erhebt er sich auf meisterliche Höhen in der kunstspezifischen Sprachübertragung. »Ihm gelang es, sogar bei heiklen Fachausdrücken und technischen Bezeichnungen, das französische Wort mit dem entsprechenden deutschen Wort in Übereinstimmung zu setzen und ein kleines literarisches Kunstwerk zu schaffen.« [11] Lob der Freunde allenthalben begleiten diese Bemühungen. Kessler zum Fromentin: »brillant übersetzt« [90]; ganz im selben Sinne Hofmannsthal [11]. Die Vorrede zum Velasquez hält Kessler für »ein kleines Meisterwerk« [21]. Verschiedene Aufsätze, so u. a. zu den »Aufgaben der Kunstgeschichte«, veröffentlicht 1904 in der Neuen Rundschau, erscheinen. Ein geplantes Großvorhaben, der mehrbändige »Führer durch die Geschichte der Malerei« [10], geht allerdings schon im Stadium der Vorbereitung unter. Nach Uhde-Bernays unterbleibt die Veröffentlichung, weil zwischenzeitlich ein Konkurrenzprodukt (Wölfflin) auf dem Buchmarkt erschienen ist. Bodenhausen wünscht unter diesen Umständen keine Herausgabe mehr. Das Manuskript ist bedauerlicherweise verloren gegangen. [11]

»Gerard David und seine Schule«: Etwas wirklich Bedeutendes hat Bodenhausen aber doch noch als Erbe der glücklichen Heidelberger Tage hinterlassen. Vom Beginn des Studiums Ende 1902 bis zum Erscheinungsjahr 1905 beschäftigt er sich mit dem flämischen Maler Gerard David (1460 – 1523), wobei das Buch selbst innerhalb eines Jahres (1904) zu Papier gebracht wird [11]. Woher das starke Interesse an dem Künstler ursprünglich kommt, liegt letztlich im Dunkeln. Fest steht, dass es Bodenhausen zum Gegenstand einer kunstwissenschaftlichen Promotionsschrift bei Thode machen will. Valentiner beschreibt die intensiven Bemühungen Eberhards, sich der Malkunst der Frühniederländer wissenschaftlich zu nähern. Wegen der Gemälde Davids durchstreift der Kunstbeflissene die Museen Europas. Ein halbes Jahr vor dem Entschluss, Kunstgeschichte zu studieren, geht in Brügge eine große David-Ausstellung zu Ende. Das ist schon schicksalhaft. Valentiner meint, dass Eberhard bei einer früheren Lenkung auf dieses Gebiet alle Werke Davids »bequem in Brügge ... nebeneinander (hätte) studieren« [11] können. Aber, so Valentiner: »Er ließ sich nicht verdrießen, denn er wollte nicht, dass die Kenner merken sollten, dass er jene Ausstellung nicht gesehen hatte [11]. Eine Vermutung von Uhde-Bernays dahingehend, die Vorliebe Bodenhausens für den Niederländer könne gerade auf den Besuch jener Ausstellung zu Brügge 1902 zurückgehen, scheint unter Verweis auf Valentiner daher fraglich [11]. Als Verleger tritt der befreundete Bruckmann aus München auf. Dem großformatigen Quartband gibt Bodenhausen

GERARD DAVID

UND

SEINE SCHULE

VON

EBERHARD FREIHERR VON BODENHAUSEN

GRAF UND GRÄFIN
ALFRED DEGENFELD-SCHONBURG

GEWIDMET IN DANKBARKEIT

FÜR DIE DEM WERDENDEN BUCHE
GEWÄHRTE GASTFREUNDSCHAFT

MÜNCHEN 1905
VERLAGSANSTALT F. BRUCKMANN A.-G.

Eberhard von Bodenhausen als Autor: »Gerard David und seine Schule«, München 1905 (Privatbesitz Reinhard Käsinger)

den Titel »Gerard David und seine Schule«. Einleitend stellt er einen Sinnspruch Rudolf Kassners aus der »Moral der Musik« voran, welcher seinen Impetus enthüllt: »... gleichwie Du vom Symbol stets, als führte Dich das Wunder, staunend zum Wesen, zu den Wurzeln, zur Musik dringst.« So offenbart Bodenhausen seine Kunstgesinnung: durch Betrachtung des Äußeren, vom Symbol, will er auch in der Malerei Davids zu dessen künstlerischem Wesen durchdringen. Beim »Gerard David« handelt es sich um ein Fachbuch im besten Sinne des Wortes. Nicht dem Erdendasein des Künstlers und dessen Lebensumständen, über die ohnehin nicht allzu viel bekannt ist, widmet er sein Augenmerk, sondern er lässt dessen Schöpfungen sprechen. Zweiteilig baut er das Buch auf. Nach Auseinandersetzung mit der künstlerischen (!) Persönlichkeit des Malers, insbesondere zu dessen Umgang mit Komposition, Farbe und Licht, will er im »Teil II ... in kritisch sichtendem und historisch registrierendem Sinne die wissenschaftlich bedeutsamen Merkmale« herausarbeiten. Bodenhausen möchte seine Schöpfung Forschern und Sammlern als »Katalog ... für das Werk des Meisters und seiner Schule« [12] dienstbar machen. Der auf schwerem Kartonagenpapier gedruckten Schrift wird eine hohe Zahl von ganzseitigen Gemäldereproduktionen beigefügt. Allesamt in schwarz-weiß. Dies möglicherweise in der Absicht, nicht vom »Wesen« der Sache, das ihm so bedeutend gilt, abzulenken, zählt er doch sogar »farbige Beschreibungen von Kunstwerken zu den unerfreulichsten Erscheinungen der Kunstliteratur.« [11] Die Fachwelt nimmt das Buch eines künstlerischen »Dilettanten« immerhin zur Kenntnis. In den »Monatsheften für kunstwissenschaftliche Literatur« wird es lobend besprochen [11]. Keiner besonderen Erwähnung bedarf, dass die engeren Freunde Eberhards dem »David« uneingeschränkte Anerkennung zollen. »Dein Stil hat an Festigkeit und Sicherheit so zugenommen,« preist Kessler den Freund, »daß er ein ganz neuer geworden ist, der übrigens Deiner Persönlichkeit viel genauer entspricht als der frühere ([11] – im Originalbrief Kesslers heißt es statt Sicherheit »sicherm Rhythmus« – [90]). Dessen Fazit: »Ein durchaus erfreuliches, ernstes und wertvolles Buch, das Dir eine erste Stelle sichern muß.« Graf Kesslers einzige Kritik: »... die Druckfehler, die bösen Druckfehler!« [90] Eybach muss man als den Entstehungsort, an dem der »Gerard David« im Wesentlichen das Licht seiner Bestimmung erblickt hat, annehmen. Eingangs der Publikation lässt der Autor nämlich vor der Welt verlauten: »Graf und Gräfin Alfred Degenfeld-Schonburg gewidmet in Dankbarkeit für die dem werdenden Buche gewährte Gastfreundschaft.« [12]

Traurig am Ende: Dennoch führt diese meisterliche Künstlermonographie, die auch heute noch zum Kanon der Spezialliteratur über David und die Koloritforschung [8] gehört, nicht zu einem dauerhaften Verbleiben seines Verfassers in der Sphäre der Kunst. Er reicht die akademische Schrift nicht ein. All dieses bittere Zukünftige mag aber zurücktreten, vor der Begeisterung, mit der Eberhard »schafft«. Verbunden mit jener scheuen, mehr oder minder selbstkritischen Erwartung, mit der jeder Autor Eigenes sieht, unterrichtet er im September 1904 Henry van de Velde über den Stand des Vorhabens: »Augenblicklich befriedigt mich meine Arbeit an Gerard David noch sehr, und ich arbeite mit viel Freude daran – ich weiß, dass der Augenblick kommt, wo ich das Ganze schlecht finden werde – aber dann ist etwas erledigt und nach dem Druck werde ich das Kind wieder lieb haben.« [11]

NEUE PERSPEKTIVEN?

»Wir müssen sehen, dass wir Bodenhausen nach Weimar bekommen« (1903): Mit diesen Worten sollen sich sowohl der Großherzog Wilhelm Ernst als auch die Erbgroßherzogin gegenüber Kessler im Sommer 1903 mehrfach geäußert haben [90]. Liegt Bodenhausens Zukunft auf dem spiegelblanken Parkett der Weimarer Residenzschlösser? Eberhard ist sich seinerseits stets im Klaren darüber, dass Heidelberg ein Stadium des Durchgangs, eine zeitlich begrenzte Episode, bleiben muss. Wäre er in jeder Hinsicht völlig unabhängig, hätte er sich ohne Zweifel für eine Laufbahn als Privatgelehrter entschieden. Da die Lebensumstände das nicht zulassen, werden die Heidelberger Jahre von vornherein als Intermezzo konzipiert. Am Ende dieses Zeitabschnitts will Bodenhausen über eine gesicherte berufliche Perspektive, die Neigung und Erwerbstrieb versöhnt, verfügen. Aber wozu hat man Freunde? Graf Kessler, van de Velde und Hugo von Hofmannsthal nehmen innigen Anteil am gegenwärtigen und künftigen Wohlergehen Eberhards. Letzterer entwickelt sich nun zu einem Baustein im Plan des umtriebigen Kessler, der ab 1902 unter seiner zielstrebigen Leitung Weimar zu einem Zentrum der durch traditionalistische Kreise verfemten Gegenwartskunst ausbauen möchte. In bewusster Anknüpfung an die Weimarer Klassik soll ein »Neues Weimar« als Fanal der Kunst der Moderne entstehen. Einen frühen Kontakt zwischen Kessler und den dortigen Institutionen vermittelt Bodenhausen [11, 90].

Kesslers Programm ist keineswegs nur museal oder künstlerisch ausgerichtet; ein frisches, ins Angesicht der neuen Zeit weisendes Kunstverständnis wünscht er sich auch für das Handwerk, das Gewerbe und das Schulwesen. Es gelingt Kessler, ganz spiritus rector, Henry van de Velde an verantwortlicher Stelle in der Stadt Goethes zu platzieren und Hugo von Hofmannsthal für Weimar und seinen Hof, was wegen des über der Szene schwebenden Geistes des Dichterfürsten nicht schwer gewesen sein mag, zu interessieren. Mühelos erkennt man, dass Kessler seine Weimarer »Kulturrevolution« vor allem mit ihm nahestehenden, vertrauenswürdigen Personen fördern und befestigen möchte. Hier kommt Eberhard ins Spiel. Conditio sine qua non – also ganz unerlässliche Bedingung – für die hochtrabenden Pläne Kesslers stellt das Wohlwollen des Großherzogs Wilhelm Ernst dar. Graf Kessler möchte daher Bodenhausen am liebsten als Privatsekretär des charakterlich umstrittenen Landesherrn sehen. Der Hintergedanke: er soll den Fürsten unumkehrbar für die neue Kulturbewegung gewinnen. Bodenhausen, dem der Großherzog als Bonner Borusse persönlich bekannt ist, hat solches tatsächlich ernsthaft erwogen. Allerdings rechnet er in dieser Position auf Gleichstellung zum Ministerrang [90] mit entsprechender Alimentierung. Diese Hoffung zerschlägt sich. Zum einen bleibt der Posten zunächst anderweitig besetzt, zum anderen scheint diese Funktion auch nicht mehr »gut genug dotiert« [90]. Henry van de Velde erwähnt in seinen Memoiren einen Plan, Bodenhausen als Hofmarschall der Großherzogin-Mutter zu engagieren. Dieses Arrangement sei, so van de Velde, deswegen nicht zustande gekommen, weil die Annahme des Amtes mit einem jährlichen Rom-Aufenthalt von sieben bis acht Monaten gekoppelt gewesen sei. Dies habe Eberhard seiner Familie nicht zumuten wollen; auch hätte das die sofortige Beendigung seiner Studien in Heidelberg bedeutet [101]. Alle etwaigen Absichten, in den

Gründungsversammlung des Deutschen Künstlerbundes 1903 in Weimar unter Teilnahme namhafter Künstler und Kunstförderer der Zeit. Präsidium (in der Mitte unter der Büste) Leopold Graf Kalkreuth, daneben re. Harry Graf Kessler und Max Liebermann, rechter Tisch: 2. von hinten Henry van de Velde, davor: Eberhard von Bodenhausen
(Fotografie von Louis Held, Weimar 1903, Copyright ullstein-bild Louis Held)

Weimarer Hofdienst zu gehen, scheinen sich jedenfalls bis 1904 zerschlagen zu haben. Das ist auch gut so. Irgendwie kann man sich Eberhard von Bodenhausen einfach nicht als Hofschranze vorstellen, andererseits hat er Kessler schon im Oktober 1903 reinen Wein eingeschenkt, dass ihm eine Hofstellung »nicht sehr sympathisch« sei. Ein Wirkungsfeld als Leiter einer Galerie sei ihm vielmehr das liebste [90].

Schriftführer im deutschen Künstlerbund (1903): Eine Folge der Bestrebungen Graf Kesslers »zur Institutionalisierung der Moderne in Weimar« [83] stellt die Gründung des Deutschen Künstlerbundes Ende 1903 dar. Leopold Graf von Kalckreuth übernimmt den Vorsitz. Kessler wird zum ersten Vizepräsidenten [83]. Bodenhausen gehört dem Engeren Vorstand als Schriftführer an. Die Tätigkeit scheint mit erheblichem Aufwand verbunden. Auf der anderen Seite steht Bodenhausen über diese Funktion, ganz ähnlich wie in den PAN-Tagen, in Kontakt mit einer Vielzahl namhafter, zum Teil wirklich berühmter Künstler. Das »Netzwerk Bodenhausen« profitiert aus seiner Mitarbeit, den Menschen Bodenhausen belastet eine weitere selbst auferlegte Verpflichtung. Nach Uhde-Bernays geht die Initiative zur Gründung der Künstlervereinigung gemeinschaftlich auf Kessler, Kalckreuth und Bodenhausen zurück [11].

Bewerbung am Frankfurter Städel (1904): Eine Direktorenposition, die augenfällig von Reputation und Salär her Bodenhausens Vorstellungen entsprochen hat, ist die am Städelschen Kunstinstitut in Frankfurt am Main, einem der ersten Häuser im Reich. Er unterliegt im Auswahlverfahren. Statt seiner erhält der erst 28 Jahre alte Kunsthistoriker Ludwig Justi die Stelle. Tief getroffen unterrichtet er den Freund Hugo von Hofmannsthal im Februar 1904: »Heute erhielt ich eine enttäuschende Nachricht. Das Städel'sche Institut in Frankfurt war frei geworden und mit dem schweren Geschütz von Thode's, Tschudi's und Bode's Empfehlungen – Letzterer hatte die Stelle bisher immer gewissermaßen besetzt – habe ich mich auch – unter 125 !! – um die Stelle beworben. Heute erhalte ich die ablehnende Antwort.« [10] Einige Chancen hatte sich Bodenhausen wegen der Unterstützung der Schwergewichte aus dem Kulturbetrieb wohl schon ausgerechnet. Thode selbst ist vorzeiten Direktor dort gewesen. Bode gilt anerkanntermaßen als einer der führenden deutschen Museumsleute überhaupt. Simon [90] argwöhnt, dass trotz angeblicher Empfehlung Tschudi's dieser am Ende auch gegen den Rat Kesslers »für seinen Herrn aus Berlin« (Justi) eingetreten sei [90]. Verständlich, dass Eberhard geknickt und um eine Illusion ärmer ist. Freund Kessler gefällt im Grunde die ganze Städel-Bewerbung nicht, da er ja in Weimar eigene Pläne mit Bodenhausen hat [90]. Uhde-Bernays [98] argwöhnt sogar, dass der »Gerard David« dem Aufstrebenden im Wege steht, ihm in diesem Zusammenhang zum »Verhängnis« geworden sei. Mancher habe das glänzende Werk, da es nicht von einem Wissenschaftler vom Fach stammt, geradezu als »unzünftig« [98] empfunden. Die Feststellung von Hergemöller [41] – der sich auf das Uhde-Bernays Zitat bezieht –, Eberhard sei zurückgewiesen worden, weil sein David-Buch als »unzüchtig« [41] Anstoß erregt habe, ist wohl falsch. Hier scheint ein schlichter Übertragungsfehler vorzuliegen.

Eberhard als Schulmann? (1905): Ein recht kurioses Projekt brüten Kessler und Hofmannsthal im Sommer 1905 aus. Der Dichter entwickelt mit unverhohlener Begeisterung, schon ziemlich ins Detail gehend, gegenüber Bodenhausen den Gedanken der Gründung einer privaten »Wilhelm-Ernst-Schule« in Berka bei Weimar. Ursache für solche Überlegung: die »Unzulänglichkeit der Massenschule«. Angedacht wird eine Internatsschule nach englischem Typus. Der eine Anstellung suchende Weggenosse möge dort als »Director, head-master« eintreten. »... wir hätten nun im Schlaf«, so glauben Eberhards Freunde, »das für Dich gefunden, was Du brauchst.« Kessler und Hofmannsthal kalkulieren »mit einem Jahresgehalt von 12000 Mark nebst freier Wohnung in einem der Pavillons, freie Wagen ...«. [10] Die kühne Anregung erreicht Bodenhausen viel zu spät, da er derweil schon bei der Deutschen Bank angenommen ist. Wegen fehlender »pädagogischer Erfahrung« lehnt er darüber hinaus unmissverständlich ab [10].

Fazit der Heidelberger Jahre: 1904/05 zeichnet sich ab, dass Bodenhausen aus wirtschaftlichen Gründen das Studium der Kunstgeschichte aufgeben muss, ohne einen förmlichen Abschluss zu erlangen. So verlässt er Heidelberg ohne promoviert worden zu sein. Die ins Auge gefasste Vorlage einer Dissertationsschrift unterbleibt. Er wechselt beruflich wieder in die Wirtschaft. Dennoch haben ihm die Heidelberger Jahre unendlich viel gegeben: Er hat über lange Zeit die Möglichkeit genutzt, sich unter wissenschaftlicher Anleitung den Dingen zu widmen, die ihm wirklich am Herzen liegen. Bei leidenschaftsloser Betrachtung gelangt man aber erneut zu dem Schluss, dass auch diese Zeit von einem wahren »Tätigkeitsstrudel« (ein Wort, mit dem Eberhard die Aktivitäten Kesslers bedacht hat – [90]) geprägt wird. Da sind: das eigentliche Studium, die Übersetzungen des Fromentin und des Stevenson, die Arbeit am Gerard David, der Deutsche

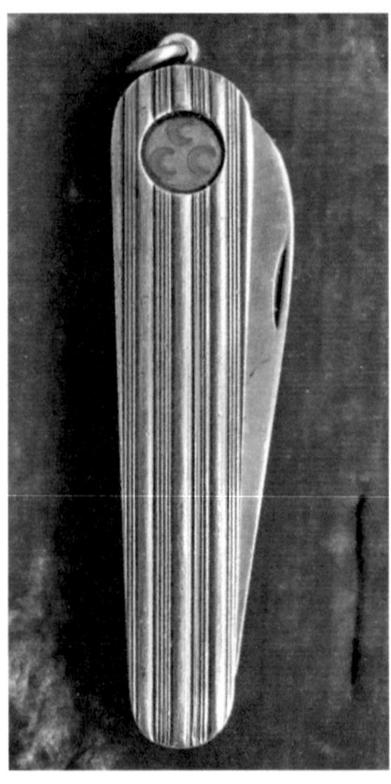

Taschenmesser mit stilisiertem Wappenschmuck der Bodenhausen (Privatbesitz Christophe Freiherr von Meyern-Hohenberg (Foto: derselbe)

Künstlerbund, Reisen ohne Ende als Kunstfreund und auch noch als beauftragter Vertreter seines früheren Unternehmens Tropon (so 1904 nach St. Petersburg – [90]), die fortdauernden Versuche, eine angemessene Anstellung für die Zukunft zu erhalten, gesellschaftliche Verpflichtungen von der Verwandtschaft der Weimarer Herrscherfamilie im Rheinland bis zu Tata Goloubew, ausufernder Briefwechsel mit Gott und der Welt – und eine Familie hat der Mann auch noch. Ein schier endloses Programm, das auch bärenstarke Charaktere an die Grenzen der Belastbarkeit führt. Dabei hat Eberhard das Problem schon selbst erkannt. Hugo von Hofmannsthal lobt den Kunststudenten: »Du bist ein fleißiger Mensch!« Bodenhausens Antwort, getragen von einem Anflug von Sarkasmus, lautet: »Mein lieber Hugo. ›Du bist ein fleißiger Mensch‹ heißt eigentlich: ›Du bist ein Rindvieh.‹« [10] Man kann es so interpretieren: Bodenhausen weiß um seine Schwäche, sich möglicherweise zuviel aufzuladen. Aber er kann nicht anders. Der »Tanz auf vielen Hochzeiten« ist seine Art zu leben und zu arbeiten. Ruhe und Muße kennt er wahrscheinlich nur dem Namen nach.

9.

WIEDEREINSTIEG IN EINEN »BROTBERUF«: BODENHAUSEN UND GOTT MAMMON (ab 1905)

GELD REGIERT DIE WELT – ERFAHRUNGEN DES JUNGEN MANNES

Es gehört zu den tragischen Zügen im Leben Bodenhausens, nicht zu jeder Zeit frei von finanziellen Sorgen gewesen zu sein. Geld an sich dürfte ihm wenig bedeutet haben, außer als Mittel zur Beförderung der von ihm verfolgten Bestrebungen. Das »Verdienen« soll nicht ausschließlicher Zweck des Daseins werden. Aber um eine Existenz zu begründen, die zum einen vor der Welt als standesgemäß bestehen und in der er zum anderen seinen Neigungen und Interessen leben kann, bleibt Geld nun einmal unabdingbar. Wie das Korsett für den Leutnant – eben »unentbehrliches Möbel« [59]. Das hat er immer wieder am eigenen Leib erfahren müssen. Streng genommen folgt Eberhards Lebensweg der Spur des Geldes. Fundamentale Entscheidungen kann er nicht unabhängig fällen. Unter dem Zwang der Umstände muss er sich dahin wenden, wo sich ihm ein nach seinen Maßstäben tragfähiges Einkommen bietet. Er ist, was das Geld anbelangt, hin- und hergerissen zwischen dem »haben wollen« und herzlicher Abneigung. Bestens wird er die Evangelien S. Matthäi und S. Lucä kennen: »Niemand kann zweien Herren dienen. Entweder er wird den einen hassen, und den anderen lieben; oder er wird einen anhangen, und den andern verachten. Ihr könnt nicht Gott dienen und dem Mammon.« (Matthäus; Kapitel 6, Vers 24 / ebenso: Lucas, 16. Kapitel, Vers 13) Nicht übermäßig stark im Religiösen verwurzelt, diktiert ihm die irdische Welt die Gesetze und bestimmt seinen Weg. Nach Bedenken möchte man die wirtschaftliche Lage Bodenhausens diesbezüglich in drei Abschnitte teilen, die da sind: »Abhängigkeit vom Vater«, »Streben nach Unabhängigkeit« und letztlich »Durchbruch – die ökonomische Sanierung«.

Am Rockschoß des Vaters I: Als junger Mensch und noch bis in die Mannesjahre hinein, fühlt Eberhard von Bodenhausen die drückende Abhängigkeit von seinem Vater in Gelddingen. Hans Heinrich von Bodenhausen stirbt 1912. Bis dahin hat jener zumindest das Sagen über die Erträgnisse der Gutswirtschaft. Ohne Billigung des Vaters gibt es keine Ausgaben von Belang. Kosten der Ausbildung hat die adelige Familie ohnehin zu tragen. Bei einem Sohn kommen hier neben dem Aufwand einer Internatsunterbringung vor allem folgend die Geldbedürfnisse für das Studium und den Militärdienst in Betracht. Zum Leben gibt es elterliche Zulagen zum spärlichen Sold oder zu einem geringen staatlichen Salär. Grundsätzlich hat die Familie, ganz im Sinne einer sittlichen Pflicht, für den standesgemäßen Unterhalt zu sorgen. Die Kosten eines Jurastudiums belaufen sich am Ende des 19. Jahrhunderts auf mehrere Zehntausend Mark. Entscheidend sind hier weniger die Aufwendungen der eigentlichen akademischen Ausbildung, sondern der zum Zweck der Außendarstellung getriebene gesellschaftliche Luxus. Der junge Adelige, der seiner militärischen Dienstpflicht als Einjährig-Freiwilliger genügt, hat sich selbst auszurüsten und zu unterhalten. Allein für die Uniformierung und Ausstattung des zukünftigen Reserveoffiziers nebst Pferdeausrüstung dürften sehr schnell 2000 M und mehr zusammengekommen sein [74]. Nur am Rande: Hans Heinrich von Bodenhausen hat lediglich für einen Sohn zu sorgen. Eine zahlreichere männliche Nachkommenschaft kann da schnell eine Familie an die Grenzen des Machbaren führen. Der Aufwand für Eberhards Schwester wird – dies ohnehin nur bis zu ihrer Verheiratung – bedeutend geringer zu veranschlagen sein. Dennoch sperrt sich der Vater bisweilen gegen als unangemessen empfundene Geldforderungen des Sohnes. Ohne Grund? Wohl nicht ganz. Sicher darf man die Familie Bodenhausen wie viele adelige Haushaltungen der Zeit als wohlhabend einschätzen, aber eben nicht als reich. Zahlen über die Einkünfte aus den Gütern sind nicht bekannt. Aber sie werden begrenzt gewesen sein. Ein kleiner Exkurs dazu: Der Verfasser erinnert sich an eine Besichtigung des Schlosses Hohenerxleben (heute: Salzlandkreis im Bundesland Sachsen-Anhalt). Die Führung durch das Mitte der neunziger Jahre noch ruinöse Gebäude oblag dem 1934 dort geborenen Konrad von Krosigk, der sich als Cicerone zur Verfügung stellte. Durch die Fenster zeigte er auf die bis zum Horizont reichenden Felder, die »Rübenwüste«, wie er es in Reminiszenz an Kindheitstage nannte. Dann die Erklärung: Stets habe nämlich, so sein Vater ihm gegenüber, der Großvater den untrennbaren Zusammenhang zwischen dem Gedeihen der Frucht und dem wirtschaftlichen Wohl der Familie betont. Wenn die Ernte gut ausfiel, sei auch mit höheren Zulagen für die Söhne zu rechnen gewesen.

Es mutet einigermaßen merkwürdig an, dass ein so blitzgescheiter, weit über dem Durchschnitt Begabter wie Eberhard bis ins frühe Mannesalter sich wohl hinsichtlich der wirtschaftlichen Verhältnisse seiner Familie Illusionen hingegeben hat. Eine sich aufdrängende Erklärung kann die sein, dass er durch seinen Vater dazu jedenfalls nie intim ins Vertrauen gezogen worden ist. Demzufolge scheint er die ökonomische Leistungskraft der Güter in jungen Jahren überschätzt zu haben. Man stelle sich eine Gutswirtschaft jener Zeit vor: Zuallererst ist sie ein Wirtschaftsunternehmen, dessen Betrieb kaufmännisch auf sicheren Füßen stehen muss. Aus dem verbleibenden Gewinn muss die Familie versorgt werden. Dies wiederum bedeutet nicht nur, keinen Hunger zu leiden und ein Dach über dem Kopf zu haben, sondern man muss vor den Augen der Welt bestehen, »standesgemäß« auftreten, was seinen Preis hat, bis hin zu den unvermeidlichen Aufwendungen für die bauliche Unterhaltung von Schlössern, Parks und Gutshäusern. Mag sein, dass Eberhard in eine Umgebung hineingewachsen ist, die es vulgär findet, über Geld zu reden, in der man nicht darüber nachdenken muss, weil es eben »da ist«. Ein erster Aufschrei Bodenhausens wird für das Jahr 1896 dokumentiert. Die Realität holt den jungen Mann, der von Agrarkrisen, internationaler Konkurrenz und Preisverfall in der Landwirtschaft zu dieser Zeit wohl wenig weiß, ein. Nach seinem Ausscheiden aus dem Staatdienst im Frühjahr 1896 meldet der Regierungsassessor a. D. beim Vater einen monatlichen Unterhaltsbedarf von 1 000 M an, die ihm wohl auch ohne Zögern gewährt werden [30]. Im Sommer 1896 bricht Eberhard von Bodenhausen dann zu seiner geplanten Weltreise auf. Der junge Mann nimmt Japan und die Vereinigten Staaten in den Blick. Da trifft ihn ein Donnerschlag. An Harry Kessler, der sich zu dieser Zeit selbst in Übersee befindet, schreibt er aus London: »Ich habe wieder eine unangenehme Zeit mit meinem Vater gehabt, der mir die im Verhältnis zu seinen Besitzungen lächerliche Summe zur Reise wieder entzogen hat wegen absoluter Mißernten. Quälen Sie sich also nicht mit New-Yorker Empfehlungen. Es ist unerhört. Nun gehe ich im December bis Mitte Januar nach Paris und dann nach Spanien.« [90] Eberhard von Bodenhausen, der zuvor vier Monate in England zubringt, muss also auf die Reise in die Vereinigten Staaten wegen Streichung des väterlichen Kredits verzichten. Heftig und bar jeden Verständnisses wirkt die Reaktion des Sohnes. Ins Mark getroffen, auf's Äußerste erbittert, schimpft er wie ein Rohrspatz. Welch eine Katastrophe! Trotz seiner 28 Jahre glaubt man da noch einen unreifen, bockigen Jüngling zu hören. Er hat das harte Urteil über den vermeintlichen Geiz des Vaters später revidieren müssen.

Am Rockschoß des Vaters II: Zur herben Enttäuschung seiner Jugendjahre schlechthin gerät für Eberhard, dass ihm die Diplomatenlaufbahn verschlossen bleibt. Die Vermögensverhältnisse der Familie engen die Berufswahl ein. Zur Übernahme des heimischen Landratspostens drängt der Vater den Sohn mehr als einmal. Seine Zustimmung für einen Eintritt in den diplomatischen Dienst hingegen gibt er in weiser Selbstbeschränkung nicht. Das schlichte und verständliche Fazit der väterlichen Willensbekundung beruht darauf, dass die Bodenhausen dafür nicht wohlhabend genug sind. Standesgemäß wäre diese Laufbahn fraglos gewesen. Und hinreichend befähigt ist der junge Aristokrat allemal dafür. Neben dem Militär bildet der auswärtige Dienst in der Kaiserzeit eine Domäne des Adels. Der Posten eines Botschafters in Paris, St. Petersburg oder beim Heiligen Stuhl hätte einem Bodenhausen wohl angestanden. Aber es geht nicht, weil das Geld für eine solche Laufbahn fehlt. Das Salär des Dienstherrn beträgt ein Weniges dessen, was aufgewendet werden muss, um die repräsentative Stellung eines Gesandten oder eines Botschafters auszufüllen. Zuschießen eigenen Geldes ist Voraussetzung für eine derartige Berufung. Das ist unerlässlich und wird einfach erwartet, ohne, dass man darüber große Worte verliert. Nur ein Beispiel unter verschiedenen zur Begründung dieser These: Zwar verfügt ein Botschafter in den europäischen Metropolen über erhebliche finanzielle Mittel. Das allein reicht aber im Zweifel nicht aus, um ein »angemessenes Haus« zu führen und als Vertreter des Deutschen Reiches auch in der Außenwirkung mit den Diplomaten anderer Großmächte zu konkurrieren. Als Graf Otto von Stolberg-Wernigerode 1876 den Botschafterposten in Wien übernimmt, hält er sich »nach eigenem Urteil finanzkräftig genug« [16], um den Anforderungen zu genügen. Das Beispiel des Fürsten Philipp zu Eulenburg-Hertefeld und anderer zeigt, dass ein Diplomat in herausgehobener Stellung genötigt sein kann, auch den Kaiser als Jagdgast bei sich in der eigenen Häuslichkeit zu begrüßen [29, 38]. Unter diesem Aspekt muss ein kleiner Landadliger wie Eberhards Vater mit seinen vergleichsweise mäßigen Einkünften einfach passen. Hans Heinrich von Bodenhausen sieht das Problem, sein Sohn nicht. Wieder wirkt es befremdlich, dass ein so heller Kopf wie Eberhard von Bodenhausen überhaupt Erwartungen in diese Richtung hegen konnte. Aber er scheint sich ja auch in jungen Jahren über den Wert der Besitzungen des Vaters erheblich getäuscht zu haben.

Die Güter als Vermögenswert: Man braucht zur Prüfung dieser Frage nicht unbedingt Bilanzen. Die schriftliche Hinterlassenschaft des Eberhard von Bodenhausen gibt einigen Aufschluss darüber, dass ihn spätestens mit dem Antritt des Erbes nach seinem Vater die Realität eingeholt hat. Allerdings hat er zu diesem Zeitpunkt schon andere Geldquellen erschlossen, sodass es ihn hier nicht hart treffen kann. Wie schon mehrfach ausgeführt: Nicht jeder Großgrundbesitzer ist zwangsläufig reich. Als er dann aber das Erbe antritt, wirkt sein Fazit doch ernüchternd. Das lässt ein Brief Bodenhausens an Wilhelm Valentiner aus dem Februar 1914 [11] durchblicken und die Misere erahnen. Darin schilt er den Kunsthistoriker ein wenig dafür, dass dieser gelegentlich einer Konversation mit der »amerikanischen Freundin« Bodenhausens, Mrs. Mallory-Barron aus Rye im Staat New York, nicht die tatsächlichen Umstände richtiggestellt habe, erkennt aber an, dass wohl die stärksten Übertreibungen auf die wilde Fantasie der Amerikanerin zurückgehen dürften. Von »fabelhaften Reichtümern und von den grandiosen Schlössern und Palästen« [11], die Eberhard von Bodenhausen vorgeblich geerbt haben sollte, hatte sie schon ihm selbst gegenüber geschwärmt. Bodenhausen dazu amüsiert: »Sie bat gleich um die Zusendung von Photographien der Schlösser.« [11] Die Korrektur Bodenhausens hierzu bereinigt alle abenteuerlichen Vorstellungen: »Tatsächlich habe ich vier Güter geerbt, von denen zwei schuldenfrei, zwei aber sehr stark verschuldet sind, so daß ich mich als Verwalter fremden Eigentums betrachten kann. Das Einkommen aus den schuldenfreien Gütern würde mir ein sorgenfreies, aber außerordentlich bescheidenes Leben auf dem Lande ermöglichen, wobei ich noch kaum in der Lage wäre, mir ein paar Pferde zu halten. Nur auf zwei Gütern stehen denkbar bescheidene Wohnhäuser. Diese Häuser sind in einem derartigen Zustand, daß ich, um sie einigermaßen notdürftig am Leben zu erhalten, sehr große Ausgaben damit habe.« [11] Das mag zwar ein wenig im Gegensatz zu einer Bemerkung aus dem Jahr 1899 stehen, wonach er wohl allein den »ganzen Jahres-Reingewinn« seines Vaters aus dem Holzeinschlag in Degenershausen auf mindestens 60 000 M schätzt [11], allerdings wird es sich hier um eine Momentaufnahme handeln, die nicht das ganze Bild spiegelt. Es scheint, dass er sich einen Gesamteindruck wohl erst nach dem Ableben des Vaters hat machen können. So möchte man Eberhard von Bodenhausen unterstellen, dass er nach restloser Kenntnis der Zusammenhänge gegenüber seinem alten Herrn stille Abbitte getan hat. Es kann nicht anders sein, als dass ihm die Richtigkeit manch pekuniärer Entscheidung des Vaters spät aufgegangen ist. Den Besitz der Landgüter hat Bodenhausen wohl eher als Last denn als wirkliches Glück empfunden. Ganz im Sinne einer Bilanz lässt er seine Frau wenige Jahre vor seinem Tod wissen: »Meine Jugend haben diese doch wohl im wesentlichen unglückseligen Güter beschattet; nun beschatten sie mein Alter ...« [11]. Dem ist nichts hinzuzufügen.

STREBEN NACH WIRTSCHAFTLICHER UNABHÄNGIGKEIT – AUS DEN MITTLEREN JAHREN

Enttäuschte Hoffnungen: Das Quittieren des Staatsdienstes im Frühjahr 1896 und die beharrliche Verweigerung Eberhards, sich von seinem Vater auf einen Landratsposten lancieren zu lassen, hat auch finanzielle Gründe. Eine Verwaltungslaufbahn einzuschlagen, erscheint dem Sohn unattraktiv. Er wählt bekanntlich einen anderen Weg. Allerdings erfüllen sich die Erwartungen, die der junge Baron hegt, auch in seiner »ersten industriellen Phase« nicht. Die vielfältigen Aktivitäten Bodenhausens nach dem Übergang ins Geschäftsleben gestalten sich zu einer Abfolge dornenreicher Lehren und Einsichten; zu dem erstrebten sicheren Wohlstand für den nunmehrigen Ehemann und Familienvater führen sie nicht. Die Geschäftsführereinkünfte bei Tropon scheinen auch relativ gering gewesen zu sein, denn Eberhard setzt sich ein Limit für die Wohnungsmiete von 200 Mark und er will »weniger Bücher kaufen« [30]. Föhl beziffert die Einkünfte Bodenhausens in der Zeit kurz vor 1900 auf »weit unter zehntausend Mark im Jahr« [30]. Unklar ist, ob es sich dabei nur um die Einkünfte aus dem Engagement bei Tropon und van de Velde handelt. Inwieweit er zu dieser Zeit noch Leistungen des Vaters erhalten hat, bleibt auch unbeantwortet. Wie dem aber wolle: es ist gefühlt oder tatsächlich zu wenig. Deprimierend: Das Familienvermögen – das eben da ist, wie es ist, egal ob Eberhard faul in den Tag hineinlebt oder nicht – kann seine Ansprüche nicht befriedigen. Das ist ihm klar. Nun aber zu erfahren, dass auch angespannte und nervenaufreibende Tätigkeit nicht zwingend zu angemessenem Gewinn führt, muss niederschmetternd auf den jungen Mann wirken. Das betrifft nicht nur das unrühmliche wirtschaftliche Ende der Zeitschrift PAN, sondern auch andere geschäftliche Engagements (Tropon / van de Velde), die hinter den Erwartungen aus den verschiedensten Gründen zurückbleiben. Selbst die Eheschließung Bodenhausens mit der Gräfin Dorothea von Degenfeld-Schonburg hat aus ökonomischer Sicht nicht die ungeteilte Zustimmung von Eberhards Vater gefunden. Bekanntlich hält jener die ausgelobte Mitgift für zu gering [30]. Der Sohn geht eine standesgemäße Verbindung mit einer alten südwestdeutschen Familie ein – ganz ohne Frage. Zu einer diskret merklichen oder gar offenkundigen Verbesserung der wirtschaftlichen Lage Eberhards führt die Heirat nicht. Dieser Schluss wird zulässig sein, da Bodenhausen den Vater »um eine Zulage zur Absicherung der Familiengründung« [90] angehen muss – das Familienoberhaupt lehnt das Ersuchen ab. Immer deutlicher zeichnet es sich in der Zeit um die Jahrhundertwende ab, dass Eberhards Blütenträume nicht reifen werden. Ernüchtert muss er feststellen, dass die Ausübung einer leitenden wirtschaftlichen Tätigkeit allein kein Garant für ein vorteilhaftes Einkommen, kein Selbstläufer, ist. Wie nicht zum letzten Mal in seinem Leben beweist Bodenhausen Handlungsfähigkeit und reißt das Steuer herum.

Kunst und Geld: Der neue Kurs heißt: Unter Ausnutzung des gewaltigen kulturellen Erfahrungsschatzes, den er seit der PAN-Zeit angehäuft hat und wegen der Liebe zur Sache strebt er einen akademischen Abschluss in der Kunstgeschichte mit dem Ziel an, sich danach als Kandidat für eine Spitzenstellung im Kulturbetrieb des Deutschen Reiches ins Spiel zu bringen. Die Heidelberger Jahre gelten ihm später als die schönsten seines Lebens. So aber, wie sich die Dinge entwickeln, bleibt Bodenhausen auch während der Zeit in der Stadt am Neckar nicht von haushälterischen Dissonanzen verschont. Zwar gewährt ihm die »für sein atemloses Engagement« als gering empfundene Tropon-Abfindung von 18 000 Mark [30] einige Zeit lang finanzielle

Sicherheit. Aber parallele, fortlaufende Einnahmen fehlen. Dazu tritt der verfluchte Zwang wegen der Herkunft und der eigenen gesellschaftlichen Positionierung einen Stil zu pflegen, der dem angemessen ist. Die vorigen Beschäftigungen des für einen Studenten ja schon im fortgeschrittenen Alter Stehenden werden sich herumgesprochen haben. So nimmt es nicht wunder, dass ein Kommilitone, wie wir wissen, der Nachwelt den Eindruck überliefert hat, Bodenhausen müsse über »Beziehungen zur Großindustrie« verfügen, »um seine ziemlich hohen Lebensansprüche zu fundieren.« [11] Das Zitat von Benz ist jedenfalls in mehrfacher Hinsicht interessant. Zum einen: der Wesenszug des Elitären, der Eberhard anhaftet, ein jenseits der Norm liegendes Herausgehobensein, wird von der unbeteiligten Außenwelt wahrgenommen. Ob das nur die Fehlbeurteilung eines Moments oder eines auf genauerer Beobachtung beruhenden Gebarens ist, wird kaum zuverlässig zu beantworten sein. Zum anderen: die tatsächlichen wirtschaftlichen Verhältnisse Bodenhausens werden in dieser Lebensperiode fortschreitend prekärer, passen also zu der ins Schaufenster gestellten Alltagskultur nicht so recht. Das sind Umstände, die den Verdacht wecken, dass Bodenhausen durch die Ungunst der Verhältnisse sich bisweilen genötigt sieht, mehr zu scheinen, als zu sein; ein Aggregatzustand, der einem feinfühligen Menschen wie ihm wohl selbst am meisten zuwider gewesen ist. Die geselligen Kontakte zu Angehörigen der Familie der Großherzöge von Sachsen-Weimar, die in der Heidelberger Zeit »ziemlich regelmäßig« [90] stattfinden, erfordern einen gewissen Aufwand. Ein Besuch der Erbgroßherzogin in den Wohnräumen der Eheleute Bodenhausen widerspiegelt das Dilemma. Bodenhausen an Kessler: »Zum Frühstück können wir sie nicht gut einladen, weil in unserem ganz neuen und auf bescheidener Basis montierten Haushalt, das vorerst kaum gehen wird. Aber Thee kann sie bei uns haben, soviel sie will.« [90]

Schon in den Jahren ab 1903 fühlt er, dass die Mittel zur »Fundierung seiner ziemlich hohen Lebensansprüche« schwinden. Zwar ist er erfolgreich dabei, sich in der Welt der Kunst einen Namen zu machen, aber alle Aktivitäten führen nicht zur Stärkung seiner finanziellen Basis. Im Gegenteil: manche kosten noch Geld. Den Austritt aus dem Vorstand des Künstlerbundes im Frühjahr 1905 und die damit verbundene Amtsniederlegung begründet Bodenhausen ausdrücklich »auch mit den hohen Reisekosten« [90]. Seine Versuche, eine ihm genehme und ausreichend vergütete Position in der Kunstwissenschaft zu erlangen, scheitern bekanntlich. Mit untrüglichem Gespür wird ihm schon ziemlich zeitig die Gefahr bewusst, sozial abzustürzen. Im Januar 1903 öffnet er sich wegen quälender Sorgen gegenüber van de Velde. Seine ganze Zukunft scheint ihm »ziemlich dunkel« [11]. Ihm schwant schon, dass die Kunst beruflich keine bleibende Statt bieten wird und er irgendwann wieder »diese schrecklichen Geschäfte« [11] übernehmen muss. Da ist sie, die Angst, finanziell Schiffbruch zu erleiden. Und das will er nicht. Denn er weiß, »wie die Welt einen behandelt, wenn man plötzlich in kleine Verhältnisse gezwungen wird.« [11] Im Mai 1905 ist es dann so weit. Erneuter Alarmruf an Henry van de Velde: »Da meine Einnahmen von keiner Seite her größer werden und da in der Laufbahn als Kunsthistoriker nirgends für mich eine Stelle ist, die mich ernähren könnte, so bin ich gezwungen, buchstäblich gezwungen, eine Stellung in der Industrie zu suchen. Das ist schrecklich als Aussicht ...« [11]. Treusorgend, ganz Oberhaupt der Seinen, tröstet sich Bodenhausen damit, dass er das Unausweichliche nicht für sich, sondern für seine Familie tut. »Wäre ich allein, ich würde keinen Augenblick zögern, diesen Weg weiter zu gehen. Aber wegen der Kinder geht es nicht.« [11] Sehr bezeichnend für die abwägende Art Bodenhausens über einen so intimen Umstand wie Gelddinge mit Dritten zu kommunizieren, ist eine Auflage für den Empfänger van de Velde: »Bitte sprich nicht mit Keßler darüber, der solche Lage nicht verstehen kann.« [11] Diese Wochen und Monate der Ungewissheit lassen erkennen, unter welchen Seelenqualen sich Eberhard gewunden haben muss. Das wird durchaus bis hin zu dem Gefühl der Scham gegangen sein, sich zum Beispiel gegenüber dem Millionär Kessler zu seiner Lage zu bekennen; erst Wochen später schenkt er ihm reinen Wein ein. 1905 steckt Bodenhausen jedenfalls, was Einkommens- und Berufsaussichten anbelangt, in einer ausgewachsenen Krise. Gleichzeitig bietet sich aber eine Wegmarke, die in Richtung einer zunächst ungeliebten Profession weist. Bodenhausen nimmt den Pfad mutig auf, der ihn schließlich in das »Reich der Freiheit« führt.

DIE »ZWEITE INDUSTRIELLE PHASE«

Auf dem Weg: Dora von Bodenhausen erinnert an erste Berührungspunkte ihres Ehemannes mit der geheimnisvollen Welt von Buchführung und Rechnungswesen während der Studentenzeit. Als Sachwalter über die Finanzen des Corps Borussia sammelt Bodenhausen anfängliche Erfahrungen. Beim PAN, nun schon durch juristische Studien gestählt, gebührt ihm wesentlicher Anteil daran, dass die Kunstzeitschrift nicht alsbald an finanziellen Klippen zerschellt, sondern doch einige Jahre unter widrigsten wirtschaftlichen Umständen stolz die Kulturwelt durchsegelt. Von gewichtigerem Kaliber sind jedoch schließlich die Erfahrungen, die er bei Tropon und als betreuender Administrator der Geschäfte van de Veldes sammelt. Als Bodenhausen schließlich nach Heidelberg kommt, ist er mit Mitte dreißig schon ein erfahrener Praktiker in Wirtschaftsfragen. In den Universitätsjahren am Neckar muss er dann vorrangig die – relative – Misere der eigenen Finanzen verwalten, was deprimierend genug ist. Der letzte Versuch, das Schicksal zu zwingen und sozusagen die Kunst zu seinem Beruf zu machen, versandet. Tatsache bleibt dennoch, dass Bodenhausen im Zeitpunkt seines Übertritts in die Welt von Banken und Großindustrie auf einschlägige Vorbefassungen verweisen kann, die ihn für neue Arbeitgeber durchaus interessant machen. Im Sommer 1905 sind die Würfel geworfen: Simon [90] dazu: »Mit dem Wintersemester schloß B. sein kunstwissenschaftliches Studium ab; Berufsaussichten sah er jedoch keine. Da nützte er Verhandlungen, die er seines Freundes Schwerin wegen mit der Deutschen Bank führte, für seine eigene Stellung an dieser Bank in München. Spätestens im Mai wurde der Vertrag geschlossen, im Juni die Position eines Volontärs bezogen.«

Der Wechsel aus der Welt der Kunst ins beinharte Wirtschaftsleben wird Nahestehenden (außer van de Velde, der bereits im Bilde ist) – nach dem vollzogenen Schritt – bekanntgemacht. Umfang und Tiefe der Erklärungen lassen ein starkes Rechtfertigungsbedürfnis erahnen. Mitte Juni 1905 wendet er sich ausführlich an Kessler: »Du hast von vornherein an meiner kunstwissenschaftlichen Betätigung Interesse genommen und darum bist Du einer der ersten, der es erfahren muss, dass mir der Atem ausgegangen ist. Mit unveränderlicher Hartnäckigkeit bleiben alle Einnahmequellen, die sich mir im Lauf der Jahre hätten eröffnen sollen und nach aller Voraussicht eroeffnen *müssen,* hermetisch verschlossen und ich bleibe nach wie vor ganz allein auf mich selbst angewiesen. Selbst, wenn im Lauf der nächsten Jahre irgend welche kleine Museumsposten oder irgend welche Professur sich mir geboten haben sollte, so reicht das doch nicht zu, den wachsenden Anforderungen drei heranwachsender Kinder gerecht zu werden. Ich bin also gezwungen worden, all die Arbeit der vergangenen Jahre *vorläufig* als nutzlos zu betrachten und mit allen Mitteln nach einer lohnenden Anstellung zu suchen. Alles was sich mir bietet, zerrinnt mir unter den Fingern, sobald ich die Hand danach ausstrecke und ich bekomme ein immer lebendigeres Verständnis für die in der Tantalus-Sage niedergelegte Erfahrung. Umsomehr muss ich darauf hinarbeiten, endlich etwas zu fassen. Als ein mögliches Mittel dazu – es ist nur aus der Erfahrung heraus ganz zu umfassen, wie sehr ein Mensch ohne Geld in allen Geschäftskreisen als Geächteter und Aussätziger behandelt wird – erschien mir die Beschäftigung an einer Bank. Ich habe mir die Beziehungen zu Wolff zu Nutze gemacht und arbeite hier (zunächst ganz subalterne Dinge) in der Deutschen Bank. Wie und wo es dann weiter geht, lässt sich natürlich gar nicht übersehen.« [90] Benannter Alfred Wolff amtiert im Zeitpunkt der Einstellung als Direktor der Münchener Filiale der Deutschen Bank, ist bekannter Sammler bildender Kunst und Förderer von Henry van de Velde [30]. Das Echo der Freunde auf den Wechsel in die Wirtschaft klingt nicht begeistert. Bedauern allenthalben vielmehr. Kessler hält die Entscheidung für ein »vorübergehendes Aushülfsmittel« [90]. Hugo von Hofmannsthal hätte Bodenhausen lieber als Master eines Eliteinternats gesehen [10]. Aber: die Brücken sind verbrannt, es gibt nur den Weg nach vorn. Erste Spuren, zu werten als Lebenszeichen in der neuen Laufbahn, finden sich. Ende Juni 1905 wird ihm ein Brief Hofmannsthals zugestellt. Er vermerkt: »erhalten in München am 27.06.05 früh 7 Uhr; gerade als ich aufstehen wollte, um mich in meine Buchhaltungsabteilung auf der Deutschen Bank zu begeben.« [10] Den Freund lässt der Volontär Bodenhausen einige Wochen später wissen, dass er mit »bienenhafter Emsigkeit« auf der Bank arbeite und schon jetzt erkenne, dass seine Bemühungen »um eine gute Anstellung eine sehr viel ernstere Beachtung erfahren ...« [10]

Angekommen im »Reich der Freiheit«: »Frei will ich sein, frei von diesem elenden Gelde, und wenn ich Kaufmann bin – und ich bin es –, dann soll mir diese Gabe und all die große und die mit den Gütern verbundene Kleinarbeit zu nichts anderem *dienen*, als zur Freiheit von der Materie und zur souveränen Beherrschung alles dessen, was uns hier zu Knechten macht. Mein Instinkt hat mich getrieben zum Verdienen; dieser Instinkt aber wandelt auf den Höhen, wenn er sich sublimiert zur Befreiung von der Materie, nicht aber darin endet, daß das Verdienen zum Selbstzweck wird.« (Hervorhebung im Original – [11]) Mit dieser etwas pathetischen Suada zitiert Dora von Bodenhausen ihren Ehemann, indem sie auf eine nicht näher bezeichnete Briefstelle verweist. Bedauerlicherweise vermisst man ein Datum, das auf den Zeitpunkt dieser Äußerung Bezug nimmt. So kann das Bekenntnis ebenso gut aus den Tagen vor dem Gang zur Deutschen Bank und zu Krupp, als auch aus der Eintrittsphase bei Tropon knapp ein Jahrzehnt zuvor stammen. Aber es handelt sich ja auch um ein und dasselbe Problem. Eberhard von Bodenhausen will sich vom schnöden, als niedrig und vielleicht sogar entwürdigend empfundenen Erwerbszwang emanzipieren. Aber nicht um über dem Hort des erworbenen Schatzes mit blitzendem Auge wie ein Adler, der die junge Brut hütet, kreisend zu wachen, sondern um damit Gutes zu tun. Dass dazu zunächst einmal die eigene ökonomische Sicherstellung zählt, mag man ihm nicht vorwerfen. Erst, wer dabei mit sich im Reinen ist, wird nach außen segensreich wirken können. Bodenhausen lehnt sein Handeln, so möchte man meinen, an den Nietzsche-Satz an: »Freiheit sich schaffen zu neuem Schaffen.« [45] Es hat den Anschein, als ob Bodenhausen noch lange Zeit mit sich ringen muss, den jetzt unwiderruflich eingeschlagenen Weg vor sich selbst und anderen zu verteidigen. Denn der Wechsel in der Profession ist ja wohl tatsächlich das, was Hofmannsthal als »Übergang aus einem geistigen Beruf in einen nicht geistigen (Heidelberg-Krupp)« [11]. benennt. Sylvester 1908 – gelegentlich eines Neubeurer Treffens –

legt Bodenhausen ein Scherzgedicht vor, das in humoriger Weise seinen seelischen Zwiespalt offenbart. Auch nach 3 ½ Jahren »in der Wirtschaft« rumort es noch in ihm. Der im Text vorkommende »Dichter« ist natürlich Symbol für die Summe aller künstlerischen, kunsttheoretischen und die Künste fördernder Befassungen Eberhards und nicht wörtlich zu nehmen. Der Begriff stellt hier ein schlichtes Gleichnis für einen kunstbeflissenen, den Künsten mit ganzem Herzen ergebenen Menschen dar, wie Eberhard von Bodenhausen es zweifelsohne gewesen ist.

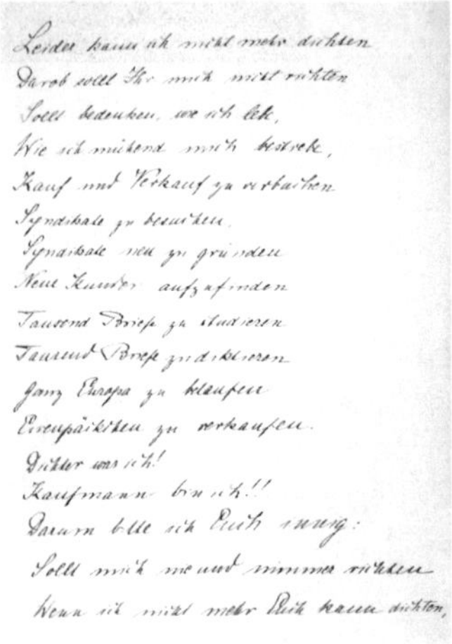

Scherzgedicht von Eberhard von Bodenhausen, Silvester 1908. Aus den Gästebüchern Schloss Neubeuern (Archiv Schloss Neubeuern)

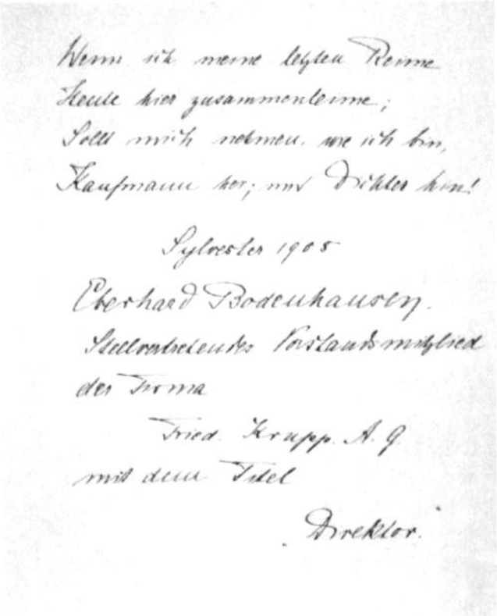

»Leider kann ich nicht mehr dichten, /
Darob sollt ihr mich nicht richten
Sollt bedenken, wie ich lebe / Wie ich mühend mich bestrebe
Kauf und Verkauf zu verbuchen / Syndikate zu besuchen
Syndikate neu zu gründen / Neue Kunden aufzufinden
Tausend Briefe zu studieren / Tausend Briefe zu diktieren
Ganz Europa zu belaufen / Eisenpärkchen zu verkaufen

Dichter war ich! / Kaufmann bin ich!!
Darum bitte ich Euch innig: /
Sollt mich nie und nimmer richten
Wenn ich nicht mehr Euch kann dichten /
Wenn ich meine letzten Reime
Heute hier zusammenleime;
Sollt mich nehmen wie ich bin
Kaufmann her; und Dichter hin.« [134]

Bodenhausen hat also (»Dichter war ich! Kaufmann bin ich!!«) auch verstandesmäßig einen »Rollentausch« vollzogen, der ihm gewiss nicht leichtgefallen ist. Allerdings werden die Zweifel mit der Zeit geschwunden sein, da der Schritt unausweichlich und auch von ihm gewollt gewesen ist. Schließlich, da dieses Kapitel explizit »Gott Mammon« zu seinem Gegenstand macht, muss festgehalten werden, dass Bodenhausen der Übertritt zur wirklichen »Großindustrie« im wahrsten Sinne des Wortes vergoldet worden ist. Wir reden hier von Größenordnungen des Einkommens wie sie in der Gegenwart etwa von Vorständen der »DAX-Konzerne« erzielt werden und die oft genug Gegenstand kritischer Betrachtung sind. Nach dem Eintritt in die Deutsche Bank nimmt man ab 1905 ein Einkommen von etwa 20 000 M jährlich an. 1911 soll er bei Krupp »das Fünffache«, also 100 000 Mark, verdient haben. Im selben Jahr »erhielt er vom Berliner Bankhaus Delbrück, Schickler & Co. ein Angebot mit dem Mindestverdienst von 250 000 M pro Jahr.« [90] Föhl [30] beziffert das Einstiegsgehalt bei Krupp 1906 auf 24 000 M jährlich. Derartige Einkommen, die mutmaßlich auch darauf beruhen, dass dem Gehaltsanspruch ein Anrecht auf Gewinnbeteiligung [5] zur Seite steht, können nur als außerordentlich eingestuft werden. Das Jahreseinkommen (!) von Arbeitern bemisst sich vor dem Ersten Weltkrieg auf etwa 1 000 M. Aber auch im Verhältnis zu den Gutbetuchten, zum Beispiel hohen Staats-

Büste von Eberhard von Bodenhausen
(Aus dem Nachlass von Reinhild Maxtone-Mailer mit Genehmigung des Erben)

beamten, stechen Wirtschaftsleute in Spitzenstellungen die ersteren aus. Wenige Beispiele: Das Grundgehalt eines Kommandierenden Generals, also des Chefs eines Armeekorps, beläuft sich 1908 auf 25 980 Reichsmark jährlich, ein Oberst erhält knapp 11 000 Mark [55]. Hier kann man ohne weiteres erkennen, dass selbst die Besoldungen im Rahmen einer erfolgreichen Militärkarriere, die man Eberhard ohne weiteres zugetraut hätte, nicht entfernt an die Vergütungen von Spitzenmanagern (wie man modern sagen würde) heranreichen. Das muss man wissen, um die Dimension der Entscheidung zugunsten von Banken und Industrie zu erfassen. Spätestens ab den Krupp-Jahren dürfen daher die Finanzen Eberhards als vollständig konsolidiert angesehen werden. Er kann nun in jeder Form standesgemäß auftreten, die Versorgung seiner anwachsenden Familie wird gesichert. Wirtschaftliche Unwuchten, die sich wegen des Erhalts der Familiengüter ergeben, vermag er auszugleichen. Schließlich kann er nun jenen Lebensstil pflegen, der es ihm erlaubt als Sammler und Mäzen aufzutreten. Die günstige Entwicklung der wirtschaftlichen Lage Bodenhausens hebt ohne Zweifel auch sein Selbstbewusstsein gegenüber Freunden und Bekannten, die von jeher besser gestellt sind als er. Bodenhausen hat sein Ziel erreicht. Für ihn gilt ab jetzt uneingeschränkt: »Die Macht der Herkunft, gepaart mit der des Geldes, fungierte um 1900 als Garant für Autonomie und Individualität.« [90]

10.

NEUE FREUNDE IN DER KULTURWELT (ab 1909). BODENHAUSEN ALS KUNSTFREUND, SAMMLER UND MÄZEN (ab 1894)

HINNEIGUNG ZUM DICHTERISCHEN ELEMENT

Im letzten Jahrzehnt seines Lebens rücken neue Persönlichkeiten in das Umfeld Bodenhausens ein. Merkwürdigerweise tritt er nun bevorzugt in Verbindung zu jüngeren Gliedern der schreibenden Zunft. Diese im literarischen Aufstreben begriffenen Wortgewaltigen kommen hinzu, alte Kontakte bleiben. Aber irgendwie kann man sich des Eindrucks nicht erwehren, dass doch manche Umstände verändert scheinen. Das Verhältnis zu Kessler wirkt teilweise distanziert, Hofmannsthal und van de Velde bleiben Eberhard zwar weiter in Freundschaft eng verbunden, haben sich aber zwischenzeitlich emanzipiert, sind im deutschen Sprachraum etabliert und wirken als Künstler von Rang jeweils auf ihren Betätigungsfeldern. Die demonstrative Liebe zu den bildenden Künsten gerät – so glaubt man wahrzunehmen – ein wenig in den Hintergrund. Diese wird nun eher im intimen Privatbereich zelebriert. Die frischen Bekannten, welche bisweilen zu nahen Freunden werden, sind Poeten, Dichter, Schriftsteller. Manchem Vertreter dieses Genres hat er vor langer Zeit durchaus reserviert gegenüber gestanden, hat deren Werke gelegentlich als »Scheußlichkeiten, Geschmacklosigkeiten, Taktlosigkeiten« [11] angeprangert. Nun, hier und heute, wachsen Bünde Gleichgesinnter, die jeweils auf die eine oder andere Weise auf die Vermittlung des Großkünstlers Hugo von Hofmannsthal zurückgehen. Zu nennen sind dabei vor allem:

RUDOLF ALEXANDER SCHRÖDER (1878–1962)

Herkunft und Leben: Der Dichter und Karikaturist, in Bremen geboren, kommt aus einer Kaufmannsfamilie. Als Künstler Autodidakt, hinterlässt er nicht nur ein schriftstellerisches Werk von Rang, sondern er wirkt auch über Jahrzehnte erfolgreich als Innenarchitekt. »Er richtet die Münchner Insel-Wohnung und zwei Luxusdampfer des Norddeutschen Lloyd ein, gestaltet Landhäuser und Gartenanlagen in Bremen, Hamburg und Berlin, entwirft Teppichmuster ebenso wie das Ratssilber in Bremen, malt den Damensalon, die Etage oder die Villa aus.« [109] Für ein von ihm entworfenes Ankleidezimmer erringt er auf der Weltausstellung in Brüssel 1910 eine Goldmedaille. Gleichzeitig gibt er einige Jahre mit Alfred Walter Heymel und Otto Julius Bierbaum eine Zeitschrift unter dem Titel »Die Insel« heraus, aus der der spätere bekannte Verlag hervorgeht. Zimmermann [109] über die frühen Jahre des Dichters: »Schröder entwickelt sich zu einem formsicheren Lyriker von großer Produktivität«. Der wirtschaftliche Erfolg als Designer und Innenarchitekt bei parallelem Anwachsen seines literarischen Schöpfertums irritiert selbst Nahestehende bisweilen. Hugo von Hofmannsthal im Februar 1908 noch mit einer Spur Herablassung an Harry Graf Kessler über den gemeinsamen Freund: »Ein wunderliches Geschöpf! und ist nun bald 30 Jahre alt! und bemalt die Nachttischchen alter Senatorsfrauen mit Rosen!« [21]. Kessler vertraut seinem Tagebuch schon 1905 an: »Manches erklärt sich durch Schröders unglücklichen Zwiespalt, dass er einerseits, wie mir Heymel sagt, nur Knaben liebt, andererseits doch noch so an den hergebrachten Anschauungen der biederen Bremer Patrizier festhält, dass er beständig in der Angst lebt, geklappt zu werden. Daher die Unfreiheit, das Scheue, die bewusste oder selbst suggerierte Impotenz seiner Natur.« [109] Es mag in der Tat sein, dass dieser Umstand den Künstler schwer belastet hat. Und dies ganz zurecht in einer Zeit, in der das Öffentlichwerden homophiler Neigungen neben strafrechtlicher Ahndung immer auch gleich die gesellschaftliche Ächtung nach sich gezogen hat. Zum Glück für den Künstler scheinen sich aber solche Risiken kaum verwirklicht zu haben. Eine Ausnahme erwähnt Zimmermann [109] für Brüssel 1918. Schröder hinterlässt ein breit gefächertes Werk, wobei der Schwerpunkt im lyrischen Fach liegt. Zugleich widmet er, der starke religiöse Bindung fühlt, sich dem Kirchenlied. Nicht zu vergessen sind die Klassiker des Altertums, die in der Übersetzung Schröders vorliegen, hier insbesondere die Werke Homers. Seine in der Übertragung der Odyssee sich äußernde Könnerschaft hat Schröder dann auch um 1910 herum [90] die uneingeschränkte Anerkennung im Kreis der Freunde gesichert. Die Ernsthaftigkeit, die Tiefe der Auseinandersetzung mit dem antiken Vorbild, das Ringen mit dem Stoff, kann man seinem »Homer und der Dichter« von 1926 entnehmen. In der Reihe der Homer-Übersetzer sieht er sich bescheiden nur als einer von vielen, »als der Fackelträger an der Straße, die der Genius auf seinem Weg durch die Jahrhunderte nimmt.« [82] Rudolf Alexander Schröder erreicht den Zenit allgemeiner Wertschätzung, verbunden mit einem gewissen Bekanntheitsgrad, in den Jahren nach dem Zweiten Weltkrieg, sammelt Ehrendoktorwürden, Preise und Orden. Außerhalb eines Fachpublikums scheint er aber heute fast vergessen zu sein. Die Ursache wird man darin finden, dass der Welt eine Leserschaft, welche noch wie selbstverständlich auf den Bildungskanon des klassisch-humanistischen

Gymnasiums zurückgreifen kann, abhandengekommen ist. 1962 ist der Dichter hoch betagt in Bad Wiessee verstorben.

Bodenhausen und Schröder: Die Bedeutung Schröders für das letzte Lebensjahrzehnt des Barons ist kaum zu überschätzen. Ein erster Kontakt der beiden lässt sich exakt auf den 11. März 1900 bestimmen. Hier treffen Schröder, Bodenhausen und Kessler in der Wohnung des Letzteren in Berlin-Kreuzberg aufeinander. Man verhandelt die beabsichtigte Fusion der Zeitschriften PAN und Die Insel. Ein Versuch, der bekanntlich scheitert. Kessler fällt zu diesem Zeitpunkt über Schröder ein geradezu vernichtendes Urteil. Zimmermann führt aus, dass sich Bodenhausen, der in diesen Jahren stark unter dem Einfluss des Grafen steht, wohl dessen Meinung angeschlossen habe [109]. Beide, sowohl Kessler als auch Bodenhausen, korrigieren diesen Eindruck, der damit vergängliche Fußnote, eine Momentaufnahme bleibt, später. Natürlich hat Schröder, der 1900 erst 22 Jahre alt ist, in der Folgezeit an Reife, Ausstrahlung und künstlerischer Statur gewonnen. Die neue Chronologie diesbezüglich beginnt im Herbst 1909: Hofmannsthal, der mit Schröder befreundet ist, schenkt Bodenhausen Schröders lyrische Werksammlung »Hama«. Es folgt die Lektüre des Bandes »Elysium«, die Bodenhausen in Verzückung zurücklässt: »Und ich habe einen *ganz* grossen Genuss von dem Elysium von Schroeder gehabt. Ich habe da, zum erstenmal bei ihm, den Eindruck eines allerersten Niveaus« [109]. Auch seinen »Homer« liest Eberhard »mit wirklichem Genuss« [109]. Intensiver Briefwechsel setzt alsbald ein, der besonders in den nahe anstehenden Kriegsjahren einen Grad von schier atemberaubender Vertraulichkeit erreicht. Echte Vertiefung der Beziehung hin zur Freundschaft bringen wohl die Neubeurer Wochen. »Nach dem zweiten Wiedersehen duzt man sich« [109]. Zimmermann erklärt dazu ganz richtig, dass die intime Nähe der beiden selbst bei Inrechnungstellung einer weitgehenden Interessenübereinstimmung in künstlerischen Fragen immer noch Züge des Außergewöhnlichen trägt. Hier der »überarbeitete und melancholische Industrielle und Familienvater, dort der heitere Dichter, Karikaturist und Architekt, homosexuell und alleinstehend« [109]. Auf Eberhard mag tatsächlich das »fröhlich-spöttische Naturell« Schröders [109] als Gegensatz zu ihm selbst anziehend gewirkt haben, auch ist im Ringen um die Freundschaft des Künstlers der Baron »der Werbende, der sich Bemühende« [109]. Man wird jedoch dabei im Auge behalten müssen, dass, wie seinerzeit bei Hofmannsthal auch, der unabdingbare Anspruch aller Gemeinsamkeit erfüllt ist: Er liebt das literarische Werk Schröders, was heißt, er achtet und anerkennt in ihm den wahren Künstler. Dies tut er so sehr, dass er mit einem Dichterwort Schröders begraben werden will. »Rudi«, wie Eberhard ihn im vertrauten Verkehr bald nennt, dankt es ihm noch nach dem Tode. Neben der Witwe entwickelt sich gerade der Dichter zum unentbehrlichen Helfer bei der Sichtung und Ordnung der schriftlichen Hinterlassenschaft Bodenhausens.

RUDOLF BORCHARDT (1877–1945)

Herkunft und Leben: Der Dichter entstammt einer jüdischen Berliner Bankiersfamilie [20] und wird in Königsberg geboren. Die Studien seiner Jugendzeit sind breit gefächert: Theologie, klassische Philologie, Archäologie, Germanistik und Ägyptologie [117]. Unbeschadet dessen, dass eine begonnene Dissertation nicht zum Ende gebracht wird, hat der junge Mann einen ungeheuren Schatz an Wissen angehäuft, der nach literarischer Verwertung drängt. Er verfügt »über hervorragende Kenntnisse mehrerer Sprachen und Literaturen« [20]. In die schriftstellerische Laufbahn tritt er um die Jahrhundertwende ein. Mit Schröder ist er von früher Zeit her bekannt. Er verehrt Hofmannsthal und Stefan George. Seine Lebensumstände wirken wenig bodenständig. Ein Zug des Unsteten haftet ihm an. Insbesondere das Verhältnis zwischen Hofmannsthal und Borchardt bleibt in der Stimmung schwankend und ist auch nicht vor ernsthaften Spannungen gefeit. Hofmannsthal 1907 an den Verleger Kippenberg über den Kollegen: er sei »eine höchst seltene und merkwürdige Mischung aus einem dichterisch veranlagten Individuum, einem genialen Philologen und einem Rhetor oder Journalisten von der außerordentlichsten Tragweite«, dabei jedoch ein Muster von »Unverlässlichkeit«. Borchardt hingegen bescheinigt Hofmannsthal 1912 »die Verlässlichkeit einer alten Hure« [20]. Man sieht, dass es die beiden miteinander nicht leicht haben. Dennoch führt Hofmannsthal voller Überzeugung 1918 gegenüber Bodenhausen aus: »Ein Mensch mit einem Geist wie der (sic) Borchardts kommt ja kaum alle dreihundert Jahre wieder« [20]. Mit einer Festschrift aus Anlass des 50. Geburtstages von Hofmannsthal verärgert Borchardt den Jubilar nachhaltig. Trotz letzter Treffen und Briefaustauschs im Todesjahr Hofmannsthals dauert wohl das Zerwürfnis fort, scheint das Verhältnis beschädigt. Borchardt heiratet zweimal, zuletzt 1920 eine Nichte von Rudolf Alexander Schröder. Dies führt zu einer vorübergehenden Entzweiung mit diesem, da der Onkel der Braut wohl die Verbindung nicht gutheißt [20]. 1921 geht Borchardt nach Italien, wo er schon vor dem Krieg lange Jahre gelebt hat und das ihm zweite Heimat wird. Am Ende des letzten Weltkrieges muss er sich von Italien trennen und stirbt 1945 in Tirol. Die Hinterlassenschaft Borchardts umfasst »Gedichte, Dramen, erzählende und autobiographische Prosa, historische Essays, Reden und Polemiken« sowie ein »ausgebreitetes übersetzerisches Werk«. Käsinger [43] zählt dazu auf: »... homerische Hymnen, Pindar und Platon, Horaz und Tacitus, die provenzalischen Troubadors sowie englische Dichter des 19. Jahrhunderts, lyrische Übertragungen zumeist, die sich um den erratischen Block seiner Eindeutschung der ›Divina Commedia‹ gruppieren«. Das Werk des Künstlers wirkt teilweise elitär, auch irgendwie sperrig, ist nie leichte Kost und am Publikumsgeschmack der Masse ausgerichtet gewesen. Die Literaturwissenschaft arbeitet sich bis heute an dem Dichter ab, was wieder sehr für ihn spricht.

Rudolf Borchardt. Aus den Gästebüchern von Schloss Neubeuern (Archiv Schloss Neubeuern)

Borchardt und Bodenhausen: Wie auch bei Schröder vermittelt Eberhards enger Freund Hugo von Hofmannsthal den Kontakt zu Borchardt. Die Bekanntschaft und spätere freundschaftliche Gesinnung wird auf die Jahre vor 1914 zurückgehen. An Intensität gewinnt die Beziehung aber wohl erst in den Kriegsjahren. Beide ziehen an einem Strang, sind wechselseitig an persönlicher Kommunikation interessiert, wenngleich die künstlerischen Ausdrucksmittel, der Stil Borchardts, nicht die ungeteilte Zustimmung Eberhards findet. Das Verhältnis erzeugt den Eindruck einer gewissen Ambivalenz. Auch, wenn er sich im Einzelfall begeistert über den Elan Borchardts äußert, beschleichen ihn bisweilen Zweifel: »Borchardt tut gewiss gut daran, sich nicht mehr um Politik zu kümmern, aber seine gespreizte Denkweise ist und bleibt unbehaglich.« [90] Kritik am Dichter behält Bodenhausen nicht für sich. 1916 bekennt er gegenüber seiner Schwägerin, dass er ihm »in der freundschaftlichsten Form« geschrieben habe, »daß sowohl Schluß als auch Einleitung seiner zweiten Rede (... ...) eine gewisse Eitelkeit ... nicht verkennen lasse, die bei einem so ungeheuer begabten Menschen restlos ausgebrannt werden müsse ...« [11]. Hohe Begabung weist Borchardt als Vortragender, als »Rhetor« auf. Als der Freund einmal vor Bodenhausen und Hofmannsthal feierlich Gedichte deklamiert, berührt Letzterer ihn an der Schulter und meint anerkennend: »Mein Lieber! Du solltest Dichter werden!« [11] Das Schicksal will es, dass 1918 es dem Schriftsteller und talentierten Redner vorbehalten bleibt, ein erstes, vorläufiges Fazit über das Leben Eberhards zu ziehen: »Rudolf Borchardt hat dem Toten den Gruß der Freunde ins Grab nachgerufen.« [11]

RUDOLF PANNWITZ (1881–1969)

Herkunft und Leben: Der Schriftsteller und Kulturphilosoph ist in einem Lehrerhaushalt in Crossen an der Oder geboren. Nach dem Studium in Marburg und Berlin wendet er sich der Reformpädagogik und Sprachstudien zu. Erste Verse erscheinen im Umfeld des George-Kreises. Mit Otto zur Linde gibt er 1904 die Zeitschrift »Charon« heraus. Ihn sollen charakterisieren: ausgeprägte Exzentrik, eine radikale Art, verbunden mit einer unkonventionellen Lebensweise [31]. Künstlerisch »versteht (er) sich als ein Schüler Nietzsches« und »wird von der Ästhetik Georges stark beeinflusst, dessen Schreibweise er auch übernimmt« [31]. Hofmannsthal steht in verschiedenen Phasen seines Lebens mit Pannwitz im Briefwechsel, besonders intensiv in den Jahren 1917 bis 1920. Dreh- und Angelpunkt der Beziehung des Dichters Hofmannsthal zu Pannwitz bildet die Veröffentlichung von dessen Werk »Die Krisis der europäischen Kultur« im

Sommer 1917. Als erstes Buch einer monumentalen Bilanz des Kulturverständnisses der Gegenwart, die unter dem übergeordneten Titel »Die Freiheit des Menschen« mehrbändig geplant ist, scheint es die Zeitgenossen außerordentlich aufgewühlt zu haben. »Vom ersten Moment an glaubt Hofmannsthal, ein epochales Werk in Händen zu halten.« [31] Im Kern geht es um Folgendes: Der Krieg offenbare eine Kulturkrise. Diese solle durch eine »kulturelle Renaissance für Europa« [31] überwunden werden. Es gelte, »ein europäisches Kulturimperium« [31] aufzurichten. Hofmannsthal entdeckt Parallelen zur eigenen Vorstellungswelt. Pannwitz verfolgt diesen Gedanken auch literarisch weiter. Das fernere Verhältnis Hofmannsthals zu dem irgendwie als enfant terrible empfundenen Künstlerfreund erlischt allerdings um 1920. Er soll die Verbindung zu dem nun »bösen Irren« [103] abgebrochen haben. Die Lebenswege von Pannwitz führen von Preußen über Österreich nach Dalmatien. Einer Vereinnahmung durch die Kulturpolitik des Dritten Reiches widersetzt er sich. Schließlich lässt er sich in der Schweiz nieder. Dort gelangt er in das engere Umfeld des Literaturnobelpreisträgers Hermann Hesse. Er stirbt im hohen Alter in Astano im Tessin.

Bodenhausen und Pannwitz: Über Hofmannstahl gelangt der dreizehn Jahre jüngere Künstler an Bodenhausen. Ersterer wird Eberhard zunächst auf die »Kulturkrisis« aufmerksam gemacht haben. Ende Februar 1918 gibt es ein persönliches Treffen zwischen Pannwitz und Bodenhausen [109]. Die Bekanntschaft mit dem Werk und dem Menschen Pannwitz muss den Freiherrn, der an Überlastung und fortdauerndem Kränkeln leidet, wunderbar belebt und beeindruckt haben. Seine Witwe findet noch ein halbes Menschenalter später für die eigentlich nur Monate andauernde Beziehung herzbewegende Worte: »Das letzte große Ereignis in Bodenhausens Leben war die Begegnung mit Rudolf Pannwitz.«

[11] Er wägt ernsthaft die Gedanken, die jener zur Regulierung der Zeitverhältnisse entwickelt, erörtert sie mit dem vertrauten Freund Hugo und macht sich zum Fürsprecher von Pannwitz. »Bodenhausens Bestreben war ..., die Ideen und politischen Vorschläge von Rudolf Pannwitz an die leitenden Stellen in Politik und Kriegführung heranzutragen. Dabei gab es Meinungsverschiedenheiten.« [11] Der Austausch der Argumente im brieflichen Verkehr zeigt nicht nur den auf merkwürdige Art überspannten Dichter, sondern er lässt genauso gut Schlüsse auf die Wesenswelt von Bodenhausen unmittelbar zu. Bisweilen neigt Rudolf Pannwitz in einem Maße radikalen Lösungen zu, die der Baron nicht gutheißen kann. So Eberhard im März 1918: »Für sehr gefährlich halte ich Ihre Behauptung, dass Lenin an die Idee glaubt und es auf alles ankommen läßt, und daß es geht. Nein, es geht durchaus nicht! Es läßt sich beim besten Willen nicht als erträglicher Zustand ansehen, daß jeden Tag Hunderte und Hunderte von Menschen auf der Straße hingemordet werden.« [11] Wie ließe sich das anders deuten, als Beharren auf einem Standpunkt der Humanität, als ein klarer Bescheid dahin, dass der politische Zweck eben nicht jedes Mittel heiligt? Im April 1918 warnt Bodenhausen den Freund, mit dem er scheinbar erfrischend über Politik und Wirtschaft streiten kann, dem er selbst Widerspruch nicht verübelt, vor Überspitzungen in der Sphäre der Ökonomie: »Man kann nicht ungestraft die wirtschaftliche Entwicklung von Jahrzehnten und Jahrhunderten plötzlich unterbrechen und etwas Neues an die Stelle setzen wollen.« [11] Es hat den Anschein, als ob manch wenig maßvoller Ideengang von Pannwitz schon vom Hauch der Revolution, von Umsturz und Veränderung durchweht ist. Hier versucht Eberhard ihn, soweit das bei einem störrischen Charakter möglich ist, im Sinne seines eigenen Verständnisses von Politik und Wirtschaft wieder auf den Boden zurückzuholen. Und warum dies? Niemand weiß besser als Bodenhausen,

dass mit Phantastereien, ja vielleicht noch solchen, die aufrührerisch gewandet daherkommen, bei den »maßgeblichen Stellen« des Reiches keine Wirkung zu erzielen ist. Die Pannwitz'sche Denkschrift »Deutschland und Europa. Grundriß einer deutsch-europäischen Politik« entsteht 1918 unter unmittelbarer tätiger Mitwirkung Bodenhausens.

BODENHAUSEN ALS KUNSTFREUND

Sein Kunstgeschmack: Für den Kultursoziologen Pierre Bourdieu stellt sich der Kunstgeschmack des Menschen nicht als individuelle Eigenheit dar, sondern ist stets gesellschaftlich determiniert. Geschmack rührt »immer von der Art her, wie jemand sozialisiert wurde und wie und in welchem Umfeld er sich bewegt.« [118] Dem ist uneingeschränkt zuzustimmen. Genesis und Formung der Kunstgesinnung Bodenhausens beruhen ohne Zweifel auf dem steten Umgang mit progressiven Künstlern und Intellektuellen seiner Zeit. Randbemerkung bereits an dieser Stelle: Fortschrittlicher, also »moderner« Kunstgeschmack paart sich bei Bodenhausen mit einer gefestigten adelig-konservativen Grundhaltung in den großen sozialen und nationalen Fragen der Zeit. Es ist durchaus kein unauflöslicher Widerspruch, manches künstlerische Produkt der Wilhelminischen Ära geradewegs zu verabscheuen und dennoch mit seiner ganzen Person für das politische System grundsätzlich einzustehen. Als Förderer der Moderne lehnt er in der Malerei, wie wir schon wissen, zum Beispiel den pathetisch gefärbten Fotorealismus eines Anton von Werner ab. Dessen Werke, und wohl erst recht die seiner Epigonen, dünken ihm »dem Gelächter der Nachwelt rettungslos verfallen« [11]. Manches Zeugnis einer brutalen Monumentalbaukunst des Kaiserreichs erweckt in ihm das kalte Grausen. Derartige Fehltritte geißelt Bodenhausen rücksichtslos als pure »Barbareien des Geschmacks«. So schimpft er über die Kapelle des Berliner Stadtschlosses und den kaiserlichen Sitz in Straßburg (heute Palais du Rhin). »Dieser Palast ist in seiner geschmacklosen Prunksucht neben dem neuen Reichspostamt in Berlin das Schlimmste, was das Reich bisher an Architektur geleistet ...«. Später: Einen »hundsgemeineren Raum als diesen Dom« (zu Berlin – d. V.) hat er noch nicht gesehen. »Alles falsch und unecht«. Die offiziell gelittene Kunst des Hohenzollernreichs ist jedenfalls nicht seine Kunst. Er hängt der vom Kaiser als »Rinnsteinkunst« [135] abqualifizierten, geschmähten neuen Richtung an, ein Umstand, der, nebenbei gesagt, auch wirklichen Bekennermut fordert. Was Bodenhausen von der Kunst im Übrigen erwartet, hat er in seiner schon erläuterten Programmschrift »Entwicklungslehre und Ästhetik« dargetan. Tragendes Element seiner Einstellung zur Kunst bleibt, dass echte Liebe zu deren Schöpfungen Voraussetzung und Weg zugleich ist, um diese »genießen« zu können. Wer also sich dem Kunstgenuss aus vollem Herzen hingeben kann, der entwickelt ganz zwangsläufig sicheres Stilgefühl und Urteilsvermögen. Wem das verwehrt bleibt, wem einfach Verständnis und Geschmacksbildung abgehen, der ist arm dran. Ganz böse wird es, wenn der wohlhabende Banause mit seinem Kunstbesitz prahlt und diesen vermehrten Reichtum anderen nur zeigen will, um zu blenden [11]. Jener entwickelt sich dann zum »Parvenu und Protz«, auf den Eberhard nur mit Bedauern und herzlicher Verachtung herabsehen kann. Eine Konzentration solcher Subjekte hat Bodenhausen verstärkt in der Reichshauptstadt identifiziert. Dort herrschen nämlich »die Berliner Protzen-Verhältnisse« [11]. In der Summe seiner Anschauungen darf sich Bodenhausen durch sein verehrtes Idol Goethe bestätigt sehen. Eckermann berichtet nämlich: »Überall, fuhr Goethe fort, sollen wir es mit dem Pinselstriche eines Malers oder dem Worte eines Dichters nicht so genau und kleinlich nehmen; vielmehr sollen wir ein

Kunstwerk, das mit kühnem und freiem Geiste gemacht worden, auch wo möglich mit eben solchem Geiste wieder anschauen und genießen« [27]. Aufschlussreich bleibt eine gedankliche Verknüpfung, die Eberhard von Bodenhausen zwischen dem Kunstgeschmack und dem Wesen eines Menschen in seiner Gesamtheit herstellt. Bezogen auf den vorstehend schon erwähnten Berliner Dom (»… dieses monströse Gebäude …«) stellt sich Eberhard eine prinzipielle Frage: »Wie unsauber muss es aussehen im Inneren eines Menschen, der solchen Raum als Umgebung einer sogenannten inneren Sammlung auch nur erträgt.« [11]

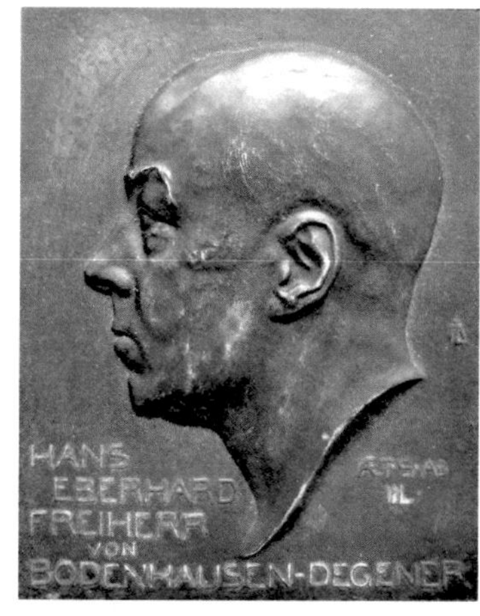

Halbrelief von Eberhard von Bodenhausen, Bronzeguss von Arthur Löwenthal, 19 x 15 cm, um 1917 (Sammlung von Christophe Freiherr von Meyern-Hohenberg)

Die Entwicklung des bildkünstlerischen Geschmacks von Eberhard von Bodenhausen stagniert nach den Heidelberger Jahren und dem Eintritt in die Welt des Kommerzes. Er bleibt eigentlich auf jene Stilrichtungen festgelegt, mit denen er noch innerlich engagiert mitgewachsen ist. Bei der Gemäldesammlung lebt er seine Vorlieben. Mit den heranreifenden Veränderungen im Publikumsgeschmack kann er wenig anfangen. Auch in der Literatur bleibt er den Schreibmoden treu, die ihn geprägt haben. Käsinger [43] verweist auf eine Episode: »Als Bodenhausen 1912 Graf Kessler gegenüber, der ihn auf zeitgenössische Dichter aufmerksam gemacht hatte, bekannte: ›Ich habe kein Verhältnis zu den sogenannten Expressionisten, Kubisten, Futuristen etc.‹, meinte dieser, die anstrengende Tätigkeit für die Industrie habe bei dem Freund den Kontakt mit dem wahren Leben abgetötet.« Man wird also möglicherweise ins Kalkül ziehen müssen, dass Eberhard, der etwa zehn bis fünfzehn Jahre an der Spitze des künstlerischen Fortschritts gestanden hat, dann auf diesem Niveau verharrt und nicht mehr ästhetische Richtungsänderungen nachvollzieht.

BODENHAUSEN ALS KUNSTSAMMLER

Sammeln? Wozu? Das von Bodenhausen verehrte Haupt der deutschen Dichtergilde, selbst äußerst erfahren im systematischen Anhäufen schöner und belehrender Dinge, bringt es auf den Punkt: »Zu jeder Liebe gehört eine Sammlung«, so lässt sich Goethe vernehmen [47]. Als rational ausgerichteter Typus verfolgt Bodenhausen mit dem Sammeln von Kunst einen bestimmten Zweck. Er möchte das Umfeld, in dem sich er, seine Freunde und seine Familie bewegen, angenehm gestalten. Billeter [8] beschreibt das als »eine verklärende Ästhetisierung seiner Lebenswelt«. Im PAN-Heft 3 von 1897 veröffentlicht Bodenhausen eine Schrift über Henry van de Velde, in der er bekennt: »Jeder, der künstlerisches Empfinden in sich trägt, weiß, in welchem Grade er von seinen vier Wänden abhängt; wie eine unharmonische Umgebung, die meist nichts anderes ist als der Ausdruck eines inferioren Tischler- und Tapezierergehirns, auf seine eigene Stimmung entkräftend wirkt; und wie andererseits die vollendete Harmonie des Äußeren eine gleiche Harmonie im Inneren hervorruft, so daß die Kunst in diesem Sinne nicht nur eine Erhöhung des Lebensgenusses, sondern auch des Lebenswertes ... bedeutet.« [8] Schmückende Werke, die zueinander »passen« müssen, in den eigenen »vier Wänden« zu platzieren und zur Wirkung zu bringen, dünkt ihm selbst als Kunst. Gerade für das Gebiet der Malerei hat Bodenhausen ein beinahe abnorm sensibles Fühlen entwickelt. So verletzt es seine ästhetische Empfindlichkeit grausam, wenn er gelegentlich eines »musikalischen Abend(s) bei Frau Begas« in Berlin eine spanische weinende Madonna im Salon hängend sehen muss, die doch ausschließlich in eine Grabkapelle gehört! [11] Mit sich selbst geht er ebenfalls hart ins Gericht, wenn er 1899 einmal verrät, auch sein Zimmer sei »Barbarei« und er habe sofort Gemälde umgehängt, um die gebotene Stimmigkeit herbeizuführen. Das ist im Sinne seines Verständnisses, wozu ihm Malerei dienen soll, nur konsequent.

DIE GEMÄLDESAMMLUNG

Seit den PAN-Tagen, wohl auch durch geistige Vermittlung Kesslers, steht Bodenhausen der französischen Gegenwartsmalerei nahe. Im »Neo-Impressionisten-Heft« der Publikation (Jahrgang IV 1898, Heft 1) wird ein Aufsatz von Paul Signac (1863–1935) eingestellt. Im August 1903 werden auf Initiative Kesslers in Weimar deutsche und französische Impressionisten, darunter Cross, Denis und Signac, in einer Aufsehen erregenden Schau dem interessierten Publikum präsentiert. Simon [90]: »Signac wurde der Lieblingsmaler Bodenhausens, der später eine große Sammlung seiner Werke besaß.« Von Billeter [8] liegt eine erschöpfende Beschreibung der Bodenhausen-Kollektion vor. Nach 1900, so dieser, habe sich Bodenhausen »mit Konsequenz« dem Aufbau der Sammlung gewidmet, dies sehr abhängig von der Entwicklung der eigenen wirtschaftlichen Verhältnisse, die wir schon kennen. Folge: »Als Bodenhausen schließlich selbst Mittel und Position besaß, um für die Propagierung des Neoimpressionismus aktiv werden zu können, gehörte diese Stilrichtung längst nicht mehr zur Avantgarde.« [8] Der Katalog der Sammlung [8] weist 23 Gemälde und Aquarelle von Signac auf. An zweiter Stelle befinden sich 14 Werke von Henri-Edmond Cross im Bestand. Hinzu treten art-

Gemälde von Maurice Denis aus der Sammlung Bodenhausen, nachmalige Eigentümerin Reinhild Maxtone-Mailer
(Foto vom Original: Reinhard Käsinger)

verwandt noch Werke von Maurice Denis, Andre Derain, Pierre Bonnard und Aristide Maillol. »Werke dieser Maler«, so Billeter [8] dazu, »machen Bedeutung und Qualität seiner Kollektion aus.« Nicht ohne Stolz auf seine »Franzosen« Eberhard an Max Gold im Sommer 1915: »Sie haben meine Sammlung gesehen und haben feststellen müssen, dass sie, mit Ausnahme einiger Pastelle von Ludwig von Hofmann, ausschließlich aus Franzosen besteht.« [8] Unter den Nichtfranzosen, die zur einen oder anderen Zeit in der Sammlung hängen, sollen lediglich Edvard Munch und Max Liebermann (je drei Werke) genannt werden. Auch Bodenhausen selbst und seine Familie werden ab und an Objekt künstlerischer Spiegelung. Zu nennen sind hier die gelungenen Werke von Theo van Rysselberghe, der Dora und die Kinder porträtiert. Mit dem eigenen Bildnis hat Bodenhausen, vom bekannten Porträt Edvard Munchs abgesehen, weniger Glück. Max Liebermann scheitert 1916 an dieser Aufgabe. Das geschaffene Pastellbild mag hingehen. Die Ölskizze soll auch besser sein, das »ganzfigurige Bildnis« [8] in Öl hingegen wird als »total missglückt« beschrieben. Noch seine

Zeichnung von Paul Signac, Mont St. Michel, 1895 (?) aus der Sammlung Bodenhausen, nachmalige Eigentümerin Reinhild Maxtone-Mailer (Foto vom Original: Reinhard Käsinger)

Witwe »war nicht in der Lage es ... aufzuhängen, nicht nur der Unähnlichkeit wegen mit der schrecklichen Hand, sondern überhaupt als einfach kein ansprechendes Porträt« [8]. Mit seiner Kollektion, besonders wegen der französischen Neoimpressionisten, gehört Bodenhausen zur deutschen Sammlerelite. Mit gleicher Passion wie er selbst, füllen Kessler, Mutzenbecher, Schwerin, Alfred und Hanna Wolff, Alfred von Nostitz, Hofmannsthal und van de Velde [8] ihre Kunstsammlungen auf. Alle sind Liebhaber derselben Materie und untereinander persönlich bekannt, wenn nicht gar eng befreundet. Die Gemälde dienen der intimen Erbauung ihrer Eigentümer, sind gewöhnlicherweise nicht Gegenstand öffentlicher Betrachtung. So wird 1912 über die vorübergehende Abgabe von Gemälden für eine Ausstellung diskutiert. Bodenhausens Meinung, der er die Tat folgen lässt [11]: »Ich halte es aber doch für richtig, dass wir

Zeichnung des Neoimpressionisten Théo van Rysselberghe – Geschenk des Künstlers an Eberhard von Bodenhausen 1906, nachmalige Eigentümerin Reinhild Maxtone-Mailer
(Foto vom Original: Reinhard Käsinger)

wenigen Menschen, die diese Dinge gesammelt haben, sie auch anderen zugänglich machen, sobald die Gewähr dafür gegeben ist, dass die Vorführung eine würdige ist.« [8] Aus dem Hochgefühl des Besitzes, in klarem Wissen, dass es sich dabei um ein Privileg handelt, das nicht vielen Sterblichen zuteil wird, anerkennt Bodenhausen sogar, dass daraus eine ethische und soziale Verantwortung abgeleitet werden darf. Die Sammlung ist heute in alle Winde zerstreut. Der Tod des Schöpfers der Kollektion, das Erlöschen der Linie im Mannesstamm und zwei staatliche Zusammenbrüche haben das ihrige getan. Eine bemerkenswerte Fußnote: Unter anderen ist ein späterer Eigentümer des Signac-Bildes »Le Pin de Bertaud« um 1990 herum der französische Schauspieler Alain Delon [8]. Nach einer Sothebys-Schätzung von 2017 bewegt sich der Wert des Gemäldes heute zwischen drei-

Théo van Rysselberghe beim Porträtieren der Familie Bodenhausen auf Schloss Neubeuern. Foto aus dem Jahr 1910
(Archiv Schloss Neubeuern – Gästebücher Schloss Neubeuern)

einhalb und fünf Millionen Dollar [139]. An welchem Ort wann welche Teile der Gemäldesammlung präsentiert worden sind, bleibt weitgehend Spekulation. Annehmen möchte man, dass sich der Kern dieser seit 1912 in Degenershausen befindet. Erhebliche Teile werden aber auch stets im Essener Domizil vermutet werden müssen.

BODENHAUSEN ALS MÄZEN

Ein Leben lang hat sich Eberhard von Bodenhausen als Förderer und Unterstützer bedürftiger Künstler verstanden und betätigt. Die Vergabe solcher freigebigen Hilfen steht für ihn zwangsläufig in enger Beziehung zur eigenen wirtschaftlichen Lage. Als er selbst um die ökonomische Sanierung ringt, sind die Beiträge, die er leisten kann, gering, aber dafür vielleicht sogar besonders wertvoll. Als Ausgangspunkt dürfen auch hier die PAN-Jahre angesetzt werden. In dieser Zeit, in der offenes Elend noch viel gegenwärtiger als heute ist, taucht er tief ins Milieu ein. Seinen Einsatz für die Genossenschaft PAN rechtfertigt er im Sommer 1894 gegenüber seinem Vater Hans Heinrich wohlgemerkt auch mit der sozialen Lage vieler Künstler, die er verbessern möchte. In einem Brief tut er kund, dass er »unter anderm einem jungen Bildhauer, den ich in einem Keller dem Verhungern nah auffand, so viel Bestellungen nach und nach verschafft habe, daß seine Existenz zunächst gesichert erscheint ...« [11]. Kulturgeschichtlich bedeutend ist ebenfalls, dass Eberhard zu den ganz frühen Förderern von Edvard Munch zählt. Die Einführung des skandinavischen Meisters der frühen Moderne in Berlin wird von Tumulten (Auseinandersetzung mit Anton von Werner) begleitet. Neben anderen erwirbt auch Bodenhausen Munchs Kunst und sichert so dessen Überleben in der Fremde [40]. Im Sommer 1894 bedankt sich Munch für 150 Mark im Voraus. Der Maler: »Es wird mich sehr helfen.« [132] Dass Bodenhausen in diesen Jahren selbst nicht gut bei Kasse ist, ahnt man, denn er lässt Munch wissen: »Ich hatte damals gesagt, ich wollte für das zu malende Bild 400 M. geben, in kleinen Raten.« [133] Dem bedeutenden deutsch-polnischen Schriftsteller Stanisław Przybyszewski ermöglicht er durch seine Gaben eine Zeit lang Sicherheit im Schaffen. Jener teilt im Frühjahr 1895 mit: »Mein zweiter Roman aus der Serie ›Homo Sapiens‹ ist also fertig. Ich habe nur Ihrem Geld zu verdanken, dass ich ihn fertig schreiben konnte ...« [11]

Der Übergang zur Großindustrie schafft dem Mäzenatentum Bodenhausens einen erweiterten Rahmen. Möglich, dass er im Einzelnen nun auch mit Geld großzügiger zu helfen vermag. Allerdings entsteht der Eindruck, dass sich der Charakter der Unterstützungsleistungen für Künstler wandelt. Eberhard gehört nun zu den Männern, die über verzweigte Netzwerke von Beziehungen bis hinein in die Politik verfügen. Wen er fördern will, den empfiehlt er weiter, den unterstützt er, damit seine Kunst ein Publikum bekommt. Auch das schafft Künstlern neue Erwerbsmöglichkeiten. An einem Beispiel kann man ablesen, dass Beistand aber nicht wahllos, etwa ohne rechtes Maß, gewährt wird. Als Pannwitz das beklagenswerte Schicksal seines vormaligen künstlerischen Weggefährten Otto zur Linde schildert, weist Bodenhausen – praktisch drei Wochen vor seinem Ableben – das Begehren des neuen Freundes zurück. Da nützt auch kein Rekurrieren auf Nietzsche, mit dem Pannwitz den Baron ködern will. Bodenhausen: »Ich bin zu tief verwurzelt in Nietzsches Licht-Ethik, als daß ich es nicht als geradezu unsittlich empfinden müsste, einer so düsteren Figur in irgendwelcher Form mittelbar oder unmittelbar zu Hilfe zu eilen. Eine solche Figur, die fallen will, soll und darf man in ihrem Fallen nicht aufhalten.« [11] Ein hartes Urteil, das erkennen lässt, dass auch der gute Wille des Barons irgendwo Grenzen hat. Dass sich Bodenhausen unter Absehung vom Einzelfall aber mit Blick auf das Ganze bewusst als Lobbyist der lebenden Künstlerschaft versteht, sich zu deren Fürsprecher selbst in Kriegszeiten macht, kann man einem Brief an den Finanzstaatssekretär Helfferich entnehmen. [11]

11.

EIN WIRTSCHAFTSKAPITÄN: BODENHAUSENS ENGAGEMENT BEI KRUPP UND GROSSBANKEN. POLITISCHE AMBITIONEN? (ab 1905)

Lange Jahre nach Eberhards Tod tritt der vormalige Freund Harry Graf Kessler mit einer viel besprochenen Rathenau-Biographie in das Licht der Öffentlichkeit. In dieser seziert er nicht nur meisterlich die tosenden Seelenstürme des – von Bodenhausen wenig geschätzten – Großindustriellen Walther Rathenau, sondern gewährt auch nähere Einblicke in die wirtschaftlichen Zustände vor dem Weltkrieg. Er zitiert aus einem Aufsatz Rathenaus vom Jahr 1909: »Dreihundert Männer, von denen jeder jeden kennt, leiten die wirtschaftlichen Geschicke des Kontinents.« [45] Nun ist klar, dass der Biograf seinen »Helden« Rathenau völlig richtig und widerspruchsfrei zu dieser Gruppe zählt. Aber auch dem verblichenen Freund räumt er eine Stelle ein, in dem er über Rathenaus wirtschaftliche Kontakte ausführt: »In seinem noch vorhandenen ›Tagebuch über die Jahre 1911–1914‹ kehren auf jeder Seite wie die Wochentage im Kalender die Namen der großen Wirtschaftsführer jener Jahre wieder: Carl Fürstenberg, Fürst Henckel, Franz von Mendelssohn, Salomonsohn, Paul von Schwabach, F. von Guilleaume, Krupp-Bohlen, Eberhard von Bodenhausen, Klöckner, Ballin, Hagen, Stinnes. Nicht lockerer, sondern immer dichter wird das Netz zweckhafter Beziehungen.« [45] Man muss nicht darüber streiten, ob Kessler nun Bodenhausen in die Gruppe der »300« aufgenommen wissen will oder nicht. Anzunehmen wäre es – und wenn nicht, steht er zumindest unmittelbar am Rande dieses Kartells der Mächtigen. In jedem Falle ist er ein immanenter Bestandteil des bezeichneten »Netzes zweckhafter Beziehungen«, das die europäischen Großkonzerne untereinander verbindet.

BERUFLICHE TÄTIGKEIT SEIT DEM ZWEITEN ÜBERTRITT IN DIE WIRTSCHAFT

Nach etwa einjähriger Tätigkeit als Volontär bei der Deutschen Bank in München tritt Bodenhausen am 1. Mai 1906 bei Krupp ein [90]. Welche Fähigkeiten Bodenhausens Arbeitgeber an ihm mutmaßlich schätzen werden, offenbart er ungewollt gelegentlich einer belanglosen Episode. Zum einen hat er ganz zweifellos in der Vergangenheit selbst Fehler wirtschaftlicher Natur begangen. Die unguten Erfahrungen der vorherigen Unternehmungen PAN, Tropon und van de Velde haben ihn lernen und reifen lassen. Zum anderen verfügt er heute über eine durch Verbindung konsequenter Analyse mit zielstrebiger Schlussfolgerung geprägte Durchsetzungskraft. Der Autor möchte meinen, dass Bodenhausens Credo, wie man Probleme lösen soll, aus einem putzigen, aber gleichwohl ernst gemeinten Hinweis an Hofmannsthal, spricht. Ausgangspunkt: der Dichter kann nicht dichten, wenn sein Arbeitszimmer nicht durch die Sonne aufgewärmt wird. Bodenhausen wie eine besorgte Mutter zum kränkelnden Kleinkind: »Hugo, man kann darüber nicht einmal diskutieren. Es muß falsch sein, es muß Dich schwächen, wenn Du jeden Tag ausschaust, ob die Sonne scheint. Bei 9° natürlich kannst Du nicht sitzen. Kannst Du Dein Zimmer nicht heizen, so ist das ein elementarer Fehler in der ganz äußerlichen Organisation Deines Lebens und dieser Fehler muß mit Entschlossenheit und sofort behoben werden« [10]. Wir glauben, dass man sich Eberhard von Bodenhausen auch als Wirtschaftsführer genauso vorstellen darf, organizistisch denkend, scharf Streitfragen auslotend und zupackend. Dass er es mehr als ein Jahrzehnt in den Gefilden der Großindustrie aushält, stärkt eine solche These. Aber er hat auch einen Preis zahlen müssen. Letztlich erweist sich dieses Feld zumindest für die ersten Jahre als zermürbende Knochenmühle. Immer bleibt es Abwägungsfrage: Für eine gesicherte materielle Existenz geht Eberhard einen Pakt ein, der ihn bindet. Aber selbst Hofmannsthal, dem das reale Wirtschaftsleben doch stets recht fremd bleibt, ist erleichtert, wenn er den nunmehrigen Status würdigt und mit dem zuvor in Heidelberg vergleicht. Zwar würde man sich wegen des erhöhten Tätigkeitsanfalls noch weniger sehen als bisher, aber man kann »leichteren Herzens zu Dir kommen, als in den letzten Jahren, wo Unruhe und Sorge Dich keine Stunde froh werden ließ.« [10]

IM DIENSTE DES UNTERNEHMENS KRUPP

Ein leitender Angestellter vermittelt für das Jahr 1908 ein Bild von Bodenhausen und vertraut es seinen Aufzeichnungen an: »Der greise, halbblinde kaufmännische Direktor für Friedensmaterial, und neben ihm sein Nachfolger, eine auffallende Erscheinung, auf den ersten Blick sympathisch und an diesem Ort fremd wirkend. Majoratsherr, Bonner Preuße, Bonner Königshusar, sagt Direktor E. von ihm, aber er war viel mehr, nämlich ein Mann von bestem Geschmack und hoher Kultur, Freund Hofmannsthals, der neo-impressionistischen Maler und vieler anderer Künstler und Dichter, Gegner von allem, auf allen Gebieten, was man als wilhelminisch bezeichnen kann. Wir kamen sofort in freundschaftlichen Kontakt.« [71] Leicht zu erkennen, Bodenhausen ist der Nachfolger. Bemerkenswert an dieser Skizze sind zwei Umstände: als einer soll gelten, dass sich also Interessen und Kunstgesinnung des Barons schon in der Chefetage herumgesprochen haben, der andere ist der, dass Eberhard zuvorderst den Eindruck macht, als gehöre er eigentlich nicht in diesen Kreis hinein. Das lässt wieder den Schluss zu, dass sich Bodenhausen Rang und Stand im Kollegium der Krupp-Direktoren erst hart erkämpfen muss. Nichts fällt ihm in den Schoß oder wird ihm geschenkt. Da wird denn auch eine Äußerung von Dora von Bodenhausen verständlich. Mit Grausen gedenkt sie noch 1928 der frühen Zeiten bei Krupp und erklärt schlankweg: »... die ersten Jahre in Essen waren eine Hölle ...« [109].

KRUPP-DIREKTOR

Das 1903 in eine Aktiengesellschaft umgewandelte Großunternehmen Krupp genießt in der Wirtschaftsgeschichte einen geradezu legendären Ruf. Der Aufstieg vom namenlosen Fabrikanten zum sprichwörtlich gewordenen »Kanonenkönig« hat sich in drei Generationen vollzogen. Wirtschaftliche Macht und politischer Einfluss paaren sich bald. Als Eberhard von Bodenhausen zum »Kruppianer« mutiert, gehört das Unternehmen ohne Zweifel zu den bedeutendsten Konzernen der Welt. Sein formaler, äußerer Werdegang bei Krupp: Im Mai 1906 tritt er als Assistent des Direktoriums ein und wird im November 1908 »zum stellvertretenden Direktor befördert« [46]. Im Mai 1910 erhält er die Direktorenstelle des zuvor verstorbenen Adolf Schmidt. Die Zahl der amtierenden Direktoren beläuft sich auf ein knappes Dutzend. Die Funktion eines Direktors behält Bodenhausen bis Ende 1916. Als Austrittsdatum aus dem Vorstand wird vermerkt: 1.1.1917 [46]. Im Dezember 1917 rückt Bodenhausen in den Aufsichtsrat des Unternehmens ein. Diesbezügliche andere Datierungen bei Simon [90] scheinen insoweit unzutreffend.

Porträt von Eberhard von Bodenhausen, um 1912
(Archiv Schloss Neubeuern)

Das Direktorium der Fried. Krupp AG, also der geschäftsführende Vorstand, gliedert sich um das Jahr 1908 herum in die juristischen und verwaltenden Dezernate, die gesonderte Werkleitung für das Grusonwerk Magdeburg, in die kaufmännischen und die technischen Dezernate [46]. Zwei kaufmännische Dezernate existieren, eines für »Kriegsmaterial« und eines für »Friedensmaterial«. Die Verantwortung für letzteren Bereich trägt ab 1910 Bodenhausen. Er wird Kaufmännischer Direktor für Friedensmaterial. Keßler [46] beschreibt die inhaltliche Tätigkeit wie folgt: »Kaufmännische Leitung in Bezug auf sämtliches Friedensmaterial, insbesondere Ein- und Verkauf, Spedition der eingehenden Waren und Fabrikate, geschäftlicher Verkehr mit Vereinigungen, Verbänden usw. und mit den Vertretern der Firma (für Friedensmaterial), Kassenverkehr und Verkehr mit Banken.« [46] Der Direktor verfügt über nachgeordnetes Leitungspersonal, das aus dem stellvertretenden Direktor, einem Prokuristen und einem Assistenten besteht [46]. Eine Innenansicht von dritter Seite dazu: »Ich arbeite mich beim Friedensmaterial ein und nehme Platz im Zimmer meines Freundes v. B.(odenhausen – d. V.) ... Hier werden Wellen, Kurbeln, Radsätze, Bandagen, Schmiedestücke bestellt und Stahlsorten verkauft, hier beschäftigt man sich mit dem Stahlwerksverband und anderen Gemeinschaftskontoren, baut man ein Netz von inländischen Händlern aus und hat nicht mit ausländischen Regierungen (wie beim Kriegsmaterial – d. V.), sondern mit Eisenbahnverwaltungen, Lokomotivfabriken und Geschäftshäusern zu tun.« [71] Dienstsitz in Essen ist das neue Hauptverwaltungsgebäude mit seinem charakteristischen Turmbau, das »in wesentlichen Teilen verfehlt angelegt worden ist und der Raumnot nicht abgeholfen hat« [71]. Im Detail: »Ein Rundgang im ersten Stock ... Das ganze Direktorium haust

Direktorium und Aufsichtsrat der Friedr. Krupp AG, Gemälde von Hubert Herkomer aus dem Jahr 1913, linke Seite v. l. (Auswahl) im Vordergrund stehend Stellvertr. Aufsichtsratsvorsitzender August von Simson, dahinter stehend Alfred Hugenberg / rechte Seite (Auswahl) im Vordergrund stehend Aufsichtsratsvorsitzender

Gustav Krupp von Bohlen und Halbach, (über den Stuhl gebeugt) Stellv. Aufsichtsratsvorsitzender Tilo von Wilmowsky (fünfter von rechts), dahinter (vierter von rechts): Eberhard von Bodenhausen (Historisches Archiv der Alfried Krupp von Bohlen und Halbach Stiftung, WA 16 l/99)

hier zusammen. Ein Direktor in seinem großen Zimmer hat meist nebenan seinen Assistenten und einen Privatsekretär.« [71] Eine Zugabe: »Auto und Chauffeur sind inzwischen seitens der Firma jedem Direktor zur Verfügung gestellt.« [71] Damit werden die äußeren Arbeitsbedingungen am Sitz der Firmenzentrale, wie sie Bodenhausen antrifft, in etwa ausgemalt sein. Zur Stellenbeschreibung des Krupp-Direktors im kaufmännischen Sektor gehört auch, sich stets auf Reisen zu befinden und Kontakte pflegen. Das geht nicht nur Eberhard so. Der in vergleichbarer Funktion arbeitende Direktor Eccius vom »Kriegsmaterial« besucht innerhalb eines halben Jahres Biarritz, London, Haag, Paris, Wien, St. Petersburg und Konstantinopel [71]. »Kriegs- und Friedensmaterial dürften sich«, wie ein involvierter Zeitgenosse einschätzt, »damals je zur Hälfte in den Kruppschen Umsatz geteilt haben, aber das erstgenannte galt als weit vornehmer und als Aushängeschild auch als wichtiger.« [71]

1914 gebietet der Krupp-Konzern über mehr als 80000 Beschäftigte [7]. Nebenbei eine Essener Impression aus jenen Tagen, ein Bild, das sich Bodenhausen ohne den geringsten Zweifel eingebrannt haben muss: »Unvergeßlicher erster Gang durch die Fabrikstraße. Alle Sorten und Größen von Werkstätten, Feuerbetrieben, nebeneinander, hintereinander, soweit Mauern, Gitter, Pförtnerhäuser den Blick freigeben. Alles von Röhren und Schienen, Dampf und Rauch, Ruß und Lärm umschlungen. Ein Bessemerwerk schleudert glühende Wolken durchs Dach [71].« Als der von Bodenhausen protegierte Schriftsteller und Kunstkritiker Karl Scheffler 1907 das Ruhrgebiet bereist, äußert er Bedenken, ob ein Ästhet wie Bodenhausen in einer solchen Umgebung heimisch werden kann: »Mit einer gewissen Bangigkeit bin ich durch Ihre Industriegebiete gefahren und habe mir vorzustellen versucht, ob die drohende, unsaubere Monumentalität dieser Welt ein bedeutendes Wollen anzuziehen vermöchte ...« [11]

»KORNWALZER« – TANZTE BODENHAUSEN MIT?

Ein Jahr vor Ausbruch des Weltkrieges wird das Haus Krupp von einem rufschädigenden Skandal erster Güte erschüttert. Da im Bereich von Heeres- und maritimer Rüstung der Staat als Auftraggeber auftritt, leuchtet es ein, dass ein Unternehmen wie Krupp wissen will, was »auf der anderen Seite des Hügels« [60] vorgeht. Dazu muss man über belastbare Beziehungen zur Militärbürokratie, also insbesondere zum Kriegsministerium und nachgeordneten Verwaltungsbehörden verfügen. Besonderes Interesse zeigt das Unternehmen an internen Details zu Angeboten von Rivalen. Den »Kruppschen Nachrichtendienst« gibt es bereits lange vor der Jahrhundertwende. Erste Bemühungen um die Schaffung eines Berliner »Informations-Bureaus« datieren schon auf das Jahr 1890. Ziel ist die frühzeitige Unterrichtung des Konzerns über konkurrierende Produkte von Wettbewerbern und die gezielte Ansprache der für militärische Beschaffungen maßgeblichen Beamten und Offiziere, wie: »Krupp macht auch Panzerplatten.« [6] Das System wird über die Zeit perfektioniert. Von Krupp besoldete Angestellte, die aus ihrem beruflichen Vorleben über intime Kenntnisse aus der Militärverwaltung verfügen, wanzen sich an die entsprechenden Wissensträger heran und umgarnen sie mit einem Netz von Gefälligkeiten. Im Gegenzug revanchieren sich Offiziere und Subalternbeamte mit der Weitergabe von Dienstgeheimnissen. »Wie sich herausstellte, hatte das Berliner Büro der Fried. Krupp AG seit 1906 jährlich über 300 solcher Geheimberichte an das Essener Direktorium verschickt, die nach dem internen Telegrammcode »Kornwalzer« hießen [14]. Zur Klarstellung: der Kornwalzer ist ein Ackergerät. Die Bezugnahme auf den Tanz erfolgt also rein symbolisch. Öffentlich macht die Sache der linksstehende SPD-Reichstagsabgeordnete Karl

»Unsaubere Monumentalität«?* Die Krupp'sche Gussstahlfabrik in Essen, 1912.
(Deutsche Fotogravur A.-G. Siegburg, aus: Zur Hundertjahrfeier der Firma Krupp 1812–1912, Sonderausgabe der Kruppschen Mitteilungen, im Besitz des Verfassers, * aus dem Zitat von Karl Scheffler auf S. 244 in diesem Buch)

Liebknecht. Die Justiz kann einen Prozess beim besten Willen nicht mehr vermeiden. Jener geht für den Krupp-Direktor Eccius und den Kruppschen V-Mann Brandt glimpflich aus. Bemerkenswert: Das Unrechtsbewusstsein der militärgerichtlich belangten Offiziere stellt sich als gering heraus. Einen Geheimnisverrat will man gar nicht wahrhaben, da ja Krupp und das Militär praktisch eines Stammes seien. Einem Unternehmen, bei dem der Kaiser Gastrecht hat, mit Hinweisen zu helfen, wird kaum als verwerflich empfunden.

Ein angeklagter Offizier: »Ich habe es nur getan, weil ich bei der ganzen Stellung der Firma Krupp das Gefühl hatte, Krupp und der Staat seien eins.« [14] Was hat das alles mit Eberhard von Bodenhausen zu tun? Wahrscheinlich wenig. In der Literatur zum Kornwalzer-Skandal taucht, soweit ersichtlich, sein Name nicht auf. Allerdings wird man mit einiger Sicherheit davon ausgehen dürfen, dass der Baron einen Logenplatz bei Verfolgung des Dramas hat. Bodenhausen geht regelmäßig in der Berliner Krupp-Vertretung ein und aus. Die ganze Affäre, die ein erhebliches Medienecho auslöst und den Weg in den Reichstag findet, muss den Konzern schwer getroffen haben, was bestimmt auch die Arbeit für Bodenhausen nicht erleichtert. In der Hauptsache ist es aber wohl ein Erdbeben gewesen, das vor allem das Direktorat »Kriegsmaterial« durchgerüttelt hat. Selbstredend ist auch Bodenhausen Lobbyist für den Konzern. Dessen Zielgruppe wird aber wegen der Spezifik der zivilen Produktpalette anders ausgerichtet gewesen sein. Sollte auch das »Friedensmaterial« mit gleichen unsauberen Methoden gearbeitet haben, hat es sich jedenfalls geschickter angestellt. Es bleibt nur zu hoffen, dass es nicht so ist. Irgendwie passt das nicht zum Bild der Persönlichkeit Eberhards, der Wert »auf das Sittliche und das Menschliche in der Politik« [11] legt. Der Verfasser möchte eher annehmen, dass es fortdauernd und unausgesprochen Obliegenheit Bodenhausens in Berlin und anderswo gewesen ist, die maßgeblichen Vertreter der Politik unaufdringlich im Sinne der Firma Krupp zu bearbeiten. Zum Exempel mag dienen: Mit dem Reichskanzler Bethmann-Hollweg ist er gut bekannt. 1912 und 1913 unternimmt man bei Kuraufenthalten gemeinsame Spaziergänge [11]. Noch die Witwe Dora von Bodenhausen rühmt in ihrem Lebensbild: »Oft trifft er den Reichskanzler, mit dem er viele geistige Interessen teilt.« [11]

WIRKEN AUF VERBANDS- UND INTERNATIONALER EBENE

Wie beschrieben, zählt die Führung des geschäftlichen Verkehrs mit Vereinigungen und Verbänden zu den Obliegenheiten des kaufmännischen Direktors für Friedensmaterial [46]. Auf diesem Feld offenbart Bodenhausen bei Kartellverhandlungen und der Herbeiführung von Interessenausgleichen innerhalb von bestimmten Syndikaten eine außerordentliche Begabung. Ursache des Entstehens monopolistischer Zusammenschlüsse im Stahl- und Eisensektor ist unter anderem das rasante Anwachsen der Produktivität. Um bei drohender Überproduktion ein Einbrechen der Preise und damit der Gewinne abzuwenden, treffen die Hersteller einer Branche Absprachen über die Modalitäten der Marktteilnahme. Zunächst entstehen regionale Kartelle an der Ruhr, später werden derartige Verabredungen auch auf internationaler Ebene getroffen [92]. Bisweilen vertritt Eberhard von Bodenhausen so nicht nur Krupp, sondern die Gesamtheit der deutschen Hochofenunternehmen an Rhein und Ruhr. Bedeutsam werden hier vor allem der Stahlwerksverband [11] und der Roheisenverband, dessen Vorsitzender Bodenhausen wird. Seine Witwe berichtet im verfassten Lebensbild: »So sorgte er nicht nur in Deutschland für die bedrohte Verlängerung des Stahlwerksverbandes, sondern auch für ein internationales Stahlabkommen, in dessen Dienst er nach Amerika und England fuhr ... Die für die Ermöglichung dieser Bestrebungen entscheidende Verhandlung galt der Verlängerung des Stahlwerksverbandes im Jahre 1911. In stundenlangen Debatten wurde zunächst keine Einigung erzielt. Es war schon 11 Uhr abends, die Teilnehmer der Sitzung bereits auf der Treppe; da ruft Bodenhausen ihnen zu, doch noch einmal heraufzukommen, hält ihnen einen zweistündigen Vortrag und in derselben Nacht wird der Stahlwerksverband um 5 Jahre

Eberhard von Bodenhausen, um 1912 (Historisches Archiv der Alfried Krupp von Bohlen und Halbach Stiftung, ÜF 2/9.2 B.189)

verlängert.« [11] Eine ähnliche Wahrnehmung schildert Klotzbach [48], der Verhandlungen des Roheisenverbandes beiwohnt. Der Vorsitzende des Verbandes, »Dr. von Bodenhausen (habe ...) bei der Verständigung mit Luxemburg sein meisterhaftes Geschick in der Leitung von Verhandlungen und in der Beseitigung der Hindernisse aufs neue bekundet ...«. Die Gründung des Roheisen-Verbandes und dessen Verlängerung bis 1917 gehen wohl ausschließlich auf Bodenhausen zurück [10]. Es wird deshalb nicht ganz falsch sein, wenn Dora von Bodenhausen nicht ohne Stolz feststellt, ihr Gatte sei »zum Vertrauensmann der gesamten deutschen Schwerindustrie« geworden. Neben Fahrten zu zahllosen europäischen Konferenzorten bereist er 1909 – Passage an Bord des Schnelldampfers »Kaiser Wilhelm der Große« [90, 49] – die Vereinigten Staaten und Kanada (New York, Philadelphia, Montreal, Toronto, Chicago – [90]) und verhandelt mit dort ansässigen Konzernen. Zur belebenden Miniatur über Bodenhausen als Unterhändler in Sachen Stahl gerät ein ausführlicher Brief an den Vater, den er aus Philadelphia versendet: »Die interessanten Tage nehmen ihren Fortgang. Am Freitag hatte mich der Präsident des Steel Trust eingeladen, just to meet a few of my friends. Statt dessen war es ein feierliches lunch mit einer von Rosen brechenden Tafel, mit 30 Gästen, allererste Leute von New York, Astor, Vanderbilt und tutti quanti. Mußte gleich eine Rede halten, wobei mir die durch die Verhandlungen des Grobblech-Verbandes gewonnene Redesicherheit sehr zustatten kam.« [11] Ein Seitenstück dazu; der Verfasser möchte sagen: Daran erkenn' ich meinen Bodenhausen. Keine »Dienstreise« ohne Verknüpfung mit jenen Interessen, die ihm im Innersten anliegen. Er sucht bei diesem Aufenthalt J. J. Johnson auf, der die »reichste und höchstrangierende Privat-Sammlung«, die Bodenhausen kennt, sein Eigen nennt. Für den Sammler identifiziert er, ebenso wie für das Metropolitan, Gemälde von frühen Niederländern, deren Zuordnung bislang fraglich ist. Der amerikanische Kunstliebhaber ist voll des Lobes über den Verfasser des »Gerard David«; der Freiherr ebenso begeistert über Johnson: »Einer der ganz wenigen Sammler, ... der wirklich etwas versteht.« [11] Was bleibt, ist ein Kunstgenuss in der neuen Welt und wohl ein sehr glücklicher Tag im Leben Eberhards. Und ein typisches Bodenhausen-Amalgam: Die vorübergehende Vermischung von Stahl, Leinwand und Ölfarbe ist möglich! Einer aufregenden dienstlichen Verpflichtung muss sich Bodenhausen noch wenige Wochen vor Kriegsausbruch unterziehen. Er nimmt im Frühling 1914 an der Probefahrt der »Vaterland« (»... das größte unter deutscher Flagge in Dienst gestellte Passgierschiff« / »1914 ... auch das größte Schiff der Welt« – [49]) teil. Gegenüber Hofmannsthal zeigt er sich begeistert: »... ein wahres Weltwunder ..., welcher Erfolg der Schiffbaukunst.« [10] Das Interieur des Ozeanriesen erscheint ihm zwar »aesthetisch«, aber irgendwie hat er anderes erwartet, denn er spricht von einer verpassten Gelegenheit [10].

KRUPPSCHE CENTENARFEIER 1912

Im Jahr 1912 blickt das Unternehmen auf einhundert Jahre seines Bestehens zurück. Burchardt [19]: »Wer die deutsche Kriegs- und Rüstungswirtschaft des Ersten Weltkrieges näher untersucht, stößt unweigerlich auf die Fried. Krupp AG in Essen. Größe und Komplexität dieses Unternehmens, seine beherrschende Position innerhalb der Ruhrindustrie – alles das hob Krupp über die Masse der deutschen Industriebetriebe hinaus und verlieh der Firma eine Sonderstellung. Vor allem in den spätwilhelminischen Jahren galt Krupp geradezu als nationale Institution. Die kaiserliche Anteilnahme an den Geschicken der Firma und Familie war dazu angetan, diese Sonderstellung noch zu verstärken.« Vergessen sind die Turbulenzen aus dem Skandal um den Tod von Friedrich Alfred Krupp [41] ein Jahrzehnt zuvor. Zum »Kornwalzer« wird noch nicht aufgespielt. Das neue Gesicht des Unternehmens repräsentiert jetzt Gustav Krupp von Bohlen und Halbach, »ein außerordentlich anständiger Charakter«, der auch unbequeme Meinungen gegenüber

Hundertjahrfeier des Unternehmens Krupp 1912: Festakt im Lichthof des Hauptverwaltungsgebäudes in Essen, am Rednerpult Kaiser Wilhelm II.
(Deutsche Fotogravur A.-G. Siegburg, aus: zur Hundertjahrfeier der Firma Krupp 1812–1912, Sonderausgabe der Kruppschen Mitteilungen, im Besitz des Verfassers)

Sonderausgabe der Kruppschen Mitteilungen zum Firmenjubiläum 1912
(Im Besitz des Verfassers)

dem Oberhaupt des Reiches zu vertreten weiß [71]. Bei alledem scheint ihm klar, dass man in jedem Fall die Form zu wahren hat. Ein Insider: »Nur vor dem Kaiser stand er subaltern, wie ein kleiner Klempner, da.« [71] Dies vorausschickend, überrascht die persönliche Gegenwart Wilhelms II. bei der Jahrhundertfeier der Firma Krupp überhaupt nicht. Die großformatige Sonderausgabe der Kruppschen Mitteilungen feiert das Jubiläum, rühmt den wirtschaftlichen Aufstieg des Unternehmens ebenso wie dessen soziales Engagement. Der zentrale Festakt findet am 8. August 1912 im Lichthof des Hauptverwaltungsgebäudes statt. Ein feierliches Mahl schließt sich auf dem Hügel an. Der Kaiser: »Ich bitte Sie alle, Ihr Glas zu leeren auf das Wohl des Hauses und der Werke Krupp! Hurra, hurra, hurra!« [54]. Das Unternehmen spendet erhebliche Summen, unter anderen an Heer, Flotte und die Stadt Essen. Auch die Belegschaft wird bedacht. Es regnet Orden und Ehrenzeichen. Der Staat revanchiert sich mit schmückenden Dekorationen. Schon am 7. August erhalten gelegentlich des Auftritts des preußischen Handelsministers von Sydow u. a. eine Vielzahl von Direktoren den Roten Adlerorden vierter Klasse verliehen. Darunter: »Dr. Freiherr von Bodenhausen, Mitglied des Direktoriums« [54].

ENTTÄUSCHTE HOFFNUNG (1913)

Eine Ehrenstellung, die Eberhard von Bodenhausen sehnlich erwünscht, ist Mitglied des Preußischen Herrenhauses zu werden. Jenes bildet verfassungsrechtlich die Erste Kammer des preußischen Landtages. Im Gegensatz zur Zweiten Kammer, dem Preußischen Abgeordnetenhaus, dessen Parlamentarier gewählt werden, speist sich das Herrenhaus – vergleichbar dem englischen Oberhaus – aus anderen Quellen. Diesem gehört man entweder durch Stand oder Geburt (z. B. die königlichen Prinzen) an oder die Gunst des Monarchen sichert einem Auserkorenen den Parlamentssitz. Wegen seiner unbestreitbaren wirtschaftspolitischen Erfolge auf dem Gebiet der Ordnung des Stahl- und Roheisenmarktes rechnet sich Eberhard hier einige Chancen aus. Als »Türöffner«, als Fürsprecher, weiß er einen einflussreichen Mitinhaber des Bankhauses Delbrück, Schickler & Co. mit Gewissheit hinter sich, der im Nebenamt als Kaiserlicher Schatullverwalter [90] fungiert. Da geschieht das Unfassbare. Der Bankier Ludwig Delbrück stirbt unerwartet. Hugo von Hofmannsthal unterrichtet ein ziemlich geknickter Bodenhausen Anfang April 1913: »Ich verliere an ihm (Delbrück) sehr viel, besonders im Hinblick auf Lebensgestaltung. Ich habe vorgestern eine wirklich große Tat durch die Verlängerung des Roheisenverbandes bis 1917 getan. Zwischen ihm und mir bestand die stillschweigende Vereinbarung, dass er im Fall des Gelingens den Kaiser bitten wollte, mich ins Herrenhaus zu berufen. ... Nun ist er mir 4 Wochen vorher gestorben. Ich will nun sehen, ob es doch noch zu machen ist, aber es wird schwer werden. Bohlen, der mir gern helfen würde, kann, aus komplizierten Gründen, im Augenblick nichts dafür tun.« ([10] – dort fälschlich datiert auf 1912) Das Vorhaben gelingt nicht mehr. Niemand scheint sich noch gefunden zu haben, der Bodenhausen zum Zwecke einer Berufung beim Kaiser präsentieren kann.

Besonders bitter: sein verstorbener Vater ist »MdH« gewesen. Eine in greifbare Nähe gerückte Prestigeerhöhung muss Bodenhausen abschreiben. Das ist ein wahrlich heftiger Schlag. Eine »Huldigung«, die ihm der Industriezweig schon unmittelbar nach der ersten Roheisen-Einigung hat angedeihen lassen, empfindet Bodenhausen als banausenhafte Verhöhnung. Sarkastisch ätzend setzt er Ende November 1911 Freund Hugo ins Bild: »Ich habe heute den Schwarzen Adlerorden erhalten, in Gestalt eines mächtigen silbernen Tafelaufsatzes, den mir die Deutschen Hochofen-Werke in »dankbarer Verehrung« für die für das Zustandekommen des Roheisenverbandes geleistete Arbeit gewidmet und mit feierlicher Ansprache überreicht haben. Sonst erhalten solche Dinge alte Jubilare. Zum Beginn aber einer Karriere und zum Beginn eines Verbandes, das war noch nicht da.« Besonders grausam: »Der Aufsatz ist von zweifelhaftem Geschmack.« [10]. Man kann es fühlen, Bodenhausen ist abgrundtief verstimmt und muss einmal mehr erkennen, dass Undank der Welten Lohn ist. Alles in allem, eine recht unerfreuliche Episode für ihn. Schon nach seiner USA-Reise 1909 fühlt er sich unter Wert behandelt. »Ich habe rauschende Erfolge erzielt in Canada u. Amerika«, lässt er Kessler wissen, aber er vermutet, »dass man in der kleinl. Stick-Atmosphäre von Essen alles tun wird, um nichts vom Erfolg zu sehen.« [90]

DER FREUNDESKREIS IN DEN JAHREN VOR DEM WELTKRIEG

In dem Jahrzehnt vor dem Ausbruch des Weltkrieges haben die Glieder des inneren Zirkels um Bodenhausen mehr oder weniger ihren Platz im Leben gefunden. **Henry van de Velde** fasst in Weimar Fuß. Er wirkt darüber hinaus deutschlandweit als etablierter und viel beauftragter

Architekt und Designer. **Hugo von Hofmannsthal** hat den Sprung auf das Niveau eines Künstlers von internationalem Rang geschafft. Besonders die Zusammenarbeit mit dem Theatermann Max Reinhardt [62] und dem Komponisten Richard Strauss [28], für den er vielfach als Librettist wirkt (Elektra, Rosenkavalier, Ariadne u. a.), schaffen ihm in den Metropolen Europas Beschäftigung und Anerkennung. Eberhard von Bodenhausen zeigt, wie die Briefwechsel erkennen lassen, trotz der ausufernden Belastung im Arbeitsleben, anhaltendes und leidenschaftliches Interesse an den Schöpfungen des Dichters. Er bleibt der stets wohlwollende Betrachter des Hofmannsthalschen Gesamtwerks, wie er es seit eh und je gewesen ist. Weder spart er mit Lob, noch vergibt er unverdienten Lorbeer. Kritisiert er, kann sich Freund Hugo auf die Aufrichtigkeit des Urteils verlassen. **Harry Graf Kessler** bleibt vor allem umtriebiger Agent in Sachen Kunst. Nachdem die Verhältnisse für ihn in Weimar durch die Rodin-Ausstellung und die Affäre Palezieux unbehaglich geworden sind, macht er wieder mehr die Welt zu seinem Feld. In einer wirklich sehr speziellen Beziehung bleibt er künstlerisch mit Hugo von Hofmannsthal verbunden. Daneben betreibt Kessler, wo erbeten, auch Nebendiplomatie, wozu er nach seiner Herkunft und seinen englischen Verbindungen durchaus geeignet erscheint. So vermittelt er u. a. für Vertreter der Deutschen Bank Kontakte zu seinem britischen Vetter Lynch, die wohl bezüglich der Bagdad-Bahn einer Interessenharmonisierung zwischen England und dem Deutschen Reich dienen sollen. [90] Bisweilen wirkt es, als ob die hektischen Aktivitäten Kesslers ihn in einen Zustand seelischer Überdrehtheit führen. Im Herbst 1907 muss Eberhard mit dem Bemerken, er sei ganz unglücklich darüber, an Hofmannsthal berichten: »Kessler ist, ohne es zu wissen, und ohne daß man davon spricht, von einer geradezu erschreckenden Nervosität und verbreitet um sich die ganze Atmosphäre von kernloser Beweglichkeit und Unruhe, von schillernden Möglichkeiten und Verheißungen ...« [10]. Eine Kritik übrigens, der sich der Graf in den Kriegsjahren erneut ausgesetzt sieht [10].

VERTRAUENSPERSON IN EINEM MERKWÜRDIGEN STREIT

Eberhards enge Weggenossen Hofmannsthal und Kessler pflegen untereinander eine eigene, wechselseitig durch künstlerische Interessen und Berührungspunkte verquickte, freundschaftliche Beziehung. Beiden steht Eberhard persönlich nahe, aber es gibt gewisse Abstufungen. Hofmannsthal liebt er, Kessler sieht er durchaus auch skeptisch. Im Verhältnis zwischen dem Wiener Dichter und dem Grafen knirscht es bisweilen. Der bekannte Eklat auf der gemeinsamen Griechenlandreise 1908 belastet die Beziehung sehr. Hofmannsthal durchsucht wegen einer Bagatelle das Gepäck Kesslers, was nicht richtig anmutet. Kessler ist trotz sofortiger Entschuldigung zu Tode beleidigt und versteigt sich zu einem antisemitischen Anwurf gegen ihn (»Irgendwo ist offenbar eine Differenz zwischen uns im Taktgefühl, vielleicht ein Rassenunterschied« – [100]). Noch heftiger gerät der »Rosenkavalier-Streit«. Die zunehmend schwieriger werdende Zusammenarbeit zwischen Kessler und Hofmannsthal insgesamt gehört den Annalen der schönen Künste an. Für die Werkgeschichte des »Rosenkavalier« im Besonderen bedeutsam, entspinnt sich aus der Frage, wie die Mitwirkung Kesslers am Libretto vor dem Publikum dargetan werden soll, schon 1910 ein böser Zank [21]. Kessler fühlt sich herabgesetzt, ist bis in die Haarspitzen empört, da er lediglich als »verborgener Helfer« [21] genannt werden soll. In einem umfangreichen Brief aus dem Jahr 1912 [90] setzt Kessler dem Freund Bodenhausen en detail auseinander, warum er sich bei der Schaffung der Textdichtung praktisch als Mitautor ansieht.

Schon am Neujahrstag 1911 hat Hofmannsthal Eberhard unterrichtet: »Nachmittags langer Gang mit Hugo, erzählt mir Kessler-Aventüre mit der Widmung Rosenkavalier« [90]. Sicher ist anzunehmen, dass der Baron versucht, schlichtend und die konträren Standpunkte mildernd, auf die Parteien einzuwirken. Aber tatsächlich lösen kann er den Konflikt, der viel böses Blut macht, wohl auch nicht. Rein äußerlich tritt zwar eine Beruhigung ein, aber etwas ist zerbrochen. Diese und folgende Zankereien und Unzuträglichkeiten führen schließlich zur Auflösung der früheren freundschaftlichen Beziehung [90]. Die innere, tiefer liegende Ursache soll sein: »Dieser Streit berührte ein grundsätzliches Problem Kesslers, das Drama um seine eigene, nicht vorhandene künstlerische Produktivität, bei dem gleichzeitigen Versuch sein Leben der Kunst zu widmen.« [100] Bodenhausen steht mittendrin und kann nicht wirklich helfen.

DIE NEUBEURER WOCHEN

Nach PAN-Umfeld und der Geschäftsbesorgung für den Deutschen Künstlerbund wirkt Bodenhausen durch Förderung und Organisation dieser jährlichen Veranstaltung zum dritten Mal an der Schaffung eines größeren Rahmens für den geistig-künstlerischen Austausch unter Interessierten mit. Die Lebenswege der Hauptakteure aus dem Freundeskreis haben sich, vornehmlich durch den Zwang zum Broterwerb, bekanntlich auseinanderentwickelt. Da hat die Idee, sich regelmäßig zum Jahreswechsel auf dem bayerischen Schloss Neubeuern zu treffen, etwas Bestechendes. Es bleibt der Versuch, dem zwanglosen persönlichen Kontakt unter den Freunden Bodenhausens wenigstens so mehr Geltung zu verschaffen. Dem Anschein nach handelt es sich auch um Veranstaltungen mit Familienanschluss, was der Sache in einer stark männlich geprägten Welt noch einen besonderen

Stempel aufdrückt. Schloss Neubeuern hat zu allen Zeiten mehr oder minder bekannte Künstler und Schriftsteller zu seinen Gästen gezählt und solche beherbergt. Eine Verfestigung hin zu einem guten Brauch zum Jahresausklang, zur informellen Institutionalisierung, gibt es aber wohl nur für die Jahre vor dem Weltkrieg. So hat das anregende Zusammenkommen den Weg in die Literaturgeschichte gefunden: »Berühmt war die gesellige ›Neubeurer Woche‹, die Woche zwischen Weihnachten und Neujahr, die Verwandte und Freunde regelmäßig auf dem Schloss verbrachten.« [99] Ganz am Rande, so meint der Verfasser, werden die Protagonisten diese spezielle Art gehobener, intellektueller Lustbarkeit auch als einen erfrischenden Wind empfunden haben, der die düsteren Wolken, die seit dem Eulenburg-Skandal auf dem Ort lasten, wegbläst. Die erste »Woche« findet zwischen Weihnachten und Neujahr 1910/11 statt, die letzte zum Jahreswechsel 1913/14.

Neben dem Kontakt zu den langjährigen Vertrauten festigt das Erlebnis der Gemeinschaft auch die Beziehung zu den neu hinzugetretenen Freunden oder zu Dritten, die in die Runde eingeführt werden. Beim ersten Treffen dieser Art finden sich zwischen Weihnachten und Neujahr u.a. in Neubeuern ein: der Maler Rysselberghe, Henry van de Velde, Walther Rathenau und das Ehepaar Hofmannsthal. Die Ankunft Schröders wird für Ende Dezember vermerkt [109]. »Auch 1911 fährt Bodenhausen zum Jahreswechsel nach Neubeuern, wo nach ihm Hiram Collier (amerikanischer Kunstsammler – [10]), Rathenau und das Ehepaar Hofmannsthal eintreffen ... Schröder liest am Sylvesternachmittag zum ersten Mal in ›In Memoriam‹. Seit dieser Zeit duzen sich beide.« (Bodenhausen und Schröder – d.V./[109]). Heymel veranlasst auf Wunsch Bodenhausens den Verleger Kippenberg, ihm die Woldesche Elegie »In Memoriam« per Druckfahne zu senden, weil er das Gedicht »auf seine Geschäftsreisen als Trost« mitnehmen möchte [109]. Auch den Jahreswechsel 1912/13 verbringt Bodenhausen im Kreis der Freunde und der Familie in Neubeuern, ebenso den von 1913 zu 1914. Das letzte Treffen wird Eberhard aber durch eine ernste Erkrankung schwer verhagelt. Der Baron verbringt die meiste Zeit im Bett. Die Treffen, wie sie zu Teilen Zimmermann [109] anhand des Briefwechsels zwischen Bodenhausen und Schröder rekonstruiert hat, atmen eine ungezwungene, heitere Atmosphäre. Wanderungen, Schlittenfahrten, lebhafte Debatten und Lesungen finden statt. Auch der Humor kommt nicht zu kurz. Auf ein Vorkommnis aus dem Aufenthalt 1911/12 (Bodenhausen: »Silvester. Gang auf dem Wendelstein, der beinahe zum Unglück geführt hätte. Absturz von Hugo.« –) verfertigt Schröder ein Scherzgedicht. Er beschreibt, wie sich die Gesellschaft (u. a. dabei: »Direktoren, gut bei Kasse, Dichter erst- und zweiter Klasse ...«) auf den Wendelstein begibt. In weinseliger Selbstüberschätzung hat man sich offenbar zu einem gefährlichen Abstieg entschlossen. Bodenhausen fängt Helene von Nostitz auf (»Bockelchen tut aufwärts langen, um Helenen auf zu fangen ...«). Schließlich: »... kommt der Hofmannsthal ins Gleiten. Spricht der König der Poöten: ›Gerty, ach, mein Halt ging flöten.‹«

Der anstehende Krieg bricht diese flüchtige, wohl auch für Bodenhausen als Familienerlebnis so kurzweilige, unverkrampfte Episodenfolge in einer sonst von Zwängen regierten Welt ab, bevor sie zu einer unersetzbaren Tradition werden kann.

»UM NIETZSCHES ERBE« [11]

Zu den Geistesgrößen, die in der sozialen Mittel- und Oberschicht des Kaiserreichs unangefochten Heldenstatus beanspruchen, zählen neben dem Kanzler Bismarck ohne Zweifel der Dichter Goethe, der Philosoph Friedrich Nietzsche und der Komponist Richard Wagner. Die quasi religiöse Verehrung, die Wagner in bestimmten Kreisen genießt, vollzieht Eberhard nur bedingt mit. Zwar ist er von den »Grundlagen des XIX. Jahrhunderts« des im Wagner-Umfeld angesiedelten Chamberlain »begeistert, doch durchschaute er bald die fragwürdige Rassentheorie« [90, 11]. Auch die Bekanntschaft mit dem Thode-Kreis mag dazu beigetragen haben, hier eher vorsichtige Skepsis walten zu lassen. Gänzlich anders bei Goethe. Bodenhausen liebt, verinnerlicht und verehrt den Alten von der Ilm rückhaltlos. Dafür sprechen unzählige Belegstellen in den Briefwechseln. Er hat Goethe tatsächlich nicht nur gelesen, sondern verstanden und gelebt. Ganz ähnlich wird man das Verhältnis zu Nietzsche einordnen müssen. »Bodenhausens Beschäftigung mit Nietzsche und seine Verehrung für ihn hatten früh begonnen.« [11] In Eberhards Augen wird dieser geradezu

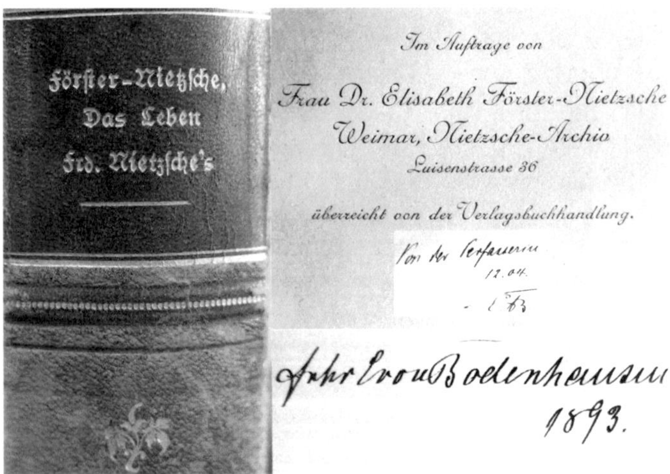

Nietzsche-Biografie von Elisabeth Förster-Nietzsche aus dem Besitz von Eberhard von Bodenhausen (1893) nebst Widmung von Elisabeth Förster-Nietzsche
(Archiv Schloss Neubeuern)

zum Goethe des Industriezeitalters. Schon 1895 bekennt er gegenüber dem Kunsthistoriker Lichtwark: »Bitte lehnen Sie bloß Nietzsche nicht ab, weil er etwa den Antichrist geschrieben hat. Wir brauchen Nietzsche; er ist wirklich unser Goethe, und für mich ist er mehr.« [11] An denselben zuvor: »Und dann berufen sich diese Zwerge immer auf den Riesen Nietzsche; Nietzsche mit seinem heiligen Ernst, der jedes von ihm gesprochene Wort adelte und dieser Meister des feinen Taktes, des vornehmen Geschmacks.« [11] Nietzsche gilt ihm als »Tat-Mensch« und damit als Ansporn und Vorbild: »Jedenfalls unterscheidet ihn von der Romantik vollständig sein Vorwärtsstreben, sein Wille zum Schaffen und zur Macht.« [11] Ein Philosoph, der praktisches Handeln fordert und fördert, ist ganz nach dem Geschmack des Freiherrn. Diese schwärmerische Verehrung für Nietzsche bildet die Grundlage für spätere Aktivitäten.

NIETZSCHE-DENKMAL IN WEIMAR

Die Entwurfsplanung übernimmt Henry van de Velde, der schon durch Vermittlung Kesslers die Villa »Zum Silberblick« – Sterbehaus und später Sitz des Nietzsche-Archivs – im Stil der Moderne umbaut. Die Anregung zur Errichtung des Monuments geht wohl letztlich auf den Grafen Kessler zurück [101]. Das Besondere soll die Verbindung eines Tempels mit einer nachgeahmten altgriechischen Sportstätte sein: Kessler 1906 an van de Velde: »Ich erweitere den ersten Plan, mache ihn lebendiger und denke, dem Tempel – springen Sie nicht in die Höhe – ein Stadion beizufügen.« [101] Das Projekt provoziert auch erheblichen Gegenwind. Bald wird es selbst von Elisabeth Förster-Nietzsche nicht mehr gelitten. Hinzu kommen weitere Unzuträglichkeiten finanzieller Natur. »Frau Förster-Nietzsche hatte nicht nur (seit Oktober 1911) den Bau des Nietzsche-Denkmals hintertrieben, sondern auch im Nietzsche-Archiv, das 1908 in eine Stiftung umgewandelt worden war, schlecht gewirtschaftet.« [90] 1911 geht Bodenhausen für das Vorhaben bei Bankiers und Industriellen »Klinken putzen.« Aber: »Mit meiner Propaganda für das Nietzsche-Denkmal«, so lässt er Kessler wissen, »habe ich kein Glück« [90]. Kessler gibt jedoch trotz heftiger Gelehrten- und Pressefehden bis kurz vor Ausbruch des Krieges die Sache nicht verloren und noch nicht auf. Vorgreifend: gebaut wird diese Weihestätte für Friedrich Nietzsche nie.

BODENHAUSEN ALS FÖRDERER DES NIETZSCHE-ARCHIVS

Der viel geliebte und viel geschmähte Philosoph, in den im 20. Jahrhundert so viel Schweres und Böses hineingelegt worden ist, stirbt nach langer, schlimmer Krankheit im Jahr 1900. Dessen Schwester Elisabeth Förster-Nietzsche hat sich noch zu letzten Lebzeiten, zunächst in Naumburg, um die Ordnung der Manuskripte und des Briefverkehrs bemüht. Nach dem Tod gilt es, die papierne Hinterlassenschaft des großen Denkers möglichst als geschlossene Sammlung zusammenzuhalten. Hieran erwirbt sich in erster Linie der mit den Nietzsches verwandte Adalbert Oehler, der auch eine Legislatur Oberbürgermeister von Halberstadt gewesen ist, ein Verdienst [11]. Die Schaffung des Nietzsche-Archivs wird fortdauernd von hässlichen Streitereien geprägt und ist hier nicht zu erzählen. Wie angedeutet, steht kurz vor dem Krieg die Existenz der Stiftung aus wirtschaftlichen Gründen in Frage. Henry van de Velde über diesen Zeitpunkt: »Nach einem Besuch im Nietzsche-Archiv zusammen mit Kessler bat ich unseren gemeinsamen Freund Eberhard von Bodenhausen, Frau Förster-Nietzsche mit Rat und Tat beizustehen und die Zukunft des Archivs von der Ausführung des bedrohten Monuments zu trennen. Eberhard löste diese Aufgabe mit der ihm eigenen freundlichen Gewissenhaftigkeit, mit der er sich sein Leben lang der Lösung künstlerischer und kultureller Fragen gewidmet hatte.« [101] Diesen Weg beschreitet man. Das Denkmalprojekt wird aufgegeben, van de Velde betrachtet es Ende 1913 als »erledigt« [101]. Die Finanzen der Stiftung werden neu geordnet. Das Nietzsche-Archiv als Institution überlebt. Dazu hat auch der persönliche Einsatz von Bodenhausen beigetragen. Vordringliche Rettungsaufgabe scheint zu sein, die belastete Weimarer Immobilie »hypothekenfrei« zu machen. Hier setzt Bodenhausen eigene Mittel ein. Förster-Nietzsche dankt 1916: »Es ist wirklich sehr freundlich, daß Sie diese Schuld übernehmen, und es freut mich, daß Sie mein Gläubiger sind und nicht ein Fremder.« [11] Über die Kriegsjahre entwickelt sich ein gehaltvoller Briefverkehr zwischen Bodenhausen und der Schwester des Philosophen, der naturgemäß auch drängende Zeitfragen miteinschließt. Einen originellen Gedanken äußert Förster-Nietzsche in einem Brief an Bodenhausen aus dem Jahr 1915: »Aber wenn moderne Menschen von Gottes Hilfe bei der Erstürmung einer Festung sprechen, so sträubt sich mein Wahrheitssinn, – im Grunde meinen sie Krupp ...« [11].

Porträtfoto von Elisabeth Förster-Nietzsche, um 1900 (Deutsches Literaturarchiv Marbach)

12.

WELTKRIEGSJAHRE (1914–1918)

KRIEGSAUSBRUCH

Mit einem Meer von Publikationen ist vor einem Jahrzehnt an den hundertsten Jahrestag des Beginns des Ersten Weltkrieges erinnert worden. In der Gesamtschau wird man zu konstatieren haben, dass sich die Geschichtswissenschaft wohl von der Auffassung Fritz Fischers, das Deutsche Reich trage mehr oder weniger die alleinige Verantwortung für die Entstehung des Konflikts, wegbewegt. Es ist hier nicht das Feld, um retrospektiv über die vieldiskutierte »Kriegsschuldfrage« zu streiten. Darüber, wie Eberhard von Bodenhausen das Heranreifen des Konflikts sieht, wird man aber reden müssen. Aufmerksam beobachtenden Zeitgenossen, wie Bodenhausen und dem ihm nahestehenden Freundeskreis, bleibt nicht verborgen, dass sich vor allem die Verhältnisse zwischen den Großmächten Deutschland und England und Österreich und Russland verschärfen. Die bestehenden Bündnisse und die konkreten Interessenlagen der Staaten nehmen die Freund-Feind-Stellung zwischen der Entente und den Mittelmächten praktisch vorweg. Ein formelles Bündnis besteht lediglich zwischen Frankreich und Russland. Damit kommt der Frage, ob im Konfliktfall Großbritannien auf der Seite der Entente gegen Deutschland antreten wird, hohe Bedeutung zu. Der briefliche Verkehr zwischen Bodenhausen und den Freunden spiegelt bisweilen die Zeitläufte. Eine Nuance Düsternis und bange Erwartung darüber, was die Zukunft bringt, schleicht sich fühlbar ein. »Er sah den Krieg kommen«, so Dora von Bodenhausen im Lebensbild, »den er 1912 und 1913 bei den Gasteiner Kurspaziergängen mit dem damaligen Reichskanzler v. Bethmann-Hollweg und dem Theologen Adolf von Harnack als nahe bevorstehend bezeichnete« [11]. Ganz im selben Sinne erwähnt Uhde-Bernays »eine Weissagung, die mein Freund Bodenhausen, Direktor der Krupp-Werke in Essen, im März (1914 – d. V.) bei einem Dinner im Hause Direktor Alfred Wolffs in München voller Besorgnis ausgesprochen hatte: ›Am 1. August haben wir Krieg …‹« [98]. Als das Verhängnis dann seinen Lauf nimmt, erklärt Großbritannien dem Deutschen Reich den Krieg. Vordergründig wird als Ursache für diesen Schritt die Verletzung der belgischen Neutralität durch das deutsche Heer benannt. Aber das Interesse Großbritanniens reicht, wie Bodenhausen ausführt, weiter. In einem außerordentlich umfangreichen und instruktiven Brief an Rudolf Alexander Schröder aus dem Oktober 1914 referiert er seine Sicht der Dinge. Danach wirkt als Auslöser der kriegerischen Auseinandersetzung die deutsch-britische Rivalität auf den Weltmärkten: Großbritannien steht mit dem Deutschen Reich in einem ökonomischen Wettlauf, den es zu verlieren droht. Aus genauester eigener Kenntnis führt Bodenhausen für den Sektor der Schwerindustrie aus, »dass die Engländer ihre modernen Walzwerksanlagen etc. in den letzten Jahren aus Deutschland beziehen mussten, und dass die (sie? – d. V.) vielfach nicht einmal in der Lage waren, diese Walzwerksanlagen dauernd in Betrieb zu halten ohne Mitwirkung deutscher Ingenieure. Der deutsche Analytiker hat sich dem englischen Empiriker auf die Dauer als überlegen erwiesen. Das sind Dinge, die den Engländern höchst unbequem sind und die den wachsenden Hass gegen uns erzeugt haben« [109]. Dennoch folgt ein überraschendes Bekenntnis: »Ich bin aber durchdrungen davon, dass nicht ein einziger unser(er) eigentlichen Englischen Konkurrenten, mit denen ich ja in internationalen Sitzungen sehr häufig zusammengekommen bin, den ernsthaften Wunsch gehabt hat, Krieg mit uns zu führen und uns mit Gewalt niederzuringen ... Ich glaube also, dass die treibenden Kräfte für diesen Krieg nicht bei den eigentlichen Geschäftsleuten, sondern bei den mehr oder weniger gewerbsmässigen Politikern zu suchen sind, die Politik als Reinkultur betreiben und die für jedes Land, das damit behaftet ist, eine wahre Pest bedeuten.« [11, 109] Als Summe eigener Erfahrungen und eines selbstständigen Urteils ist für ihn klar: Deutschland ist »in einen Antagonismus zu England (geraten), der, durch wirtschaftliche Konkurrenz gestärkt, allmählich zur Todfeindschaft sich auswuchs.« [11, 109] Bei dieser Sachlage zeigt sich Bodenhausen im Übrigen überzeugt, »dass dieser Krieg unter keinen Umständen mehr zu vermeiden war.« [109]

ÄUSSERES LEBEN IM KRIEGE

Kriegsausbruch – Geldern: Eberhard von Bodenhausen hat sich niemals zum Soldaten berufen gefühlt. So kann denn auch das Ausscheiden aus dem Reserve- und Landwehrdienst ihn kaum innerlich berührt haben. In der Rangliste von 1914 taucht er jedenfalls nicht mehr auf. Dass er wegen Stand und Beruf zumindest aus gesellschaftlicher Konvention heraus unmittelbar nach Kriegsausbruch beabsichtigt, sich sofort »zur Verfügung zu stellen« [90], ist eine andere Frage. Möglicherweise genügt er damit auch seiner Landsturmpflicht (»Es gehören ... zum Landsturm 2. Aufgebots die Personen vom 39. bis 45. Lebensjahre.« – [39]) In der Kleinstadt Geldern am Niederrhein wirkt Eberhard jedenfalls Anfang August 1914 eine kurze Zeit an der Musterung von Reit- und Zugtieren für die Truppe mit: »Die ersten 5 Mobilmachungstage sahen mich als Pferdeaushebungskommissar in Geldern« [90]. Für diese Tätigkeit ist er als Kavallerist und Gutsbesitzer hinreichend befähigt. In den Aufzeichnungen, aus denen Willems [141] zitiert, beschreibt Bodenhausen die in der Summe doch ziemlich aufregenden Tage dort: er wird versehentlich als Spion verhaftet – das Problem klärt sich aber schnell –; er mustert über 500 Pferde; er zeigt sich von der Funktionsfähigkeit der deutschen Militärmaschinerie schwer beeindruckt und – ; er kann kaum ausspannen. Der Grund: Im Hotel Dahlhausen hat er zwar »leidliche Unterkunft«, aber das »Kriegsmäßige« raubt ihm jede Ruhe: »Die Tage waren sehr anstrengend, besonders darum, weil sehr wenig Schlafmöglichkeit gegeben war, bei dem unausgesetzten Lärm und Durchzug der Soldaten auf der Straße von früh 4 Uhr ab. Aber es sind Tage, die ich für mein ganzes Leben nicht vergessen werde. Immer wieder sagt man sich und es wurde von allen Seiten ausgesprochen, dass ein Volk, das so aufsteht, vollkommen unbesiegbar ist.« Am meisten überrascht Bodenhausen der ernste Gleichmut der Landbevölkerung: »Das ganze Aushebungsgeschäft vollzog sich, mit Hilfe der Gendarmen, ohne irgendwelche nennenswerte Reibung und unter der denkbar grössten Ruhe.« [109] Nur ein Seitenstück aus dem Freundeskreis: Als Henry van de Velde bei Kriegsbeginn von einem Urlaub nach Weimar zurückkehrt, sieht er »Hunderte von requirierten Pferden aus dem ganzen Großherzogtum« in der Stadt [101]. Die Bedeutung des Pferdes als Ressource im Krieg kann in einer Zeit, in der die Motorisierung noch in den Kinderschuhen steckt, gar nicht überschätzt werden. Bodenhausen dürfte sich indes vollständig klar darüber gewesen sein, derart doch immer noch subalterne Verrichtungen wie in Geldern nicht für die Dauer übertragen zu erhalten. Der Konzern reklamiert ihn mutmaßlich auch sofort bei den Ersatzbehörden für sich. »Nachdem ich die erste Woche lang Pferde ausgehoben und mein Wunsch, mich wieder zur Verfügung zu stellen, von der Firma (mit Recht) abschlägig beschieden war ...« [109, 90] steht er wieder zur Verwendung im Unternehmen Krupp bereit. Er selbst hat für sich nun außerdem – denkbar in Erkenntnis seiner tatsächlichen körperlichen Leistungsfähigkeit – den »Entschluss (gefasst, sich) nicht wieder zur Verfügung zu stellen« [109]. So endet eine winzige, aber recht bildgewaltige Episode im Leben des Barons.

Kriegszieldiskussion – Krupp im Krieg: Es hat den Anschein, dass am Beginn des Krieges die Führung des Deutschen Reichs über kein abgestimmtes Kriegszielprogramm verfügt. Das führt bei rechten Kreisen zu Misstrauen gegenüber dem Reichskanzler, dem man unterstellt, er wäre ein »Flaumacher« und würde deswegen einen zu »weichen« Frieden schließen [109]. Zu einer Zeit, als sich die deutschen Armeen dann tatsächlich schon an der Marne festrennen, glauben Politik und Wirtschaft noch an einen raschen Sieg. Alle Welt ergeht sich jetzt in der Formulierung von Zielen, welche Friedensbedingungen Deutschland den Entente-Mächten präsentieren soll. »Das sogenannte Septemberprogramm Bethmann-Hollwegs fordert, dass das Deutsche Reich (zukünftig – d. V.) eine unangreifbare Hegemonialstellung in Europa einnimmt ...« [109]. Politiker, Wirtschaftsverbände, Parteien erheben Ansprüche auf Annexion fremder Gebiete. Der Staatssekretär im Reichskolonialamt Wilhelm Solf stöhnt: »Man watet in Denkschriften.« [109] Selbstverständlich verfolgt auch Krupp eigene Interessen, wenngleich das Unternehmen diesbezüglich zurückhaltend agiert. Zimmermann [109] verweist auf die Nähe des Vorsitzenden des Krupp-Direktoriums Alfred Hugenberg zum Alldeutschen Verband, sodass natürlich der Hang, von einem erfolgreichen deutschen Waffengang angemessen zu profitieren, da ist. Allerdings deutet manches auf Reibungen innerhalb des Konzerns hin. Krupp distanziert sich von »den immer radikaleren Forderungen Hugenbergs« [109]. Dennoch: Eine Denkschrift des Unternehmens aus dem Herbst 1914 geht dem Staatssekretär im Auswärtigen Amt von Jagow zu. Zimmermann dazu: »Die Verfasserschaft dieser Krupp-Denkschrift lässt sich nicht zweifelsfrei klären.« [109] Für den Wissenschaftler liegt nahe, dass eher die (Mit-) Verfasserschaft Hugenbergs als eine solche von Bodenhausen anzunehmen ist. Wie dem auch sei. Die Meinung, dass nach einem deutschen Sieg auch für das Unternehmen Krupp sich ein Zuwachs auf der Haben-Seite ergeben muss, teilt Eberhard von Bodenhausen aus tiefer Überzeugung. Die Unbeugsamkeit, mit der der Krupp-Direktor mutmaßlich für seinen Standpunkt streitet, hat sogar Eingang in die Hofmannsthalsche Gedankenskizze über das Leben des Freundes gefunden: So hält er im Abschnitt »Wesen und Tun« eine Eigenschaft fest, die er »die Härte im Annektieren« [11] nennt. Die zunächst allgemein gehaltene und für sich unverständliche Äußerung erhellt sich am praktischen Beispiel. Wohl gelegentlich einer Erörterung mit dem Dichter geht es um Kriegslasten, die der unterlegene Gegner zu tragen hat. Hofmannsthal notiert im Versuch einer Charakteristik über den Baron: »Seine Stufung: die Firma, die Industrie, das Vaterland. Sein Annexionismus. ›Das Becken von Briey brauchen wir eben.‹« [11] Man kann sich die diesem Eindruck zugrunde liegende Gesprächssituation gar nicht anders denken, als dass Eberhards Gegenüber Zweifel oder Einwendungen äußert, Bodenhausen aber sehr bestimmt auf seiner Meinung beharrt. Wenn Hofmannsthal dies noch zehn Jahre nach dem Tod Bodenhausens zu Papier bringt, muss es auch eine Episode von gewisser Relevanz gewesen sein, denn sonst hätte er sie längst vergessen. Noch zur Klarstellung: Im seit dem Krieg von 1870/71 deutschen Teil von Lothringen ist Krupp schon lange beim Abbau von Minette-Erzen involviert [7]. Bodenhausen wird hier also die Aneignung der nach Luxemburg, Belgien und dem französischen Teil von Lothringen reichenden Erzfelder im Auge haben. Wenn sich an der bezeichneten Stelle der Dichter wegen der Aussage Eberhards besorgt fragt: »War aber diese Haltung sein Letztes?«, so möchte man entschieden meinen: Ja. Die Summe seiner politischen Anschauungen lässt einen anderen Schluss kaum zu. Graduell mag noch bedacht werden, dass Kessler zum Beispiel weitgreifenden Eroberungen – hier zu Lasten des Zarenreichs – das Wort redet. Die »Annexion der baltischen Provinzen und Litauens ...,« so Graf Kessler, »würde diesen Krieg in ähnlich glorreicher Weise krönen wie die Errichtung des Deutschen Reiches den von 70.« [90] Man wird Simon [90] nicht widersprechen können, wenn er auf Kessler und Bodenhausen bezogen feststellt, dass weder familiäre Bezüge zum Ausland, noch »Geschmacksaffinitäten zu Frankreich« als Basis für einen krisenfesten »Internationalismus« ausreichen. Als es darauf ankommt, also spätestens im Sommer 1914, zeigen sich »Bodenhausen und Kessler auch als Imperialisten.«

Reisen nach Belgien 1915: Zimmermann [109]: »Vom 9. bis zum 16. Februar 1915 fährt Bodenhausen nach Belgien, um die verschiedenen Industriezentren zu besichtigen. Seine Fahrt führt ihn nach Brüssel, Antwerpen, Ostende, Gent und Seebrügge; in Brüssel trifft er unter anderem den Gouverneur des besetzten Belgien (zutreffend ist: Leiter der Politischen Abteilung der Besatzungsbehörde – d. V.), Oscar von der Lancken, und seinen Freund Hans von Harrach, der die deutsche Pressezentrale beim Generalgouvernement leitet.« Der Baron gehört in seiner Eigenschaft als Krupp-Direktor einem Verbund interessierter Kreise an, der die Ressourcen der belgischen Rohstoff- und Schwerindustrie für die deutsche Kriegswirtschaft fruchtbar machen soll. Da zu diesem Zeitpunkt trotz des militärischen Rückschlags an der Marne noch jedermann fest von einem alsbaldigen Sieg des Reiches ausgeht, werden durch den »Ausflug« schon einmal informell Ansprüche im Namen Krupps angemeldet. »Die Firma selbst war natürlich an den belgischen Industriebezirken interessiert« [90]. Denkwürdiges weiß ein Insider zu berichten: Noch bevor es in der Politik feste Vorstellungen darüber gibt, wie nach einem Friedensschluss mit dem unterworfenen Land verfahren werden soll, beginnt der Verteilungskampf der deutschen Konzerne um die belgischen Kohle- und Erzreviere. Es haben dafür »diese Herren ... auch schon Schritte bei dem Reichskanzler unternommen, damit ein Sachverständiger aus der Industrie der deutschen Verwaltung in Belgien beigegeben werde, der alle industriellen Werte und Werke Belgiens umgehend inspizieren und alles, was Deutschland für sich brauchen könne, bezeichnen solle« [71]. Krupp – im zitierten Text als der »Haifisch« bezeichnet – besitzt ganz konkret eigene belgische Interessen. Der offenkundig gut informierte Gewährsmann weiter: »Dieser Eifer seiner Kollegen und Freunde veranlasste den Haifisch, den ich reden lasse, folgendes vorzuschlagen: Schleunigst beim Reichskanzler dafür zu sorgen, daß auch ein dem Konzern dieses Haifisches angehöriger Herr die deutsche Regierung in Belgien als industrieller Sachverständiger ›unterstütze‹ und dabei besonderes Interesse an der Firma Cockerill in Seraing nehme. Um zu verhindern, dass aus Cockerill eine Konkurrenz sich entwickle, wird beschlossen, den Erwerb der Aktienmehrheit heimlich und von vornherein anzustreben. Zur Verschleierung dieses Interesses, dass sich hauptsächlich auf Cockerill's Waffenfabrikation bezog, wurde ein dem Kriegsmaterial sonst fernstehender Herr ausgesucht, der die Sondierung des Terrains vornehmen sollte.« [71] Wer sollte der »dem Kriegsmaterial sonst fernstehende Herr«, der dem Konzern des »Haifischs« angehört, den Umständen nach anderer sein als Eberhard von Bodenhausen? Auf den Urheber dieser Nachrichten wird in Kürze zurückzukommen sein. Dem Februaraufenthalt in Belgien folgen weitere im April und im Juni 1915. Am Ende des Prozesses entsteht dann unter Mitwirkung des Freiherrn der »Deutsche Wirtschaftsausschuß für Belgien« [109]. Zimmermann bringt widerspruchslos zu den Tatsachen die Bemühungen der deutschen Großindustrie auf einen Nenner: »Deutschland plant die wirtschaftliche Durchdringung Belgiens mit deutschem Privatkapital. Dies soll englische und französische Beteiligungen ersetzen, Ziel ist eine verschleierte Hegemonie Deutschlands« [109]. Bodenhausens Aufgabe bei diesem Poker lässt sich demnach wohl so beschreiben, dass er die Interessen des kriegführenden Reichs mit denen des von ihm vertretenen Unternehmens so synchronisieren muss, dass Krupp nach einem siegreichen Ende des Kampfes einen Fuß in der belgischen Tür hat. Diese Episode verdeutlicht einmal mehr, wie recht der Konzern getan hat, seinen Direktor nicht für den allgemeinen Kriegseinsatz freizugeben. Als Offizier in der Etappe, bei irgendeiner Ersatzbehörde oder als Kommandeur eines Landwehrbataillons wären die Fähigkeiten Bodenhausens wohl vergeudet gewesen. Freilich darf auch nicht aus den Augen verloren werden, dass die künstlerische Vorbefassung Eberhards gerade mit Belgien – erinnert sei nur an Gerard David – ihm reiche Kenntnisse über Land und Leute beschert haben. Vielleicht hat ihn das beim Auftraggeber der Mission besonders geeignet erscheinen lassen.

Ein Pazifist bei Krupp – Der Fall Muehlon: Eine ganz merkwürdige Gestalt ist die des Krupp-Direktors Johann Wilhelm Muehlon (1878–1944). Auch er ist heute – wie Bodenhausen – weitgehend vergessen. Aus dem Auswärtigen Amt, wo er sich auf den Konsulardienst vorbereiten will, kommt der promovierte Jurist 1908 als Direktionsassistent zu Krupp, 1909 erhält er Prokura. 1911 wird er stellvertretender Direktor, 1913 kaufmännischer Direktor für Kriegsmaterial. Dadurch nimmt er eine gleichrangige Stellung wie Eberhard von Bodenhausen ein, der bekanntlich kaufmännischer Direktor für das Friedensmaterial ist. Von 1908 bis zum Kriegsbeginn wird man durchaus von einer engen freundschaftlichen Beziehung zwischen Eberhard und dem Direktionskollegen ausgehen können. In der Gedächtnisausgabe von 1955 findet sich als Äquivalent für eine Büchersendung ein in warmen, empfindsamen Worten gehaltenes Dankschreiben Muehlons [11]. Dass die Freundschaft den Kriegsbeginn 1914 überdauert hat, ist kaum anzunehmen. Muehlon schlägt einen Weg ein, der nur überraschen kann. Radikal distanziert er sich von dem Unternehmen Krupp. Besonders erbost ihn, der ohnehin das Deutsche Reich als alleinigen Verursacher des Krieges ansieht, die Behandlung Belgiens. Seine Kollegen hält der Direktor für Kriegsproduktion jetzt für Verbrecher: »Wieder einmal eine Besprechung über die Verteilung der Beute nach dem Kriege. Im vertraulichsten Kreise vornehmster schwerindustrieller Räuber. Ich bebe noch vor Schmach; diese modernen deutschen Industriellen sind widerlich bis zum Erbrechen ... Ein Herr sprach eifrig dafür, daß Deutschland schon jetzt Belgien annektieren müsse ...« [71]. Konsequenterweise scheidet er bei Krupp im Frühjahr 1915 aus. Er erledigt danach zwar noch Aufträge des Auswärtigen Amtes, geht aber im Herbst 1916 schließlich ins Schweizer Exil. »In einem sorgfältig formulierten Brief an Bethmann-Hollweg motivierte Muehlon Anfang Mai 1917 seine Verurteilung der deutschen militärischen und politischen Kriegführung und sagte sich förmlich und ›endgültig von den Männern des heutigen Regimes‹« los [5]. Benz [5] bewertet die Widerstandshandlungen von Muehlon als »bürgerliche Opposition im Obrigkeitsstaat«, die sich gegen das »spätwilhelminische System« richtet. Eberhard von Bodenhausen und sein Freundeskreis haben sich, so steht zu vermuten, solchen Auffassungen nicht anschließen können. Der Baron und der vormalige Freund stehen jetzt auf verschiedenen Seiten. Welche tatsächlichen Umstände bei Muehlon einen derart scharfen, schroffen, ja fanatischen Gesinnungswandel vom Waffenhändler zum Pazifisten erzeugt haben, ist kaum plausibel zu belegen. Einzig ein süddeutsch-

Wilhelm Muehlon, um 1914
(Historisches Archiv der Alfried Krupp von Bohlen und Halbach Stiftung, WA 16 l/33.232)

liberaler Einschlag genügt als Erklärung eher nicht. Derweil wandelt sich das Unternehmen zur Waffenschmiede allerersten Ranges. 47 000 Arbeiter halten allein am Standort Essen »meistens in 3 Schichten und ohne Pausen« [90] die Rüstungsproduktion am Laufen.

WIRTSCHAFTSPOLITISCHE ÄMTER

Aufsichtsrat bei Krupp: Anfang des vierten Kriegsjahres verlässt Bodenhausen den Vorstand der Fried. Krupp AG und wechselt Ende 1917 in den Aufsichtsrat des Unternehmens. Wegen der spezifischen Konstruktion dieses Gremiums kann man nicht anders, als darin einen außerordentlichen Vertrauensbeweis der Familie Krupp zu erblicken. Insgesamt zählt der Aufsichtsrat von Ende 1917 bis zum Tod Eberhards ganze sechs Mitglieder [46]. Als Vorsitzender des Aufsichtsrats fungiert Gustav Krupp von Bohlen und Halbach, dessen Stellvertreter ist August von Simson. Wohl ganz zutreffend beschreibt denn auch der den Krupps persönlich verbundene Tilo von Wilmowsky – Mitglied seit 1910 – die illustre Gesellschaft wie folgt: »Ich sah indes sehr bald, daß der Kruppsche Aufsichtsrat keineswegs ein solcher im landläufigen Sinne war, noch viel weniger Verwaltungsrat oder ein board im angelsächsischen Sinne. Es war ein Kreis von Freunden der Firma und der Familie, der offiziell nur ein-, höchstens zweimal im Jahr zusammentrat, mit dessen Gliedern der Chef des Hauses sich aber jederzeit offen aussprechen konnte.« [106] Den Schwerpunkt der Tätigkeit eines Mitglieds des Aufsichtsrats wird man daher nicht im Förmlichen suchen, sondern in der informellen Beratertätigkeit annehmen müssen. Die Berufung in den Aufsichtsrat bei Krupp stellt daher, wie Wilmowsky erklärt, eine Auszeichnung dar, die nur mit der Verleihung des Schwarzen Adlerordens zu vergleichen ist [106].

Aufsichtsrat bei der Disconto-Gesellschaft: Beziehungen Bodenhausens zur Welt der Großbanken werden zunächst auf das Jahr 1905 zurückgehen, als er durch die Vermittlung Wolffs in die Deutsche Bank eintritt. Die Jahre bei Krupp verdichten sicher auch solche Verbindungen, zumal die Disconto-Gesellschaft, die 1929 in der Deutschen Bank aufgeht, »stark an der Finanzierung der rheinisch-westfälischen Schwerindustrie beteiligt« [137] ist. Hauptinhaber des Geschäfts ist Arthur Salomonsohn, ein wirtschaftliches Schwergewicht. Anfang Mai 1917 unterbreitet der jüdische Bankier Bodenhausen den Vorschlag, das Präsidium der Gesellschaft zu übernehmen, worauf dieser aber nicht eingeht. Im Dezember 1917 wird er stattdessen in den Aufsichtsrat der Bank berufen [90]. So bleibt jedenfalls zu konstatieren, dass Eberhard von Bodenhausen am Ende seines Lebens allein durch Wahrnehmung dieser beiden Aufsichtsratsmandate erhebliche wirtschaftliche Macht auf sich vereinigt hat.

Bodenhausens Essay über Lehren aus der Kriegswirtschaft: Eigentlich sollte das siegreiche Heer Weihnachten 1914 wieder zu Hause sein. Es kommt anders. So nimmt es nicht

Die deutsche Industrie

Gewerkschaftssekretär Kurth / Interessenstandpunkt der Arbeiterschaft
Dr. Kuhlo / Kapitalismus und Unternehmertum
Freiherr von Bodenhausen-Degener / Gemeinwirtschaft
Professor Dr. Straub / Industrie der Arzneimittel
Georg Bergmüller / Bau-Industrie
Generalsekretär Ditges / Schiffbau-Industrie
Professor Dr. Bruck / Baumwoll-Industrie
Direktor Funke / Brau-Industrie
Dr. Reichert / Eisen- und Stahl-Industrie
Ingenieur Frölich / Maschinenbau-Industrie
Professor Dr. Theodor Fischer / Kunstgewerbe

Leipzig und München, Süddeutsche Monatshefte, März 1918
Vierteljahr 5 M By Einzeln 1.80 M

Titelblatt »Die deutsche Industrie«, (Süddeutsche Monatshefte, Ausgabe März 1918, im Besitz des Verfassers)

wunder, dass die – an den ursprünglichen Erwartungen gemessen – überlange Kriegsdauer sich auf das gesamte deutsche Wirtschaftssystem auswirkt. Die Umstellung aller Produktion auf die Bedürfnisse des Krieges wirft neue Fragen dahingehend auf, welche fundamentalen Grundsätze für die Führung der Volkswirtschaft – aus den Erfahrungen der letzten Jahre herrührend – zukünftig gelten sollen. Unter dem Titel »Gemeinwirtschaft« veröffentlicht Bodenhausen im März 1918, praktisch Wochen vor seinem plötzlichen Tod, einen Artikel in den Süddeutschen Monatsheften [13]. Den Anstoß dazu gibt eine kleine Schrift »Deutsche Gemeinwirtschaft«, die der Rathenau nahestehende Wichard von Moellendorf 1916 [110] herausgibt. Im Mittelpunkt der Publikation von Bodenhausen steht die Frage, ob und wieweit der Staat nach einem Friedensschluss weiter in die Wirtschaft eingreifen soll. Im Krieg regiert der Staat zur Lenkung und Bündelung seiner Interessen rigoros in die Konzerne hinein; er wird praktisch selbst zum Unternehmer. In diesem Spannungsfeld zwischen Staatskapitalismus und freiem (privatwirtschaftlichem) Unternehmertum bezieht Bodenhausen eindeutig Position. Er spricht dem Staat die Fähigkeit als ökonomischer Organisator ab und streitet für eine angenommene Überlegenheit des privaten Fabrikanten. An einem schematischen Geschäftsvorfall illustriert er seine

Auffassung. Einfach, weil die Darstellung auch gewissen Unterhaltungswert hat, soll sie in ganzer Länge erfolgen. Zitat aus den Süddeutschen Monatsheften:

»Ein Beispiel: Werk A. Privatwerk. Werk B. Staatsbetrieb.

Werk A. Der Vorsitzende des Aufsichtsrats bereist seine Hütte. Ein die mehrtägigen Erörterungen zusammenfassendes Schlussprotokoll legt die Notwendigkeit fest zu neuen Aufwendungen in Höhe von 5 Millionen. Am nächsten Tag gehen die Bestellungen hinaus an die Baufirmen und an die Maschinenfabriken. Die nachträglich eingeholte Genehmigung des Gesamt-Aufsichtsrats vollzieht sich in den verbindlichsten Formen.

Werk B. Der mit gleicher Sachkunde ausgestattete Regierungs-Dezernent bereist seine Hütte zur gleichen Zeit. Die gleichen Bedürfnisse stellen sich heraus und werden restlos erkannt. Die vorgesetzte Behörde muss befragt werden. Langer schriftlicher Bericht geht ab. Der Ober-Dezernent, der nicht an Ort und Stelle war, weiß alles besser. Statt Gasantrieb: Elektroantrieb. Statt Elektroantrieb: Gasantrieb. Und so fort. Das Unglück will es, daß die Parlamentskommission gerade tagt. Sie bekommt Wind, verlangt Vorlage. Der Herr Dilettant waltet seines Amts. Da er nicht sachkundig ist, hat er einen ›Vertrauensmann‹ in der Hinterhand. Dieser, der vor zehn Jahren einen ähnlichen Betrieb geleitet hat, weiß alles noch viel besser. Es wird gefragt, geantwortet, gefragt, geantwortet. Eine Verbesserung mag die Folge sein, daneben wohl auch eine Verschlechterung.

Gesamtergebnis: Werk A. ist im Neu-Betrieb, wenn bei Werk B. die Genehmigung zum Neubau eben erteilt ist.« [13]

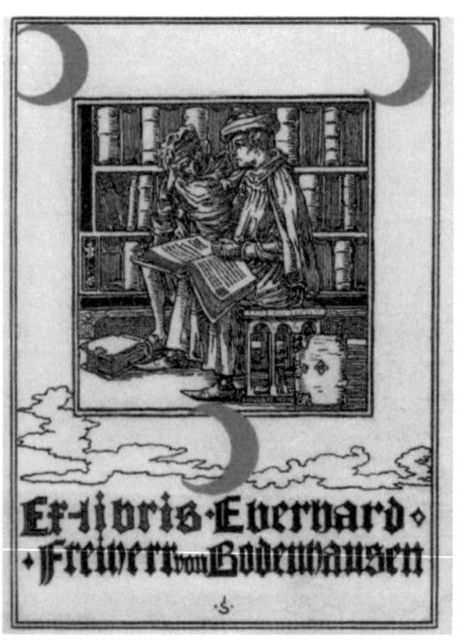

Exlibris Eberhard Freiherr von Bodenhausen
(Privatbesitz Reinhard Käsinger)

Man ahnt, warum Bodenhausen vom Staat als Unternehmer nicht viel hält. Seine geistige Ausbeute aus der Befassung mit diesem Thema lautet denn auch: Es »... wäre ein verhängnisvoller Irrtum, zu glauben, dass diese aus der Notwendigkeit des Krieges geschaffenen Wirtschaftsformen sich ohne weiteres übertragen lassen auf normale Zeitläufe« [11]. Ein anderes scheint ihm noch wichtig: Er wehrt sich entschieden gegen eine Verkürzung der Ziele des freien Unternehmertums auf die »Profitsucht«. Diese sei nur eine ganz nachrangige Triebkraft, vielmehr stünden ideelle Aspekte im Vordergrund. Für ihn ist »das Schaffen wirtschaftlicher Werte« vor allem »ein schöpferisches, phantasiebeschwingtes Tun« [11]. Ohne Zweifel berühren sich hier Momente des künstlerischen Schaffensprozesses mit der praktischen Tätigkeit des Unternehmers. Beides, so Bodenhausen, erfordere nämlich ausdrücklich Leidenschaft [11].

BODENHAUSENS FREUNDESKREIS IM KRIEG

Wie auch Bodenhausen, so hat sich Harry Graf Kessler »bei der Mobilmachung sofort zur Verfügung gestellt« [90]. Kessler rechnet mit »erbitterten Kämpfen ..., jedoch ist die Stimmung unserer Truppen und die Organisation des Ganzen so glänzend, daß an dem endlichen Sieg nicht zu zweifeln ist« [21]. Burger [21] dazu: »Kessler, wie man sieht, ist voller Optimismus. Auch die Briefe an seine Schwester sind von freudigster Kriegsstimmung durchdrungen; Tatenfreude und Kameradschaftsgefühle haben die Oberhand. Dieser große Optimismus, der auch aus Hofmannsthals und Schröders und den Briefen vieler andrer spricht, wirkt heutzutage ein wenig befremdend.« Sei es, wie es sei. Für den Betrachter bleibt nur die Schlussfolgerung: die Freunde Bodenhausens und ein erheblicher Teil ihrer Zeitgenossen erblicken in den Kriegserklärungen der Mittelmächte Akte der Notwehr und halten sie nach den Umständen für gerechtfertigt.

Harry Graf Kessler führt als Rittmeister der Reserve zunächst eine Munitionskolonne, ist erst in Belgien, dann in Ostpreußen und schließlich in Polen eingesetzt. Ab Anfang Dezember 1914 fungiert er als Ordonnanzoffizier beim Generalkommando des XXIV. Reservekorps. Ohne Einschränkung darf man Kessler als begeisterten Soldaten beschreiben; jeden anderen Schluss lassen seine Kriegsbriefe nicht zu. Ein Beispiel über die Kämpfe im Styrbogen aus dem November 1915: »Der Abschluß dieser wirklich heroischen Kämpfe war am Sonnabend die Erstürmung der Höhe von Podgatje, bei der die Russen so viele Tote und Gefangene verloren, dass sie entmutigt Czartorysk räumten und hinter den Styr zurückgingen.« Danach ist er überzeugt, »... dass mit deutschen Truppen unter deutscher Führung Nichts unmöglich ist« [21]. Weniger gut kommen die österreichischen Verbündeten weg: »Sie leiden eben an zwei fürchterlichen Übeln: der Vielheit ihrer Nationen und der Wiener Gemütlichkeit.« [21] Kesslers summarisches Urteil über die Kämpfe 1915 in Polen lautet: »An Großartigkeit und Phantastik lässt sich Nichts in der Kriegsgeschichte mit diesem Abenteuer vergleichen.« [90] Der Graf hält neben andern auch die Familie von Bodenhausen über sein Schicksal unterrichtet. Eberhard schickt dem Freund eben zu dieser Zeit »geradezu poetisch zusammengestellte Chokoladesendungen« ins Feld [21]. Kessler verlässt die Front und geht ab September 1916 »als Leiter der deutschen Kulturpropaganda nach Bern mit dem Auftrag der Friedenssondierung mit Frankreich« [90]. Deutscher Botschafter in der Schweiz ist zu dieser Zeit Bodenhausens Kommilitone und Corpsbruder Freiherr Gisbert von Romberg. In der Besatzungsverwaltung in Belgien kann Bodenhausen Kessler nicht »unterbringen«, deshalb führt dessen Weg in die Schweiz. Bodenhausen-Freund von Mutius, Vetter des Reichskanzlers Bethmann-Hollweg, drängt auf andere Verwendung: »Kessler wäre doch durch den Krieg nervös so gesteigert, dass er anfinge einzelnen Menschen auf die Nerven zu gehen ... Es wäre für Kessler eine ruhige Beschäftigung eine Zeit lang sehr erwünscht. Ob ich (Bodenhausen – d. V.) ihm nicht einen Platz in Belgien verschaffen könnte.« [90, 10]

Hugo von Hofmannsthal erhält 1914 die Einberufung zum Landsturm. Durch Vermittlung Dritter gelangt er aber alsbald in die »Presseabteilung des neu gegründeten Kriegsfürsorgeamts« [22] als einer nachgeordneten Behörde des k. u. k. Kriegsministeriums. Zu Beginn scheint der Dichter den Krieg als Erweckung Österreichs aus einem politischen Dahindämmern zu empfinden. »Vierzig Jahre hat man gelebt und hat nicht gelebt, nun lebt man.« Und: »Kam dieser Krieg nicht bald, so waren wir verloren – und wohl Deutschland mit uns.« [10] Zwar lässt die Euphorie rasch nach, aber er bemüht sich als Intellektueller nach Kräften, für die »Idee Österreich« [22] propagandistisch zu werben. »Er hatte im Ministerium Berchthold viele Freunde und versuchte an der Lösung der heiklen politischen Probleme, die damals die Monarchie bedrängten, aktiv teilzunehmen.« [21] Zu diesem Zweck entfaltet er eine breit gefächerte publizistische Tätigkeit, reist und knüpft Kontakte. In den letzen beiden Kriegsjahren tritt eine gewisse patriotische Ermattung des Poeten ein; es »... rückte wieder die eigene schriftstellerische Produktion ins Zentrum seiner Interessen.« [22] Mit dem

Freund Eberhard von Bodenhausen steht der Dichter in fortdauernd engem brieflichen Kontakt. Persönliche Treffen bleiben in den Kriegsjahren seltene Ausnahme. Die blutige Gegenwart, die »verdüsterten Zeiten« [10] sind aber auch aus dem geistigen Austausch beider via Korrespondenz nicht wegzudenken. Ende Oktober 1914 Eberhard an den »lieben Hugo«: »Seit einiger Zeit häufen und häufen sich die Klagen über eine völlig unzureichende Kriegsvorbereitung Österreichs. Die Zuversicht in unseren endlichen Erfolg, an sich ganz ungeschwächt, beginnt auf Grund dieser hoffentlich übertriebenen Besorgnisse in's Wanken zu geraten.« [10] Im November beruhigt Hofmannsthal den deutschen Freund durch Übermittlung detaillierter Angaben zur Rüstungsproduktion der Habsburgermonarchie. Das ist mehr, als nur »Briefeschreiben«. Man wird annehmen dürfen, dass dies faktisch trotz Postzensur ein informeller Nachrichtenaustausch gewesen ist, den jeder Adressat in seinen Verkehrskreisen weiterverwendet hat.

Etwas verschieden davon liegen die Dinge bei **Rudolf Alexander Schröder** und **Rudolf Borchardt**. Kessler und Hofmannsthal haben gewissen Rang und Namen. Ihr Wort dringt in die gesellschaftliche Oberschicht durch. Ganz anders bei den Vorstehenden: Schröder zieht als Artilleristenmaat der Seewehr (Unteroffiziersrang) in den Krieg. Er wird auf der Nordseeinsel Wangerooge stationiert. Auch der bereits 37 Jahre alte Borchardt wird eingezogen und dient als »gemeiner Soldat«, wird schließlich Unteroffizier [11]. Bodenhausen interveniert wegen beider Künstler energisch, wozu er selbstredend auf sein Netz von persönlichen Beziehungen zurückgreift. Er »setzt sich für das Werk ein, und ebenso, um Borchardt einer missbräuchlichen militärischen Verwendung zu entziehen.« [11] Sein Ziel darf nicht als willkürliche Wegnahme von Soldaten aus der Feldtruppe und persönliche Begünstigung fehlinterpretiert werden.

Eberhards Ärger geht vielmehr dahin, dass die Militärbehörden Leute mit spezieller Begabung schematisch und wenig nutzbringend einsetzen. Bodenhausen entrüstet im Oktober 1914: »Führer im Reichstag stehen im Felde als Kolonnen-Führer und verdienen sich das Eiserne Kreuz. Welche Verkennung ihrer Aufgabe!« [10] In diesem Sinne zeigt sich Eberhard überzeugt, dass der bewaffneten Macht durch den Verzicht auf Einreihung von zwei im reifen Mannesalter stehenden Landsturmsoldaten kein Nachteil entsteht, dem Reich aber durch die Inanspruchnahme der Dichter zum Zweck der Wehrpropaganda außerordentlich gedient ist. Das Werk Schröders wird durch den Freundeskreis schon zu Friedenszeiten bei dieser oder jener »maßgeblichen Persönlichkeit« annonciert. Mit seiner Gedichtsammlung »Deutsche Oden«, die durch konservative Gesinnung, »Modernekritik« und den Ruf zur deutschen »Selbsteinkehr« getragen werden [109] und seine Homer-Übersetzung, überzeugt er selbst Reichskanzler Bethmann-Hollweg, der bekennt: »Als die Marokkowogen (zweite Marokkokrise 1911 – d. V.) am höchsten gingen, las ich jeden Abend den Meinen einen Gesang aus der Odyssee vor.« [109] Bodenhausen greift zugunsten Schröders dem Schicksal in die Speichen, wo er das vermag. Der Dichter selbst, wie so viele seiner Zunft, zelebriert das Kriegserlebnis in Versform. »Persönlich« bewirkt der Krupp-Direktor die Herausgabe von Flugblättern mit Kampflyrik des Freundes. Titelzeilen wie »Soldatenabschied«, »Reiterlied«, »Lied der Strandwache« usw. [109] sind selbsterklärend. Bodenhausen sorgt dafür, dass die Sammlung patriotischer Gedichte als Sonderheft der Kruppschen Mitteilungen in ungeheuer hoher Auflage (70 000 Gratisexemplare – [109]) unter dem Titel »Heilig Vaterland – Kriegslieder von einem Artilleristen-Maat auf Wangeroog« [109] verbreitet werden. Derartige »Schrödersche Vaterlandsgedichte«, wie sie der Verleger Kippenberg [11] nennt, stellen keine Gefälligkeitsübungen dar, um sich bei den Herrschenden beliebt zu machen. Sie sind in ihrer »Gott-strafe-England«-Mentalität ein Spiegel der tatsächlichen Überzeugung des Dichters [109]. Bodenhausen erreicht schließlich die Unterbringung Schröders in der Etappe. »Die Versetzung nach Brüssel habe ich seinerzeit dortselbst veranlasst ...« [109]. Die deutsche Verwaltung in Belgien ist im Übrigen durchsetzt mit Freunden und Bekannten von Bodenhausen (Lancken, Harrach, Bissing). Ab Frühjahr 1915 arbeitet Schröder in der dortigen Presseabteilung [109]. Auch für Borchardt macht sich Bodenhausen auf vielfältige Weise stark [11]. Dieser verzückt seinerseits Bodenhausen mit einer im Dezember 1914 an der Universität Heidelberg gehaltenen Rede (veröffentlicht in der Zeitschrift »Die Argonauten«) zu dem Thema: »Der Krieg und die deutsche Selbsteinkehr«. Eberhard an den Freund und Autor im August 1915: »Die abgelaufenen Wochen stehen für mich vollkommen unter dem Eindruck Ihrer gigantischen Schrift. Sie bedeutet für mich bei weitem das Größte, was diese Zeit an geistigen Werten hervorgebracht hat« [11]. Der Baron wirkt als Multiplikator der von ihm als bedeutend erkannten Bekundung: »Ich habe sie an meinen ganzen Bekanntenkreis durch meinen Buchhändler verschicken lassen ... Ich habe auch hier dafür gesorgt, dass der Reichskanzler die Schrift liest ...« [11]. Ähnliche Wellen scheint Borchardt mit dem Aufsatz »Der Krieg und die deutsche Verantwortung« aus dem Jahr 1916 erzeugt zu haben.

Während also Bodenhausen, Hofmannsthal, Kessler, Schröder und Borchardt in Militär, Wirtschaft und Publizistik für den Sieg der Mittelmächte streiten, muss sich der Freund **Henry van de Velde** in persona mit existenziellen Sorgen herumschlagen. Als Staatsangehöriger eines nunmehrigen Kriegsgegners kann er seine erworbene Position in Deutschland nicht mehr halten. Der Ausnahmekünstler, dem deutsche Freunde den Weg geebnet haben und für den Deutschland zur Heimat geworden ist, steht auf einmal als »feindlicher Ausländer« da. Der signalisiert im Dezember 1914 tief enttäuscht und bekümmert Bodenhausen: »Inzwischen vergnügt sich der Weimarer Bürger über mein Geschick und die bürokratische Maschine tut, was sie kann, um mich zu quälen.« [11] Seine Stellung im Weimarer Staatsdienst verliert er, die Kunstgewerbeschule wird im Sommer 1915 geschlossen. Zwar versucht er sich durch künstlerisches Schaffen zu betäuben [11], aber ihm ist klar, dass er über kurz oder lang das Deutsche Reich verlassen muss. Die Familie Bodenhausen leistet noch diskret Hilfe, in dem sie im Herbst 1914 für einige Zeit die Gattin van de Veldes, Maria, und zwei seiner Kinder (Thylbert und Thylberte) in Degenershausen aufnimmt [109, 101]. Ein Verbleiben der nahen Angehörigen des Designers in der Goethestadt an der Ilm sei, so Dora von Bodenhausen, nicht mehr vertretbar, »weil man ihnen ihr Belgiertum vorwirft etc. u. sie sehr unangenehme Erfahrungen gemacht haben« [109]. Dass der Künstler selbst je in Degenershausen gewesen wäre, erscheint dem Verfasser hingegen fraglich. Van de Velde geht nach Beginn der bewaffneten Auseinandersetzung ins Sanatorium Kohnstamm im Rheinland, um sich den Nachstellungen seiner Gegner zu entziehen [101]. Der Krieg hat schließlich wohl eine nicht mehr der Aufforstung fähige Schneise in das Verhältnis zwischen dem Freiherrn und Henry van de Velde geschlagen. In der Korrespondenz der späten Kriegsjahre spielt der Belgier jedenfalls keine nach außen wahrnehmbare Rolle mehr. Auch in dessen Erinnerungen bleibt die Verschickung von Frau und Kindern in den Harz letzte Episode [101]. Als diese nach Degenershausen gelangen, ist dort bereits alles zur Aufnahme von kriegsbeschädigten Rekonvaleszenten vorbereitet. Nur am Rande: auch Doras Schwester und Schwägerin rüsten das Schloss Neubeuern zum Lazarett um [109].

An dieser Stelle soll noch zweier Freunde von Eberhard von Bodenhausen, die bislang nicht oder kaum Erwähnung gefunden haben, gedacht werden: Beide versterben in den Jahren des Weltkriegs. Im November 1914 schließt **Alfred Walter Heymel** (1878–1914) im Alter von nur 36 Jahren die Augen. Er steht nicht nur Bodenhausen besonders nahe, sondern ist auch befreundet mit Schröder, Kessler, Hofmannsthal und vielen anderen, die zu Eberhards Bekanntenkreis zählen. Ein wenig gleicht seine Lebensbahn der des Grafen Kessler: gemunkelte hohe Abkunft, sehr junger Adel, Reserveoffizier der Kavallerie [79], Millionenerbe nach seinem Adoptivvater, Kunstfreund und Mäzen, selbst Dichter und engagierter Verleger. Er leidet seit 1913 schwer an Tuberkulose, die ihn – noch nach einem kurzen Kriegsintermezzo – unrettbar dahinrafft. Letzte Pflege erfährt er durch Henry van de Velde, in dessen Armen er stirbt. Wie weiland Ernst von Mansfeld im Dreißigjährigen Krieg beabsichtigt er, dem Tod stehend in der Uniform der Oldenburgischen Dragoner, mit angelegtem Eisernen Kreuz, ins Auge zu blicken. Van de Velde dazu: »Welch ein Wunder an Starrsinn, welche übermenschliche Anstrengung ...« [101]. Bei diesem Auftritt bricht er zusammen, einen Tag später verstirbt er. Bodenhausen ist, weil er an Heymel »nicht ohne Wehmut und ohne wirkliche Liebe denken« [11] kann, tief erschüttert. An Kessler Anfang Dezember 1914: »Er war völlig abgemagert zum Skelett und sah aus wie ein alter Mann. Ich habe noch acht Tage vor seinem Tode einen ganzen Abend an seinem Bett verlebt ...« [11].

Lebenslang einer der engsten Freunde wird für Bodenhausen **Botho Graf von Schwerin-Wildenhoff** (1866–1917). Beide lernen sich schon während der Studienjahre in Bonn kennen. Eberhard vertraut ihm außerordentlich. Mit ihm redet er ohne Scheu über sehr persönliche Befindlichkeiten [11]. Graf Schwerin fällt unter den Freunden Eberhards ganz aus dem Rahmen: Naturwissenschaftler, Chemiker,

Erforscher der Elektroosmose, Unternehmer. Die Arbeitsgebiete der Freunde berühren sich ein wenig, als Bodenhausen für das Troponwerk (Lebensmittelchemie) wirkt. Darüber hinaus scheint es, dass Eberhard wohl nicht selten als Rechtsberater für Schwerin fungiert, wenn es um die ökonomische Verwertung chemischer Erfindungen geht. Nach dem Versterben des Freundes regelt er dessen Nachlass [90]. Die feinsinnige Affinität zu Fragen der Kunst, wie sie sonst für viele der engeren Genossen um Eberhard Zugangsvoraussetzung zum inneren Zirkel ist, spielt im Verhältnis der beiden kaum eine erkennbare Rolle. Umso erhabener muss das Fundament dieser Freundschaft daher sein. Dessen Mörtel heißt: namenloses Vertrauen und uneigennützige menschliche Zuwendung. Bodenhausen weiß, was er an dem Grafen verliert. Schwerin stirbt infolge einer Lungenentzündung im Februar 1917. Den Pfarrer zur Trauerfeier für den alten Gefährten zu präparieren, macht sich Eberhard zur Pflicht. Das Resultat der Bemühungen bleibt ernüchternd: »Vorgestern war ich lange beim Pastor, der mir versicherte, noch nie so über einen Toten sprechen gehört zu haben. Aber er hat dann eine Wassersuppe daraus gemacht und hatte keinen Dämmer von Bothos Persönlichkeit erhalten ... Ich hätte am Sarge reden sollen, aber der Pastor hatte auf eine Andeutung nicht reagiert und die Damen sagten nichts, so habe ich es gelassen und bereue es nun ...« [11]. Das Ableben eines so nahen Wegbegleiters trifft Eberhard hart, plagen ihn doch selbst dunkle Vorahnungen. An Hofmannsthal: »Von allen Menschen, die ich kannte, war er der selbstloseste und liebevollste. Unvergeßlich die Stunde, die ich heute Morgen ganz allein verleben durfte an seinem Totenbett, als die Fenster offen standen, die Sonne schien kalt und freundlich in das ruhige Zimmer, drin dufteten die weißen Blumen und draußen ohne Pause schippten sie Kohlen, sonst kein Laut.« [10]

13.

AUSZEHRUNG UND TOD (1913–1918)

AM RANDE DER ERSCHÖPFUNG: ALTERN, KRANKHEIT, TODESSEHNSUCHT

Nicht ausufernde, niedrige Exzesse haben Eberhard von Bodenhausen hinab gezogen und an seiner Konstitution genagt, sondern ein zwanzigjähriges Leben »auf der Überholspur« (um einen Gegenwartsausdruck zu gebrauchen); ein rastloser, unbemerkt aufreibender und verschlingender Arbeitsstrudel hat ihn dahin geführt, wo er am Beginn des Krieges physisch steht. Im Dezember 1913 erregt gelegentlich eines Abendessens im vornehmen Berliner Hotel Eden eine Person die Aufmerksamkeit der lyrischen Schriftstellerin Erika von Watzdorf-Bachoff: »Vom anderen Ende der langen Tafel trank mir ein sehr sympathisch aussehender Herr irgendwie vertraut zu, und ich fragte Hardt, wer das sei. Die Antwort ›Eberhard von Bodenhausen‹ ergriff mich, denn er sah so leidend und vor der Zeit gealtert aus, dass ich ihn nicht erkannt hatte.« [109] Bodenhausen hat lange und fortdauernd unter verschiedenen Krankheiten gelitten, die sein Wohlbefinden über die Zeit in die eine oder andere Richtung fühlbar beeinträchtigt haben.

Krankheiten: An Schlaflosigkeit, gelegentlichem Kopfschmerz und einem gewissen Hang zur Schwermut hat der Baron wohl schon zeitig gelitten. Frühes Zeugnis von 1899: »Mit Schwerin wieder über Depressionen geredet.« [11] Eine Klage aus dem Jahr 1904: »... wie es mir oft geht, habe ich diese Nacht nicht geschlafen« [11]. Zum fühlbaren Problem wird das Aufsummieren gesundheitlicher Beschwerden dann tatsächlich erst kurz vor dem Weltkrieg. Ausgerechnet zur Neubeurer Woche 1913/14, als er sich auf ein intellektuelles Feuerwerk unter Künstlern und Freunden freut, fesselt ihn ein Gichtanfall in den Tagen des Jahreswechsels ans Bett. »Hatte schlimme Zeit, war meist im Bett, habe Hugo, Henry, Rudi nur an meinem Krankenlager gesehen.« Die Behandlung in Berlin dauert bis Mitte Februar an [90]. Etwa zur Zeit der Julikrise und des Kriegsausbruchs kränkelt er schon wieder. Den Anstrengungen eines Feldzuges fühlt er sich nicht mehr gewachsen. Nach den Tagen von Geldern begibt er sich bis Anfang September in das Sanatorium von Dr. Oskar Kohnstamm in Königstein im Taunus. Der Grund: »Bodenhausen fühlte sich überfordert, litt unter Gedächtnisstörungen ...« [90]. An Schröder berichtet Eberhard, er gehe nach Königstein, »um (seine) chronischen Kopfschmerzen loszuwerden« [109]. Das Sanatorium Kohnstamm verkörpert schon wieder eine Klasse für sich: sehr geringe Patientenzahl, illustre Gäste vor allem auch aus dem künstlerischen Milieu, »Peterchens Mondfahrt« von Bassewitz entsteht dort; das Sanatorium scheint als Vorbild für jenes im »Zauberberg« von Thomas Mann in Frage zu kommen [101, 130]. Doch zurück zu Eberhard. »Bodenhausen klagt in seinen Aufzeichnungen wiederholt über tagelange starke Kopfschmerzen.« [109] Er muss in späteren Jahren dienstliche Verabredungen »wegen Kopfschmerzen« aufgeben [90]. Doch dabei bleibt es nicht. Es kommt noch schlimmer. Aus Meineweh unterrichtet er Schröder Mitte September 1915: »Da ich aber gestern einen recht fatalen Blinddarmanfall hatte, so bin ich außer Tätigkeit gesetzt und warte nur, dass ich einigermaßen fahren kann, um dann zu sehen, ob man mich gleich operieren will, was mir am besten erschiene. 3 Stunden ununterbrochener Angstschweiss vor zerreissenden Schmerzen ist nichts, das man gern zweimal erlebt. Schließlich bin ich mit Morphium lebensfähig geworden.« Als Grund wird eine Nierenkolik festgestellt [109].

Behandlung erfolgt mittels einer »elektrischen Unterleibskur für die nächsten Wochen« [90]. Bodenhausen notiert: »Erste Diathermie Behandlung bei Mendel« [109]. Viel geholfen hat es wohl nicht. Hofmannsthal teilt Mitte November Freund Schröder über das Befinden Eberhards mit: »Fand hier Eberhard vor dieser neuen, eigentlich Hoffnung gebenden Situation: die Ärzte halten Verwachsungen am Blinddarm und daraus resultierende beständige Selbstvergiftung für die wahrscheinlichste Ursache seines sonst unerklärlichen Krankseins. Es wird infolgedessen nächsten Montag Blinddarmoperation vorgenommen.« [109] Der Prozess der Gesundung scheint sich hinzuziehen. Mitte Januar 1916 unterrichtet Schröder den Dichterkollegen Hofmannsthal: »Mit Schmerz hörte ich, dass es Eberhard trotz der überstandenen Operation noch nicht besser gehe ...« [109]. Auch 1917 ist davon die Rede, dass er »... das Krankenbett hütete« [90]. In der Summe bestehen keine Zweifel, dass Bodenhausen gesundheitlich stark angeschlagen ist. Leitsymptom der letzten Jahre bleiben wohl tatsächlich die neurologischen Beschwerden. Dora von Bodenhausen im Lebensbild ihres Gatten: »Dennoch geht die Arbeit weiter; der Tag reicht nicht aus. Die Umwelt ahnt nicht, mit welcher Disziplin dieser Mann seine Leistung schweren körperlichen Behinderungen, besonders den quälenden Kopfschmerzen, abringen muss.« [11]

Erschöpfung: Eine Parallele zu Bodenhausens Lage aus dem Kreis der Freunde mag dazu erlaubt sein. Gelegentlich des Aufenthalts in einer Heilanstalt erinnert ein Arzt Henry Henry van de Velde 1912 daran, dass der menschliche Körper keine Maschine sei und zuzeiten der Schonung bedürfe: »Sie sind bald fünfzig Jahre alt, es ist hohe Zeit für einen Menschen, der sich wie Sie verausgabt, auszuspannen.« [101] Daran hat Bodenhausen wohl nie gedacht. Wirkliche Muße bleibt ihm unbekannt, auch, wenn er »dem grausamen

Leben ... Sonntage und Stunden des Glücks (abzwingt)« [109]. Der Verfasser denkt, dass Eberhard – als Frucht eines ererbten und anerzogenen protestantischen Arbeitsethos' – Nichtstun wahrscheinlich nur als verwerfliche Sünde gilt. Letzte Ursache der in den finalen Jahren gefühlten Kraftlosigkeit ist ganz sicher zum einen ein »überbeanspruchtes Arbeitsleben« [11]. Zum andern führt aber gerade jene von ihm selbst gewählte Doppel- und Dreifachbelastung durch die ökonomische Leitung der Familiengüter und nicht zuletzt eine unablässig sprudelnde politisierende, empfehlende und organisierende Korrespondenz mit »Gott und der Welt«, den Körper an seine Grenzen. Dazu treten weiter Reisen ohne Zahl. Zimmermann [109] unter Berufung auf den Notizkalender von Bodenhausen: »Er fährt zwischen dem 28. Juni und dem 8. Juli (1915 – d. V.), also innerhalb von elf Tagen, von Essen nach Aschersleben, Neubeuern, München, Neubeuern, Rosenheim, Eybach, Frankfurt, Hamburg, Essen.« So geht es bis zum Ende. Noch im April 1918 lässt er Schröder wissen: »Ich habe noch nicht einmal Zeit gehabt, Deinen Brief eingehend durchzulesen. Das Maß meiner Beschäftigung in dieser Woche übersteigt jede mir bekannte Grenze ... Bitte zu bedenken, dass ich im Laufe der kommenden 8 Tage dreimal hin und zurück nach Cöln fahren muß und überall zwischendurch den ganzen Tag durch Sitzungen besetzt bin.« [109] Und das zu einer Zeit, als der Begriff »Stress« noch nicht einmal erfunden ist! Die Folgen des Raubbaus an sich selbst werden offenbar etwa ab Beginn des Krieges. An Hofmannsthal: »Die Signatur meines Wesens seit Ausbruch des Krieges ist nicht Vitalität, sondern Müdigkeit und immer wieder Müdigkeit.« [11] Ein Streiflicht aus dem Herbst 1915, als es zu einem der seltenen persönlichen Treffen unter den alten Weggefährten kommt: »Eberhard sehe ich zum ersten Mal als den *Essener* (Hervorhebung im Original – d. V.) Eberhard. Er ist lieb wie immer, mir der Freund aller Freunde, aber doch so müd und unlustig des Redens, so ruhebedürftig, dass ich glaube, wir müssen für die Zukunft nichts für ihn wünschen, als Ruhe, Ruhe.« [44] Der Wunsch des Dichters ist vom Schicksal nicht gehört worden.

Depression und Todeserwartung: Die Häufung von Erkrankungen und unverkennbare Anzeichen, dass er nach mehr als zwanzig Jahren rastloser Tätigkeit ausgebrannt ist, führen zu depressiven Verstimmungen. Kalendervermerk aus dem Januar 1915: »Einsamer Sonntag mit viel Schnee und viel Gefühl von innerer Armut und namenloser Einsamkeit.« [109] Ob hier eine Sinnkrise reift, mag dahinstehen. Ein Blick in das Seelenleben Eberhards ist es allemal. Am besten beschreibt vielleicht Borchardt mehr als ein Jahrzehnt nach dem Tod Bodenhausens dessen Dilemma. Er sieht ihn als »eine solche ernüchterte große Natur mit ihrem tonlosen Adel und ihrer langsam versagenden Festigkeit unter der Zeitenbürde ...« [11]. Der Baron selbst fasst wohl sein Leben in den letzten Jahren als ein Herabsteigen vom Berge auf. Höher kann er nicht mehr hinauf, das fühlt er deutlich. Beredten Ausweis für limitierte Physis und Psyche stellt das Antragen ehrenvoller Ämter dar, deren Annahme er sich versagen muss, weil die Natur ihm Grenzen setzt. Nicht unwahrscheinlich, dass ein Charakter wie Bodenhausen eine solche Entwicklung klaglos als persönlichen Niederbruch empfindet und er alsbaldigen Tod einem allmählichen Leistungsversagen vorzieht. Seit den Tagen zu Anfang des Jahres 1915, als ihn die Macht der Worte Schröders förmlich ergreift, scheint er intensiv Gedanken über die Zeitlichkeit des Seins näher zu treten. An den Dichter: »Deine Elegien verlassen mich gar nicht mehr und sind mir die liebsten Begleiter durch die Tage.« [109] Die bereits dargebrachten Zeilen (vgl. Abschnitt Degenershausen) aus dem Schröderschen Klagelied »In Memoriam« [44, 109] rühren Bodenhausen so innig an, dass er mit ihnen selbst im Sterben verbunden bleiben möchte: »Ich will, dass diese Verse einmal auf meinen Grabstein stehen, und nichts weiter.« [109] Noch im Frühjahr 1918 trifft er Verfügungen zu Ort und Gestaltung der »lang geplante(n) Begräbnisstätte im Park«. [44] Hofmannsthal fasst diese Bemühungen in seinem Versuch einer Charakteristik in die Worte: »Sorge um das Grab.« [11] Wenn auch Eberhard sich 1915 gewiss kein jähes Ende herbeisehnt (»Wenn Gott mir noch zehn Jahre Leben schenkt ...« – [44]), so gewinnt für ihn die Beschäftigung mit der Endlichkeit menschlichen Lebens doch zunehmend an Bedeutung. Alles in allem verdichten sich die letzten Jahre Bodenhausens hin zu einer Leidensgeschichte. Zwar muss im Blick bleiben, dass diese angesichts von Hungersnot und an den Fronten fallender Soldaten eine relative ist, aber wirklich gut geht es dem Baron nicht.

ZU SPÄT – WAS BODENHAUSEN NICHT MEHR GEWORDEN IST

Rudolf Alexander Schröder, naher Freund im letzten Jahrzehnt, wird nach dem Dahinscheiden Eberhards an der Seite von dessen Witwe Künder und Ordner des geistigen Nachlasses. In der Einleitung des »Lebens für Kunst und Wirtschaft« zitiert er mit Bezugnahme auf Bodenhausen den norwegischen Prinzen Fortinbras (aus Shakespeare's »Hamlet«) mit den Worten: »Er hätte, wär er hinaufgelangt, unfehlbar sich höchst königlich bewährt.« [11] Was soll damit gesagt sein? Ehrenvolle Spitzenämter, die ihm nun, nachdem der Glückstern den Zenit überschritten, angetragen werden, egal aus welchem Metier, würde er unter Lobpreisungen gemeistert haben. So, wie es im Universitären Brauch, dass sich im akademischen Lebenslauf der »Ruf« an diese oder jene Hochschule, auch, wenn man ihm nicht folgt, ganz uneitel gut macht, liegen die Dinge auch bei Eberhard. Der

»Ruf« in eine bestimmte Stellung drückt nämlich die Überzeugung des Antragenden aus: »Der kann das!« Aus diesem Winkel wird man jene Ämter aufzählen dürfen, zu deren Ausübung er aufgefordert, deren Annahme er aber – vornehmlich aus gesundheitlichen Gründen – abschlagen muss.

Botschafter: Da gibt es zunächst Erwägungen, Bodenhausen nun doch in den auswärtigen Dienst zu holen. Das, was er als junger Mann nicht erreichen kann, den Eintritt in die diplomatische Laufbahn, bietet man ihm später an. Seine Witwe dazu: »Im Jahr 1911 kommt die Anfrage, ob er den Botschafterposten in St. Petersburg übernehmen will. Aus materiellen Gründen muss Bodenhausen ablehnen ...« [11]. Die Umstände bleiben im Dunkeln. Zwar haben Reisen ihn auch ins Zarenreich geführt, eine engere Affinität zu den russischen Verhältnissen lässt sich aber wenig nachvollziehen. Ganz anders steht das Projekt da, Bodenhausen zum deutschen Botschafter in den Vereinigten Staaten zu berufen. Ein solches Vorhaben soll – »Amerika ist noch neutral« [11] – nach Dora von Bodenhausen auf die Bemühungen »amerikanischer Freunde« zurückgehen. Der Name des Freiherrn hat aus den Tagen internationaler Wirtschaftsgespräche einen guten Klang dort. Bodenhausens amerikanische Mutter und die Sympathie, die er selbst für die USA empfindet, lassen ihn als überaus geeignete Wahl erscheinen. 1909, während seines Aufenthalts dort, bekennt er: »Ich habe mit diesen Leuten einen merkwürdigen Contakt gefühlt, der von meiner Amerikanischen Herkunft herrühren muss.« [90] Womöglich hat es für Bodenhausen von den persönlichen Voraussetzungen her keinen Posten gegeben, auf dem er für das Deutsche Reich unter der gegebenen Lage besser hätte wirken können. Stets warnt er vor einer Geringschätzung der USA als machtpolitischer Faktor [11]. Wir reden hier in etwa vom Jahr, das dem Eintritt der Vereinigten Staaten in den Weltkrieg voraus geht. Allein, es hat nicht sollen sein. Der Kaiser, so Bodenhausens Ehefrau, habe den Vorschlag »erwogen«, aber ihn zur Schonung des Amtsinhabers verworfen [11]. So bleibt Eberhard lediglich engagierter Beobachter der Entwicklung. Seiner Tante Amalie gegenüber sieht er schon lange zuvor das Unglück kommen: Trotz britischer Handels- und Hungerblockade hält er die Erklärung des uneingeschränkten U-Boot-Krieges für den falschen Weg, schlicht für eine »selbstmörderische Politik« [11]. Anfang Februar 1917 verwirklichen sich seine Befürchtungen: Die USA nehmen die Zulassung der Torpedierung auch neutraler Schiffe zum Anlass, auf Seiten der Entente in den Krieg einzutreten. Dem Abbruch der diplomatischen Beziehungen folgt Anfang April die Kriegserklärung. Zu dieser Zeit hat Bodenhausen aber wohl längst jede Hoffnung aufgegeben, dass sich Amerika noch irgendwie auf deutsche Positionen festlegen ließe. Damit rückt eine von Eberhard schon im Oktober 1914 durchaus für möglich erachtete Remislösung näher [11]. Dem Sohn Hans Wilke gegenüber gibt er sich aber vollständig siegessicher. Mit ungewohnter Härte und Bestimmtheit lässt er ihn im Januar 1917 wissen: »Wir aber werden diesen Kampf (gegen die im Mammonsdienst verknechtete Welt Amerikas) bestehen ... Ich habe diese Zuversicht restlos.« [44] Festzuhalten ist jedenfalls, dass sich Bodenhausen einer Arbeit im diplomatischen Dienst – vom Finanziellen einmal ganz abgesehen – eigentlich schon vor Kriegsausbruch nicht mehr gewachsen fühlt: »Der Gedanke an eine Botschafter-Tätigkeit, der mir eine Zeit lang so nahe gerückt war, tritt ganz in den Hintergrund. Schon darum, weil ich mir eine solche Aufgabe gesundheitlich nicht mehr zutrauen kann.« [10]

Reichskanzler: In den letzten Jahren des Krieges ist eine Berufung Bodenhausens zum Reichskanzler zumindest im Gespräch gewesen. Seine Frau erwähnt im Lebensbild solche Erwägungen für das Jahr »1916 und dann wieder im

März 1917« [11], was im ersteren Fall eine Ersetzung Bethmanns durch Bodenhausen bedeuten würde. Simon [90] zum zweiten Sachverhalt: »Wahrscheinlich das seit Ende Oktober (dem Sturz von Michaelis) schwebende Projekt, Bodenhausen zur Kandidatur als Reichskanzler zu bewegen; der Vorschlag ging sowohl von Romberg, Kessler und dem Auswärtigen Amt aus, als auch vom Direktorium der Firma Krupp und von A. Thyssen.« Betrieben wird die Ernennung Bodenhausens zum Kanzler als Nachfolger von Michaelis und anstelle von Hertling [44]. In einem Brief an Kessler von Mitte November 1917 weist Eberhard derartige an ihn »herantretende Gedankengänge« [90] als unrealistisch zurück, weil er »gesundheitlich *nicht* leistungsfähig« [90] sei. Zur selben Zeit an Dora: »Die R. K. Sache (R. K. wohl Reichskanzler – d. V.) ist ja sehr komisch, außerdem vollkommen erledigt, sie ist aber zu ernst, um mit Witzen behandelt zu werden.« [90] Ausführlich an den Sohn im gleichen Sinne: »(Es ist) die Frage an mich herangetreten, ob ich bereit sei, mich für die nächste Krise bereitzuhalten als Reichskanzler ... Die Eindringlichkeit des Wunsches konnte nicht stärker zum Ausdruck kommen ... Nun kommt das alles wegen meiner in 12 Essener Jahren so verbrauchten Nerven ja gar nicht in Frage ...« [44].

Minister: Nach Auskunft der Ehefrau werden Bodenhausen verschiedentlich Ministerposten angetragen, die er jedoch ablehnt, weil er befürchtet, sich dadurch innerhalb eines fest gefügten Apparats zu eng zu binden. Als unabhängige Persönlichkeit, so Dora, könne er mehr Einfluss ausüben. [11]

Bevollmächtigter im Großen Hauptquartier: Zur Durchsetzung der Interessen der deutschen Wirtschaft regt Hapag-Gründer Albert Ballin u. a. die Berufung Bodenhausens ins Große Hauptquartier an [11]. Gedacht ist hier sicher an ein Anhängen an den Reichskanzler als Leiter der deutschen Politik, der kraft Amtes dem Großen Hauptquartier angehört. Das alles geht über Entwurfsdenken nicht hinaus.

Friedensunterhändler: Gegen ein erstes Ansinnen Kesslers zur »Mitwirkung bei den Friedensverhandlungen« [90] im Herbst 1915 hat sich Eberhard zur Wehr gesetzt. Zwei Jahre später wird diese Frage wieder akut. Wohl auf Drängen des engeren Freundeskreises soll Bodenhausen erneut dazu gebracht werden, sich für den Fall eventueller Friedensverhandlungen als Teilnehmer auf deutscher Seite bereit zu halten. Er winkt gleich ab und teilt im November 1917 seiner Frau mit, er »habe Kessler gebeten, mit dem Puz (Romberg) gar nichts abzumachen und ihm nur zu sagen, dass ich als Friedensparlamentär die Kraft nicht in mir fühle. Ich bekam ja sofort wieder Kopfschmerzen.« [90] Recht interessant ist der Umstand, dass sich der Baron durchaus über den Fall, dass plötzlich der Frieden »ausbräche«, ernsthaft Gedanken macht. Da er ein öffentliches Amt nicht bekleidet, bleibt alles letztlich private Meinung. Adressat der geäußerten Überlegungen – allerdings für einen deutschen Siegfrieden – ist der 15-jährige Hans Wilke. Dazu legt Katte [44] einen Brief aus dem Februar 1916 vor, der doch einiges über die Geisteswelt von Bodenhausen aussagt: Zunächst stellt er fest, dass die Kriegskosten, die er auf einhundert Milliarden Reichsmark taxiert, selbst im Falle eines Sieges wegen der Ungeheuerlichkeit der Summe nicht vom unterlegenen Gegner zur Gänze würden zurückgefordert werden können. Er plädiert für eine maßvolle Geldentschädigung, die jedenfalls nicht zu hoch bemessen sein solle. Allerdings hat er dabei weniger die Schonung der Ententemächte im Auge. Er befürchtet vielmehr, dass die Flutung des Reiches mit Geld aus der Entschädigung ein »allzu üppiges Wohlleben« befördert. »Es ist wertvoller für Deutschland, im Laufe der nächsten 20 Jahre unablässig zu arbeiten an der Heilung der durch den Krieg geschlagenen Wunden, als durch einen einmaligen Triumph wieder zu dem alten Reichtum zurückzukehren.« [44]

Reichs-Kultus-Minister: Ende 1917 unterrichtet Eberhard die Gattin, dass Kessler, er und andere Freunde den Plan einer Akademie als einer »Art von Reichs-Kultus-Ministerium« diskutieren würden. »Bodenhausen sollte den Vorsitz übernehmen ›in der bewussten, international zu organisierenden Auslands-Kultur-Propaganda‹« [90]. Irgendwie klingt das, ähnlich wie die vorstehende Sache mit dem »Friedensparlamentär« auch, nach einer ausgesuchten Kesslerschen Windbeutelei. Etwas geworden ist selbstredend aus beiden Vorhaben nichts.

Präsident der Disconto-Gesellschaft: Tiefere praktische Relevanz besitzt da ein Angebot, das ihm aus der Bankenwelt Anfang Mai 1917 angetragen wird. Arthur Salomonsohn bietet ihm das Präsidium der Disconto-Gesellschaft an. Bodenhausen »musste ausschlagen« [90]. Die Gründe dafür werden ausschließlich a conto der fortdauernden gesundheitlichen Beschwerden gehen, bekennt er doch schon im Herbst 1915 gegenüber Kessler: »Die 9 Jahre hiesiger Arbeit (gemeint ist Krupp – d. V.) haben mich doch zu stark verbraucht, als dass ich mir noch eine neue Aufgabe auf irgendwelchem, mir aus der Tätigkeit der letzten Jahre nicht geläufigen Gebiet zutrauen könnte. Dazu gehören schließlich doch andere Nerven und Geisteskräfte, als die meinigen.« [90]

Generaldirektor der Königlichen Museen: Wäre Bodenhausen ein Jahrzehnt zuvor – am Ende der Heidelberger Jahre – eine Stellung im deutschen Kulturleben wie die als Generaldirektor der Königlichen Museen angeboten worden, so gäbe es vielleicht auf der Berliner Museums-Insel heute ein Bodenhausen-Museum. Bekanntlich wandert Eberhard in die Sphäre der Banken und der Wirtschaft ab. Nun, 1914 und wohl nochmals 1915, eröffnet sich die Möglichkeit, Nachfolger Wilhelm Bodes zu werden. Es scheint, dass Eberhard einen Augenblick zaudert, was er tun soll. »Neulich nun lange Unterredung mit Bohlen, der mich mit guten Mitteln zu halten sucht.« [10] Das ist dem Unternehmen Krupp auch gelungen, weil die Konditionen im Kunstsektor einfach nicht stimmig sind. Ausführlich an Hofmannsthal: »Auch hat eine lange Unterredung mit Bode den Gedanken an seine Nachfolgerschaft sehr stark verblassen lassen. Es wäre doch eine reine Beamten-Tätigkeit mit langen Dienststunden, mit endlosem Personal-Ärger, mit viel Repraesentation und ohne Möglichkeit eines Nebenverdienstes. Und dazu noch Bode, der das Alte Museum behalten möchte, als Untergebenen. Ein groteskes Bild. Caprivi Reichskanzler mit Bismarck, der das Portefeuille des Äußeren beibehält.« [10] Irgendwie, so gewinnt man den Eindruck, ist 1914 auch die Zeit für ein berufliches Engagement Bodenhausens in der Kulturwelt entschieden vorüber. Das hoch lodernde, Funken sprühende Feuer der Heidelberger Jahre ist erloschen. Die Verfolgung künstlerischer Interessen wirkt zurückgenommener, verhaltener, privater. Zehn Jahre in der Großindustrie haben Spuren hinterlassen, Bodenhausen zermürbt und gelehrt, wo er Tätigkeitsschwerpunkte setzen muss. Da tritt die Kunst, die Eberhard nicht weniger wert und lieb ist als früher, doch ein wenig in den Hintergrund.

Ein Fazit: Schröder [11] erklärt in seiner Einführung zum »Leben für Kunst und Wirtschaft« in Bezug auf jene beruflichen Möglichkeiten, seien sie nun künstlerischer oder politischer Natur, wohl in der Sache ganz zutreffend: »All diesen Anträgen war die Bitternis der Ablehnung beigemischt, vor einem jeden von ihnen musste es für den schon von den Vorboten frühzeitigen Todes Gezeichneten heißen – zu spät.« Aber was, denkt man entgegen, hat der Tod dem Freiherrn erspart? Hugo von Hofmannsthal fasst es in die Worte: »Sein Verschwinden, bevor das Tragische der Epoche hervortritt« und die »Rechtzeitigkeit seines Todes in Anbetracht des nun Hereinbrechenden« [11]. Bodenhausen hat zwar sich verschärfende Probleme, aber nicht das Ende des Kaiserreichs kommen sehen. Seine Äußerungen drücken eher Befürchtungen, denn schon unvermeidliche Gewissheiten aus. Da ist fraglos das dumpfe Gefühl, dass sich die Waage vor allem durch den Kriegseintritt der Vereinigten Staaten zu Ungunsten des Reiches neigt. Er sieht Schlimmes: »... auch bei uns wird die Lebensmittelfrage furchtbar ernst ...« [11]. Ebenso fühlt Bodenhausen, dass bei fernerer Verweigerung innenpolitischer Reformen (Wahlrechtsvorlage) Unruhen drohen. Konservative Kräfte, zu denen sich der Baron anscheinend ausdrücklich nicht zählt, sähen lieber den Staat zugrunde gehen, als dass sie von ihren Vorrechten lassen würden. Er hofft, dass sich die Regierung hinter die Wahlrechtsvorlage stellt. »Sollte es an dieser Entschlossenheit fehlen,« so Eberhard an seine Tante Amalie im Februar 1918, »so besteht für mich gar kein Zweifel mehr, dass wir einer Revolution im Innern entgegengehen ...« [44]. Resignierend fügt er an, dass er mit seiner Meinung »auch in den hiesigen Bank- und vor allem Industriekreisen, ziemlich allein stehe« [44]. Es ist rein spekulativ, ob Bodenhausen bei gefestigter Gesundheit etwa als Reichskanzler durch Niederlage und Bürgerkrieg zum Liquidator der Hohenzollernmonarchie geworden wäre oder ob ihn politische Ränke schon vorher zu Fall gebracht hätten. Dieser Kelch ist an ihm vorübergegangen. Der Verfasser meint aber, dass Bodenhausen im Zeitpunkt seines Todes keineswegs die Möglichkeit eines Bezwingens der deutschen Kriegsmacht hat erahnen können. Im Frühjahr 1918 gibt es durchaus militärische Lichtblicke: Russland und Rumänien sind geschwächt. Die Lage an der Isonzofront ist zunächst stabilisiert. Die deutschen Großangriffe an der Westfront verlaufen günstig. Mitte April 1918 hat das Heer innerhalb von vier Wochen erhebliche Geländegewinne erzielt. Als die mächtigen Gegenoffensiven der Entente im Juli und August greifen und die deutsche Front in Frankreich ins Rutschen kommt, ruht Bodenhausen schon in der Grabkammer in Degenershausen.

FINALE – DAS ABLEBEN VON EBERHARD VON BODENHAUSEN IM MAI 1918

Letzte Freuden

Dora von Bodenhausen erinnert sich der letztvergangenen gemeinsamen Feiertage in Degenershausen: »Noch einmal erlebt er das Weihnachtsfest in der Heimat, liest den Kindern ›Das Jesuskind in Flandern‹ von Felix Timmermans vor, stapft mit der Flinte auf dem Rücken durch die verschneiten Wälder, besichtigt die neuen Schonungen und lässt sein Auge über Land und Hof gehen.« [11] Mutmaßlich bedient sich Bodenhausen hier im Familienkreis der Originalausgabe des bezeichneten Werks, denn eine Übersetzung datiert erst von 1919 [140]. Einem Talent wie ihm, der sich auch oft im dortigen Sprachraum aufgehalten hat, ist dies aber unbedingt zuzutrauen. Wenn es ans Ende geht, gewinnen Umstände, die den Versterbenden zuletzt berührt und die sonst gewöhnlich im Alltag zerfließen, letzte Worte, Handlungen, Zeichen, an die sich sonst kaum jemand erinnern würde, nun beinahe mythischen Rang. Eberhard betreffend steht hier an herausgehobener Stelle der gewonnene Kontakt zu dem Dichter Pannwitz. Über die Rolle von Pannwitz war vorstehend schon gesprochen. Die beseelte Stimmungslage, in die Bodenhausen durch den kommunikativen Austausch mit dem neuen Freund versetzt wird, belebt ihn sichtlich. Das wird im Umfeld allgemeine Wahrnehmung. Schwägerin Ottonie an Hugo von Hofmannsthal Anfang März 1918: »Denken Sie Eberhard war zwei Tage hier um Pannwitz kennen zu lernen und die Beiden haben den Weg zueinander gefunden, herrlichste Gespräche gehabt mit sehr positiven Resultaten ...« [44]. Wie der weitschauende Adler abhebt und souverän die Kreise zieht, so gerät der geistige Höhenflug, der sich im Ringen um die als richtig empfundene Meinung spiegelt, tatsächlich zum letzten großen Ereignis im Leben des Freiherrn [11]. Ein anderes: In einem seiner letzten Briefentwürfe, nach dem Tode aufgefunden, richtet er sich an das Nobel-Preis-Komitee in Stockholm und empfiehlt in flammender Rede, Hugo von Hofmannsthal bei der Verleihung des Literaturnobelpreises in die engere Wahl zu ziehen [10]. Wahrlich eine hochherzige und noble Geste des begeisterten Lesers für »seinen« Dichter, die nicht mehr zum Tragen kommt. Zuletzt brieflich bekundete Lektüre Eberhards: »Zum ersten Mal, aber mit umso intensiverem Genuss, habe ich die ganze Kampagne in Frankreich von Goethe gelesen« [10]. Ferner: Hoheitsvoller Ausgang – ein Zeichen? »Als Bodenhausen zum letzten Mal Degenershausen verlassen hatte, fand man in seinem Zimmer einen aufgeschlagenen Hölderlinband, in dem er, als schon der Wagen gemeldet war, die folgende Stelle angestrichen hatte: »Aber ich kann das Erdenrund entbehren. Das ist mehr, denn alles, was es geben kann.« Und: »Aber das Sonnenlicht, das eben widerrät die Knechtschaft mir, das läßt mich auf der entwürdigten Erde nicht bleiben und die heiligen Strahlen ziehn; wie Pfade, die zur Heimat führen, mich an.« [11] Hat damit der Finger der Vorsehung Eberhard berührt? Wohl kaum, aber es scheint eben zutiefst menschlich, einen solchen Nebenumstand im Angesicht des Todes symbolhaft aufzuladen.

Die Umstände des Todes: Durch die Familie tradiert und in der Literatur meist wiederholt [11, 42] wird nachstehende Beschreibung gegeben. Am 5. Mai 1918 hält sich Bodenhausen auf dem vormaligen Sitz des Vaters in Meineweh auf. Er beabsichtigt, dessen Begräbnisstätte aufzusuchen und begibt sich in das nur sehr wenige Kilometer entfernte Hollsteitz. Die Grablege Hans Heinrichs befindet sich am dortigen Kirchhof. Räumlich zeichnet sich die Anlage dadurch aus, dass sie auf einem erhöhten Geländevorsprung, praktisch auf einem Sporn, einem Hochplateau, liegt. Der Weg zum Eingang des Gotteshauses führt über eine recht hohe und steile Treppe mit Zwischenabsatz. Nach links und rechts ist der Kirchhof mit einer mannshohen Mauer umgeben. Zur Straße hin fällt der Hang, auf dem diese aufsteht, dann doch einige Meter ab. Dora von Bodenhausen: »Das in Pacht gegebene Gut Hollsteitz ist der älteste Familienbesitz der Bodenhausen. Dort war ihr Begräbnisplatz. Aber dem jetzigen Gutsherrn mißfiel die Vorstellung in einer Erde begraben zu liegen, die man selber nicht mehr bewohnt und bebaut hatte. Daher hatte er für sich und die Seinen im Degenershausener Park den Ort der letzten Ruhe gewählt. Ein unglücklicher Zufall will es, dass er bei einem letzten Besuch in Hollsteitz von seinem Besitz Meineweh aus den Schlüssel zum Friedhof mitzunehmen vergißt und nun, um zum Grabe des Vaters zu gelangen, über das eiserne Tor hinüberklettern muß. Beim Rückweg über die Friedhofsmauer sprang er offenbar so hart auf, dass er sich dabei eine Gehirnverletzung zuzog. Ein Bluterguß ist die Folge; er verliert das Bewußtsein und entschläft einen Tag später, am 6. Mai 1918.« [11]

Zweifel? Dieser Hergang, also das Versterben in Meineweh als Folge eines tragischen Unfalls anzunehmen, wird im Allgemeinen nicht bezweifelt. Abweichende Meinungen vertreten insoweit lediglich Weinzierl [103] und Hergemöller [41]. Ersterer bekundet in seiner Hofmannsthal-Biografie unter Bezugnahme auf den Nachgenannten: »Die Wahrheit ist wohl diese: Eberhard von Bodenhausen ›stürzte sich von einer hohen Friedhofsmauer in den Tod – von der Mauer jenes Friedhofs, auf dem er gerade das Grab seines Vaters besucht hatte.‹« [103, 41] Nach Auffassung des Verfassers sprechen einige gewichtige Gründe gegen die Annahme der Selbsttötung. Da ist zum einen die Örtlichkeit selbst. Das Gräberfeld liegt zwar auf einer Anhöhe. Wenn das Torgitter oder die Friedhofsmauer überwunden ist, gelangt man unmittelbar auf einen abschüssigen Hang oder die steile Treppenanlage. Wer den Bereich, in dem der Sturz oder Fall sich ereignet haben muss, kennt, gelangt außerordentlich schnell zu dem Schluss, dass ein absichtliches sich Herabstürzen von dieser Mauer eine ziemlich törichte Art wäre, sich das Leben zu nehmen. Die Gewissheit des Todeseintritts bliebe unkalkulierbar, das Risiko einer dauerhaft schweren Verletzung hingegen hoch. Ferner: Einer solchen Mutmaßung anzuhängen, verkennt den mit der Muttermilch verinnerlichten Kodex, der Welt keine abgründigen und ehrenrührigen Schauspiele zu bieten. Wer über Jahrzehnte Reserveoffizier und lebenslang aktiver Jäger gewesen ist, hätte wohl in aller Stille standesgemäß zur Schusswaffe gegriffen. Ein Vorhaben, sich von der Friedhofsmauer zu stürzen, wäre Bodenhausen einfach nur lächerlich vorgekommen. Ein Weiteres: Zimmermann zitiert aus einem Schreiben des Freiherrn an seine Frau vom 4. Mai 1918: »... dann komme ich Mittwoch (8. Mai) um 1 Uhr von Halle aus nach Aschersleben. Der Wagen müsste dann also um 10 Uhr abfahren ...« [109]. Wer seine Equipage bestellt, um vom Bahnhof in Aschersleben nach Degenershausen gebracht zu werden, hegt mit hoher Wahrscheinlichkeit keine Suizidabsicht. Die »offizielle« Todesursache erscheint jedenfalls plausibel. Die Selbstmordthese überzeugt nicht.

TRAUERFEIER, GEDENKEN, NACHRUFE

»Die Trauerfeier findet in Meineweh statt.« [44] Da ist es der 10. Mai 1918. Danach wird der Leichnam nach Degenershausen überführt und im Gutshaus aufgebahrt. »Bodenhausens treue Jäger halten die Totenwache.« [11] Die Veranda zeigt sich am 12. Mai zur Trauerhalle ausgeschmückt. Rudolf Alexander Schröder bereitet Feier und Grabstätte vor. »Der Weimarer Stiftsprediger Friedrich Schmidt, der im Jahr zuvor Hans Wilke konfirmiert, spricht auf der nach feuchten Blüten duftenden Veranda des Hauses die klamme Schar der Trauernden an: ›Euer Herz erschrecke nicht ... In meines Vaters Haus sind viele Wohnungen (Joh. 14)‹«. Die Trauergemeinde ist klein, der Sohn krank, kann das Grab nicht zu Fuß erreichen, muss gefahren werden [44]. Worte des Gedenkens spricht für den Freundeskreis Rudolf Borchardt. Hugo von Hofmannsthal kann nicht anwesend sein [10], fühlt sich auch »dem Anlass nicht gewachsen« [44]. Im Telegramm an die Witwe bekennt der Dichter: »Mit Ihnen ... beweine und begrabe für mich meinen unersetzlichen besten Freund, den reichsten edelsten Menschen meines ganzen Lebenskreises.« [10] Die Leichenrede Borchardts, so Katte, »schlägt einen fast antiken Ton an« [44]. Neben dem naturgemäß erwartbaren Maß löblichen Rühmens der Charaktereigenschaften Eberhards besticht ein Gedanke: Als Suchender kann er nicht finden, was er fassen will. »Er hatte den Mittelpunkt, den er mit tiefster Treue suchte, nicht gefunden, die Welt, die er, der faustischste unter allen Wesen seiner Generation, zu schaffen suchte, nicht geschaffen. Sich selber hatte er unvermerkt geschaffen, er *war* (Hervorhebung im Original – d. V.) der Mittelpunkt, den er nicht fand.« [11] Eine schöne und auch zutreffende Allegorie. Ein ebenso spannendes wie ergreifendes Bild malt Borchardt, indem er bekundet, dass Eberhard zwar den »Kern« nicht gefunden, ja nicht hat finden können, weil

Kondolenzen anlässlich der Beisetzungsfeier für Eberhard von Bodenhausen, (Gästebücher Bodenhausen, Sammlung von Christophe Freiherr von Meyern-Hohenberg)

Die zur Trauerhalle umgestaltete Veranda des Gutshauses Degenershausen, künstlerischer Entwurf von Rudolf Alexander Schröder (Gästebücher Bodenhausen, Sammlung von Christophe Freiherr von Meyern-Hohenberg)

er dieser ja selbst gewesen ist, er aber im »Kampf um die Schalen« stets der »Siegreiche« geblieben wäre. Das ist nun pietätvoll übertrieben, sicher wohl auch, weil Borchardt im Mai 1918 nicht das Leben Eberhards zur Gänze entrollt hat und ihm dieses präsent sein konnte. Aber durch die Teilung der Lebensabschnitte Bodenhausens in »Schalen« reißt er an, was schon Zeitgenossen und Freunde irritiert hat, nämlich die Breite des Spektrums der Tätigkeiten und Interessen: »Der Verwaltungsbeamte trat an die Retorten der neuen Magie, die der Natur den Schleier zu entreißen trachtet. Der selbstgewollte Chemiker wurde zum Erforscher der anderen großen Dämonie der Zeit, der Kunst und des Schönen in der gespiegelten Welt, der Kunsthistoriker wurde der Mann großer Geschäfte, den Mann der Geschäfte zog es zu größeren Geschäften, aus dem immer wieder erneuten dienenden Gehorsam deutete sich wie ein Schatten die einfachste und endgültigste seiner Linien, die Linie zum Regenten an ...« [11]. Ohne, dass man annähme, Borchardt hätte definitiv Kenntnis von den Aspirationen bestimmter Kreise gehabt, Bodenhausen womöglich auf den Posten des Reichskanzlers zu hieven, bliebe diese Einlassung unverständlich. Der Redner endet mit einem hymnischen »Ave, anima candida, nicht lebe wohl, sei gegrüßt; bleib bei uns reine Seele« [11]. Bei aller Leichtigkeit der großen Worte, wie sie der Dichter von Berufs wegen zu setzen weiß, wohnt dem Moment doch eine ungeheure Feierlichkeit und Endzeitstimmung inne; man meint ein gewaltiges Orchester mit furiosem Tone einfallen zu hören. Am 14. Mai 1918 berichtet Schröder an Hugo von Hofmannsthal: »Ich komme eben vom Grab zurück, das wir Eberhard an der von ihm ausgesuchten Stelle gegraben, gemauert und zugewölbt haben.« [44] Im Fremdenbuch von Degenershausen hinterlässt er:

»... Und er, der nun bescheiden
In Schmaler Kammer schläft, der nun beschwichtet
Mit Geistern wandelt, – ach nach Geistersitte
Bleibt er für immer, Geist, in unsrer Mitte!« [44]

Weniger salbungsvoll, aber dafür ganz zutreffend, würdigt Julius Meier-Graefe den Mitstreiter aus den PAN-Tagen als (in den besten Jahren) schier unbezwingbares Energiebündel. »Einer erfindet ein modernes Nahrungsmittel, Eiweiß-Surrogat oder dergleichen. Ein Freund steht mit großem Kapital dahinter. So gut man eine Zeitschrift unter die Leute gebracht hat, kann es mit diesen Dingen gehen. Ein moderner Manager. Wie vorher nach Bildern reist er nach Reklame, um die Welt mit dem Surrogat zu beglücken.« [52] Auch, wenn Bodenhausen weitgehend aus dem Hintergrund agiert hat, so nehmen doch jene Verkehrskreise, in denen sein Name geläufig ist, vom Ableben des Freiherrn mit Bestürzung Kenntnis. Dafür sprechen eine Vielzahl von Nekrologen in Kunstzeitschriften und aus dem Bereich der Wirtschaft, die Kruppschen Mitteilungen voran, gefolgt von Branchenblättern. Das Jahrbuch der Schiffbautechnischen Gesellschaft rühmt: »Mit Beginn diesen Jahres trat Herr von Bodenhausen nach zwölfjähriger Wirksamkeit innerhalb der Firma Krupp aus deren Direktorium aus und wurde in den Aufsichtsrat berufen. Mit Worten höchster Anerkennung sprach Herr Krupp von Bohlen und Halbach auf der letzten Hauptversammlung von den großen Verdiensten, die sich Herr von Bodenhausen um die Firma erworben habe. Niemand ahnte damals, dass es sobald nachher Abschied für immer zu nehmen galt.« [81] In der Gesamtschau wird jedenfalls nicht nur des Schöngeistes, sondern auch der praktischen Leistungen des Wirtschaftsführers in Krieg und Frieden gedacht. So schließt sich der Kreis des Lebens für Eberhard von Bodenhausen, der immer vom »parallele(n) Agieren in zwei Welten« [52] geprägt war.

BILANZ, KULTURELLE REZEPTION UND AUSBLICK

Der Rückblick auf den Lebensweg des Eberhard von Bodenhausen gewährt Sicht auf eine Zeit, die vergangen und eine Welt, die tatsächlich im tiefsten Wortsinne, untergegangen ist. Namen und Lebensleistung des Eberhard von Bodenhausen sind heute so gut wie vergessen. Als der Verfasser das Vorhaben vor etlichen Jahren einmal bei einem Verlag ins Gespräch bringen wollte und darauf verwies, dass alsbald der 150. Geburtstag und der 100. Todestag anstünden und eine Herausgabe aus Anlass des Jubiläums doch wünschenswert schiene, wurde ihm (übrigens sehr zutreffend) bedeutet, dass Jahrestage bei einer Person, die fast unbekannt ist, keine herausgehobene Bedeutung besäßen. Untergegangen ist aber nicht nur das Wissen um Bodenhausen und was er in den verschiedenen Zusammenhängen geleistet, sondern auch die kulturelle Welt um ihn. Die Schöpfungen vieler Künstler, Schriftsteller, Dichter und Maler, die Eberhard am Herzen gelegen haben, sind aus der kollektiven Erinnerung vollständig geschwunden. Allenfalls Hofmannsthal, Henry van de Velde und Maler wie Liebermann und Munch kennt man heute noch. Wer hingegen weiß außerhalb der Literaturwissenschaft noch von Dichtern wie Schröder, Borchardt (an dessen Erweckung die Fachwelt arbeitet – »Weltpuff Berlin«) und Pannwitz. Ebenso wird man getrost davon ausgehen dürfen, dass die handelnden Personen der Zeitgeschichte und des Wirtschaftslebens jener Jahre, vom Namen Krupp einmal abgesehen, weitgehend nur noch Historikern geläufig sind. Da der Verfasser ausdrücklich kein wissenschaftliches Werk vorlegt, sich nicht in erster Linie an ein Fachpublikum wendet, war die Biografie Bodenhausens weitgehend tatsächlich eine »Reise ins Unbekannte«.

ZUR BEABSICHTIGTEN HOFMANNSTHALSCHEN BIOGRAFIE

Die Schilderung des Lebens von Bodenhausen, die ein Hugo von Hofmannsthal als sittliche Verpflichtung empfand, gelang dem Dichter zu seinem Kummer nicht. In einem Dossier, begonnen 1927/28 [11], sammelte er Gedanken, Episodisches, erfasste Charaktereigenheiten und vieles mehr. Nicht entschließen konnte er sich zu dem von ihm technisch und intellektuell allemal zu leistenden Kraftakt, daraus ein Ganzes zu formen. An Borchardt schreibt er kurz vor seinem eigenen Tod: »Ich finde keinen Contur« [11]. Fernere Klage: »Wir haben erkennen müssen, dass seine Briefe ihn nicht darstellen, in keiner Weise« [11]. Dieses rätselhafte Bekenntnis wird – bei allergrößter Zurückhaltung in der Beurteilung des Tatbestandes – möglicherweise durch einen gewichtigen Umstand erklärbar. Hofmannsthal hat zu Lebzeiten den eigenen Briefwechsel mit Eberhard im Privatarchiv gehabt. Allenfalls konnte er auf Schriftstücke von Freunden zurückgreifen oder von diesen Abschriften erbitten. Damit wird aber tatsächlich das meiste »Vereinzeltes« geblieben sein. Aus dem Stückwerk war, das will man gern glauben, ein vollständiges Gebäude nicht zu errichten. Eher als Hindernis denn als Segen wird sich für das Aufzeichnen einer Lebensbeschreibung die anhängliche und treue Freundschaft zwischen beiden erwiesen haben. Was anfangs fremd, ja widersinnig klingen mag, erklärt sich schnell. Der Dichter und Bodenhausen standen sich menschlich viel zu nahe, als dass Hofmannsthal unbefangen an das Thema hätte herangehen können. Womöglich hat er sich deshalb so schwer damit getan. Hier liegen die Dinge etwas anders als bei Goethe und seinem Eckermann, der streng genommen zum Hauspersonal gehörte. Schließlich tritt noch hinzu, dass Hugo von Hofmannsthal wegen der persönlichen Nähe zur Familie Eberhards und den Verbindungen nach Neubeuern als

Verfasser eines Lebensbildes immer unter dem Druck gestanden hätte, möglichst die Gefühle der Hinterbliebenen nicht zu verletzen. Wahrscheinlich ist Hofmannsthal aus diesen Gründen als Verfasser für das erwünschte Lebensbild gerade deshalb »ungeeignet« gewesen. Es mussten wohl auch erst einmal Jahrzehnte vergehen, ehe hier überhaupt an ein geschlossenes Werk gedacht werden durfte.

WAS HEUTE LEICHTER IST

Dem Dichter Hofmannsthal dürfte bis 1929 außer lieben Erinnerungen und einem gewissen Konvolut an brieflichen Zeugnissen kaum geordnetes Material zur Verfügung gestanden haben. Die Sicherung und sachgerechte Sortierung des Nachlasses von Eberhard haben, unmittelbar mit dem Tod einsetzend und praktisch über Jahrzehnte andauernd, Dora von Bodenhausen und Rudolf Alexander Schröder geleistet. Das ist eine Geschichte für sich, mit ganz eigenen Ecken und Kanten [109]. Hofmannsthal scheint an der Sache wirklich verzweifelt zu sein, denn er zieht sich wohl, spätestens als sich der zehnte Todestag Bodenhausens nähert, aus erwogenen Projekten zurück. Die Witwe 1927 an Schröder: Nur er bliebe zur Unterstützung, »... da Hugo so gut wie ausgeschaltet« [109]. Weitere Jahrzehnte und ein großer Krieg gehen drüber weg. Die Bodenhausen verlieren die alte Heimat. Erst nach dem Zweiten Weltkrieg erscheinen in der Bundesrepublik geschlossene Publikationen zum Thema. 1953 werden Auszüge aus dem Briefverkehr zwischen Hofmannsthal und Bodenhausen (»Briefe der Freundschaft«) veröffentlicht. Es folgt 1955 »Eberhard von Bodenhausen – Ein Leben für Kunst und Wirtschaft«. Dieser von der Witwe herausgegebene Band beleuchtet erstmals die Breite der Themenfelder, die der Baron zu Lebzeiten beackert hat und die außerordentliche, ja uferlose Vielfalt seiner brieflichen

Rudolf Alexander Schröder, um 1950
(Archiv Schloss Neubeuern)

Dora Freifrau von Bodenhausen-Degener, um 1950
(Archiv Schloss Neubeuern)

Kontakte. Mag der Inhalt auch von – nachvollziehbaren – persönlichen Interessen geleitet und absichtsvoll selektiv sein, so bildet er nach Auffassung des Autors doch immer noch die Grundlage für einen Einstieg in den Gegenstand. In den folgenden Jahrzehnten erscheinen wenige weitere Publikationen zu Spezialthemen. Den bei ihr vorhandenen Nachlass hat Dora von Bodenhausen 1957 und 1966 dem Deutschen Literaturarchiv in Marbach überlassen. Unter Verweis auf den Gedanken des Verfassers in der Einleitung, dass man schwerlich beeinflussen kann, was ein Geber der Öffentlichkeit zugänglich machen möchte, stellt jedenfalls der Literaturwissenschaftler Simon eine Trennung von »für den Druck ausgewählten und ›unterdrückten‹ Briefen« [90] fest. Als wissenschaftlich-kritische Ausgabe veröffentlicht Simon 1978 den Briefwechsel zwischen Bodenhausen und Harry Graf Kessler. Durch den reichhaltigen Apparat von Anmerkungen und ein umfangreiches Nachwort wird Bodenhausen erstmals als Person bewertet, die in einem bestimmten konkret-historischen Umfeld agiert. Überaus kenntnis- und detailreich beschäftigt sich Föhl 1992 mit der wegen wirtschaftlichen Unzuträglichkeiten teils schwierigen Beziehung von Bodenhausen zu Henry van de Velde. Der Kunsthistoriker Billeter veröffentlicht 2001 eine Arbeit über Bodenhausen als Sammler der Kunst der Moderne. Neteler verfertigt 2003 einen instruktiven Beitrag über die Rolle des Freiherrn bei der Gründung und Führung der Zeitschrift PAN, wie denn überhaupt der Eindruck entsteht, dass Bodenhausen in diesem speziellen Zusammenhang einer Fachwelt noch am ehesten präsent geblieben war. Maria von Katte setzt Eberhard in ihrem Werk »Der Park von Degenershausen und seine Menschen« [44] ein bescheidenes Denkmal. Ihr Verdienst dort ist es, dem universalen Zug im Leben des Barons, der Vielfalt seiner Tätigkeitsstränge, Rechnung getragen zu haben. Soweit ersichtlich, stammt der zeitlich jüngste Beitrag zu einer Biografie Bodenhausens von dem Literaturwissenschaftler Till Matthias Zimmermann, der 2013 über den Briefwechsel zwischen Bodenhausen und Rudolf Alexander Schröder publiziert. Über das jeweilige persönliche Schicksal der Skribenten hinausgehend, entrollt Zimmermann hier ein Zeitbild, das die geistige und politische Atmosphäre kurz vor und während des Krieges ausmalt. Für eine Beschreibung des »späten« Bodenhausen erweist sich dieses Werk als unverzichtbar. Um zum Ausgangspunkt zurückzukehren: Der heutige Verfasser denkt, dass ihm schon allein aufgrund der veröffentlichten Literatur, sehr viel mehr Stoff zur Verfügung gestanden hat, als das seinerzeit bei Hofmannsthal 1929 der Fall gewesen ist.

AUSBLICK

Die obigen Veröffentlichungen, die der Autor genutzt hat, basieren auf der Auswertung von noch vorhandenen Archivalien. Als Standorte für diese sind insbesondere zwei zu nennen: Das Deutsche Literaturarchiv Marbach, in dem sich der von Dora von Bodenhausen eingelieferte schriftliche Nachlass befindet. Neben der brieflichen Hinterlassenschaft verfügt das Archiv über Tagebuchaufzeichnungen, die bis zum Anfang der Krupp-Jahre reichen. Für die Folgezeit existieren Notizkalender, auf die die Wissenschaft für die genannten Editionen zurückgreift. Für zukünftige Forschungen kann das Gutsarchiv Degenershausen als Bestandteil des Landesarchivs Sachsen-Anhalt an Bedeutung gewinnen. Der Verfasser vermutet stark, dass bedingt durch die deutsche Teilung dieses Archivgut für die Bearbeitungen vor 1990 nicht zur Verfügung gestanden hat. Hier werden sich bei künftigen Forschungen zur Person Bodenhausens Ergänzungen vornehmen bzw. Lücken zur Biografie schließen lassen. Das sind allerdings Aufgaben für Zukünftige. Der Verfasser dieses Buches hat sich jedenfalls nur berufen gefühlt, die Person Bodenhausen ein wenig der Vergessenheit zu entreißen. Was Erinnerungslosigkeit, Untergang von Wissen und Kenntnis, bedeutet, zeigt der Brief eines Gewährsmannes (Wilhelm Nauhaus – Professor an der Kunsthochschule Giebichenstein) an Rudolf Alexander Schröder aus dem Jahr 1961. Dieser teilt dem Schriftsteller über einen Besuch in Degenershausen mit: »Ich möchte Ihnen zwei Aufnahmen vom Grab in Degenershausen geben; vor ein paar Wochen gesichtet auf einer Wanderung dorthin. Das Schloss ist jetzt, wie Sie wissen werden, Oberschule und Schüler halten auch den Park in Ordnung. Den Weg zum Grab allerdings hätte ich ohne die kleine Tochter des Schulleiters nicht gefunden; ihr Vater, der meine Erzählung von Eberhard von Bodenhausen mit einem erstaunten ›das Erste, was ich höre!‹ quittierte, gab sie uns als Führerin mit.« [109]

ENDE

DANK

Für die nimmermüde und fortwährende Unterstützung bei der Erarbeitung des Manuskripts hat der Verfasser ganz außerordentlich herzlich zu danken:

Frau Dr. Maria von Katte, Vahlberg, die die Entstehung des Buches über viele Jahre mit wohlwollendem Interesse begleitet, den Kontakt zur Familie von Bodenhausen hergestellt hat und dem Verfasser stets eine Ermutigung gewesen ist.

Herrn Albrecht Freiherr von Bodenhausen, Brumby, der dem Verfasser ermöglichte, an dem Gedenken aus Anlass des 100. Todestages von Eberhard von Bodenhausen teilzunehmen und der namens der Familie dem Verfasser vielfach Unterstützung hat angedeihen lassen. Ebenso gilt der Dank des Verfassers Herrn Melchior Freiherr von Bodenhausen, Niedergandern, für dessen freundliche Mitwirkung.

Herrn Reinhard Käsinger, Neubeuern, der den Verfasser mit vielfältigen Hinweisen zum Gegenstand unterstützt hat und dem er die Eröffnung der Möglichkeit, auf die Bestände des Archivs Neubeuern zugreifen zu dürfen, verdankt. Ohne dessen materielle und technische Hilfe wäre die Veröffentlichung des Werkes in der vorliegenden, reich bebilderten Form nicht denkbar gewesen.

Herrn Christophe Freiherr von Meyern-Hohenberg, Fotograf und Autor, New York / Vereinigte Staaten von Amerika, der die Gästebücher der Familie Bodenhausen, Familienfotos und Dokumente für dieses Buchprojekt zur Verfügung stellte. Sein Einverständnis hat die Verwendung der jetzt im Archiv Neubeuern befindlichen Zeitzeugnisse, wie sie in diesem Buch abgedruckt sind, erst ermöglicht.

Herrn Till Matthias Zimmermann, Husum, der als Literaturwissenschaftler das Vorhaben mit seiner fachlichen Expertise und sachdienlichen Hinweisen begleitet und freundlich unterstützt hat.

Herren Klaus Wycisk, Bürgermeister a. D. und Rico Röse, Bürgermeister der Stadt Falkenstein / Harz, die als Vertreter der Kommune wegen der historischen Bedeutung des Parks in Degenershausen am Entstehen des Projekts Anteil genommen haben. Herr Bürgermeister a. D. Wycisk hat das ganze Unternehmen von Anfang an mit ehrlichem und lebhaftem Interesse begleitet. Sein Amtsnachfolger, Herr Bürgermeister Röse wirkte im gleichen Sinne unterstützend fort.

Herrn Uwe Merz, Landschaftsarchitekt, Dessau-Roßlau, der sich freundlicherweise bereiterklärt hat, einen Beitrag zur Bedeutung des Parks Degenershausen aus landschaftsgärtnerischer und touristischer Sicht für das Buch zur Verfügung zu stellen.

Herrn Dr. Reinhard Kunert, Hoym, der als Vertreter des Fördervereins Landschaftspark Degenershausen e. V. das Projekt von Beginn an unterstützt und dem Autor auf Anregung von Frau Dr. von Katte eine Lesung aus dem Manuskript in den Räumen des Vereins in Degenershausen ermöglichte und gemeinsam mit Frau Krosch vom Förderverein mit Rat und Tat bereit stand.

Herrn Harald Kleinschmidt, Wettin, und Herrn Andreas Stahl, Halle, die den Verfasser betreffend das Gut Degenershausen auf Bedeutung und Umfang der Archivalien beim Landesarchiv Sachsen-Anhalt aufmerksam gemacht haben.

Herrn Hans-Dieter Schultz, Halle, der an der technischen Aufbereitung von Bildmaterial mitgewirkt hat.

Nicht zuletzt möchte sich der Verfasser bei seiner Ehefrau Ursula Meißner bedanken, die ihn bei der Lösung von technischen bzw. organisatorischen Fragen stets mit großem Engagement unterstützte.

Ebenso bin ich zum Dank verpflichtet:
Frau Birgit Röhling, Markkleeberg, Inhaberin des Sax-Verlages, deren unternehmerischer Entschluss das vorliegende Buch erst möglich gemacht hat. Die freundliche und konstruktive Zusammenarbeit mit ihr sowie die Bereitschaft eigenes Bildmaterial ins Buch zu geben, wird dem Verfasser dankbar in Erinnerung bleiben.

Ferner:
dem Deutschen Literaturarchiv Marbach: Frau Kutschis, Herrn Dr. Nottscheid und Herrn Tremmel,
der Alfried Krupp von Bohlen und Halbach-Stiftung / Historisches Archiv Krupp: Herrn Dr. Springer,
der Axel Springer Syndication / Ullstein-Bild: Frau Buch, Frau Landmann
und dem Landesarchiv Sachsen-Anhalt Standort Wernigerode: Frau Schulze und Frau Rothe

Der Dank des Verfassers gilt nicht zuletzt Herrn Ulf Dräger von der Kulturstiftung Sachsen-Anhalt, Kunstmuseum Moritzburg Halle-Saale, Referatsleiter Landesmünzkabinett Sachsen-Anhalt, für seinen sachdienlichen Hinweis zur Zuschreibung der auf Seite 227 abgebildeten Bronze von Eberhard von Bodenhausen.

LITERATURVERZEICHNIS

[1] Absolon, Rudolf, Rangliste der Generale der deutschen Luftwaffe nach dem Stand vom 20. April 1945, Podzun-Pallas-Verlag GmbH, Friedberg 1984

[2] Ahrens, Dr. W., Gelehrten-Anekdoten, Verlag von Hermann Sack, Berlin-Schöneberg 1911

[3] Bartmann, Dominik (Hrsg.), Anton von Werner, Geschichte in Bildern, 2. Aufl., Hirmer Verlag, München 1997

[4] Benz, Richard, Lebens-Mächte und Bildungs-Welten meiner Jugend. Dresdner und Heidelberger Erinnerungen, Christian Wegner Verlag, Hamburg 1950

[5] Benz, Wolfgang, Der »Fall Muehlon«. Bürgerliche Opposition im Obrigkeitsstaat während des Ersten Weltkrieges, in: Vierteljahreshefte für Zeitgeschichte, Herausgegeben vom Institut für Zeitgeschichte, Jahrgang 18 (1970), Heft 4

[6] Benz, Wolfgang, Die Entstehung des Kruppschen Nachrichtendienstes, in: Vierteljahreshefte für Zeitgeschichte, Herausgegeben vom Institut für Zeitgeschichte, Jahrgang 24 (1976), Heft 2

[7] Berdrow, Wilhelm, Alfred Krupp und sein Geschlecht. 150 Jahre Krupp-Geschichte 1787–1937 nach den Quellen der Familie und des Werks, Verlag für Sozialpolitik, Wirtschaft und Statistik Paul Schmidt, Berlin 1937

[8] Billeter, Felix, Zwischen Kunstgeschichte und Industriemanagement. Eberhard von Bodenhausen als Sammler neoimpressionistischer Malerei, in: Pophanken, Andrea / Billeter, Felix (Hrsg.), Die Moderne und ihre Sammler. Französische Kunst in deutschem Privatbesitz vom Kaiserreich bis zur Weimarer Republik, Akademie Verlag GmbH, Berlin 2001, S. 125–147

[9] Bodenhausen, Arthur Freiherr von, Stammtafeln der Familie von Bodenhausen mit Belegen, Als Manuscript gedruckt, Druck der Dieterichschen Univ.-Buchdruckerei, Göttingen 1865

[10] Bodenhausen-Degener, Dora Freifrau von (Hrsg.), Briefe der Freundschaft, Hugo von Hofmannsthal – Eberhard von Bodenhausen, Eugen Diederichs Verlag, Gesamtherstellung Brüder Hartmann, Berlin 1953

[11] Bodenhausen-Degener, Dora Freifrau von, Eberhard von Bodenhausen. Ein Leben für Kunst und Wirtschaft, Eugen Diederichs Verlag, Düsseldorf-Köln 1955

[12] Bodenhausen-Degener, Eberhard Freiherr von, Gerard David und seine Schule, Verlagsanstalt F. Bruckmann A.-G., München 1905

[13] Bodenhausen-Degener, Eberhard Freiherr von, Gemeinwirtschaft, in: Die deutsche Industrie, Süddeutsche Monatshefte Jahrgang 15,

Heft 6, Verlag Süddeutsche Monatshefte G. m. b. H., Leipzig und München 1918
[14] Bösch, Frank, Krupps »Kornwalzer«. Formen und Wahrnehmungen von Korruption im Kaiserreich, in: Historische Zeitschrift des Zentrums für Zeithistorische Forschung Potsdam, Band 281, 2005, S. 337–379
[15] Braun, Rudolf, Konzeptionelle Bemerkungen zum Obenbleiben: Adel im 19. Jahrhundert, in: Hans-Ulrich Wehler (Hg.), Europäischer Adel 1750–1950, Geschichte und Gesellschaft, Sonderheft 13, Verlag Vandenhoeck & Ruprecht, Göttingen 1990
[16] Breitenborn, Konrad, Im Dienste Bismarcks. Die politische Karriere des Grafen Otto zu Stolberg-Wernigerode, Verlag der Nation, Berlin (Ost) 1984
[17] Brinks, John Dieter, Die Cranach Presse: Kesslers Meisterwerk, in: Stiftung Brandenburger Tor, Harry Graf Kessler, Flaneur durch die Moderne, Nicolaische Verlagsbuchhandlung GmbH, Berlin 2016
[18] Bülow, Bernhard Fürst von, Denkwürdigkeiten in vier Bänden, Erster Band, Vom Staatssekretariat bis zur Marokkokrise, Herausgegeben von Franz von Stockhausen, Im Ullstein Verlag, Berlin 1930
[19] Burchardt, Lothar, Zwischen Kriegsgewinnen und Kriegskosten: Krupp im Ersten Weltkrieg, in: Zeitschrift für Unternehmensgeschichte, 32. Jahrgang, Heft 2, S. 71–123, Verlag C. H. Beck, München 1987
[20] Burdorf, Dieter, Rudolf Borchardt-Rudolf Alexander Schröder, in: Mathias Mayer / Julian Werlitz (Hrsg.), Hofmannsthal Handbuch, Leben–Werk–Wirkung, J. B. Metzler Verlag GmbH, Stuttgart 2016
[21] Burger, Hilde (Hrsg.), Hugo von Hofmannsthal – Harry Graf Kessler, Briefwechsel 1898–1929, Insel Verlag, Frankfurt am Main 1968
[22] Dangel-Pelloquin, Elsbeth, Phasen eines Lebenslaufes, in: Matthias Meyer / Julian Werle (Hrsg.), Hofmannsthal-Handbuch, Leben-Werk-Wirkung, J. B. Metzler Verlag GmbH, Stuttgart 2016
[23] Decker, Pascal / Schuster, Peter-Klaus, Harry Graf Kessler – Flaneur durch die Moderne, in: Harry Graf Kessler – Flaneur durch die Moderne, Stiftung Brandenburger Tor (Hrsg.), Nicolai Verlag, Berlin 2016
[24] Dehio, Georg, Handbuch der deutschen Kunstdenkmäler, Der Bezirk Halle, Bearbeitet von der Abteilung Forschung des Instituts für Denkmalpflege, Zweite Auflage, Akademie-Verlag, Berlin (Ost) 1978
[25] Dursthoff, Lutz / Gutberlet, Christiane, Die deutschen Burgen und Schlösser in Farbe, Wolfgang Krüger Verlag, Lizenzausgabe der S. Fischer Verlag GmbH, Frankfurt am Main 1987
[26] Easton, Laird M. / Kochmann, Klaus, Der Rote Graf. Harry Graf Kessler und seine Zeit, 2. Auflage, Verlag Klett-Cotta, Stuttgart 2007

[27] Eckermann, Johann Peter, Gespräche mit Goethe in den letzten Jahren seines Lebens, Herausgegeben von H. H. Houben, 26. Originalauflage, Verlag F. A. Brockhaus, Wiesbaden 1975
[28] Eder, Antonia, Richard Strauss, in: Mathias Mayer / Julian Werlitz, Hofmannsthal-Handbuch, Leben – Werk – Wirkung, J. B. Metzler Verlag GmbH, Stuttgart 2016
[29] Eulenburg-Hertefeld, Fürst Philipp zu, Erinnerungen, Tagebücher und Briefe aus dem Nachlass des Fürsten Philipp zu Eulenburg-Hertefeld, Verlag von Gebrüder Paetel (Dr. Georg Paetel), Berlin 1925
[30] Föhl, Thomas, Henry van de Velde und Eberhard von Bodenhausen. Wirtschaftliche Grundlagen der gemeinsamen Arbeit, in: Klaus-Jürgen Sembach und Birgit Schulte (Hrsg.), Henry van de Velde. Ein europäischer Künstler seiner Zeit, Wienand Verlag, Köln 1992
[31] Fossaluzza, Cristina, Rudolf Pannwitz, in: Mathias Mayer / Julian Werlitz (Hrsg.), Hofmannsthal-Handbuch, Leben – Werk – Wirkung, J. B. Metzler Verlag GmbH, Stuttgart 2016
[32] Frevert, Ute, Ehrenmänner. Das Duell in der bürgerlichen Gesellschaft, dtv wissenschaft 4646, Deutscher Taschenbuchverlag GmbH & Co. KG, München 1995
[33] Friedag, B., Führer durch Heer und Flotte, Elfter Jahrgang 1914, Reprint Verlag »Heere der Vergangenheit«, J. Olmes, Krefeld 1974
[34] Genealogisches Handbuch des Adels, Freiherrliche Häuser A Bd. III, Verlag C. A. Starke, Limburg a. d. Lahn 1959
[35] Gothaisches Genealogisches Taschenbuch der Freiherrlichen Häuser 1900, Fünfzigster Jahrgang, Verlag Jusus Perthes, Gotha 1899
[36] Gothaisches Genealogisches Taschenbuch der Gräflichen Häuser 1909, Zweiundachtzigster Jahrgang, Verlag Justus Perthes, Gotha 1908
[37] Gothaisches Genealogisches Taschenbuch der Uradeligen Häuser 1910, 11. Band des Uradeligen Taschenbuchs, Verlag Justus Perthes, Gotha 1909
[38] Haller, Johannes, Aus dem Leben des Fürsten Philipp zu Eulenburg-Hertefeld, Verlag Gebrüder Paetel, Berlin 1924
[39] Hein, Das kleine Buch vom Deutschen Heere, Ein Hand- und Nachschlagebuch zur Belehrung über die deutsche Kriegsmacht, Verlag Lipsius & Tischer, Kiel und Leipzig 1901, Unveränderter Nachdruck durch Weltbild Verlag Gmbh, Augsburg 1998
[40] Heller, Reinhold, Anton von Werner, der Fall Munch und die Moderne im Berlin der 1890er Jahre, in: Anton von Werner. Geschichte in Bildern, Herausgegeben von Dominik Bartmann, 2. Aufl., Hirmer Verlag, München 1997
[41] Hergemöller, Bernd-Ulrich, Mann für Mann, Biographisches Lexikon zur Geschichte von Freundesliebe und mann-männlicher Sexualität im deutschen Sprachraum, Männerschwarm Skript Verlag, Hamburg 1998.

[42] Heuschele, Otto, Umgang mit dem Genius. Essays und Reden, Verlag Dokumentation, Pullach bei München 1974

[43] Käsinger, Reinhard, Aus den Gästebüchern von Schloss Neubeuern Band I–VII, Stiftung Landerziehungsheim Neubeuern (Hrsg.), 1. Auflage, Neubeuern 2008

[44] Katte, Maria von, Der Park von Degenershausen und seine Menschen. Eine Chronik der Jahre 1806 bis 2012, 2. überarbeitete und erweiterte Auflage, Selbstverlag Maria von Katte, Wolfenbüttel 2012

[45] Kessler, Harry Graf, Walther Rathenau. Sein Leben und Werk, Fischer Taschenbuch Verlag, Gesammelte Schriften in drei Bänden, Band III, Frankfurt am Main 1988

[46] Keßler, Uwe, Zur Geschichte des Managements bei Krupp, Zeitschrift für Unternehmensgeschichte Beiheft 87, Franz Steiner Verlag, Stuttgart 1995

[47] Klauss, Jochen, Goethe als Medaillensammler, Böhlau Verlag, Weimar-Köln-Wien 1994

[48] Klotzbach, Arthur, Der Roheisen-Verband. Ein geschichtlicher Rückblick auf die Zusammenschlußbestrebungen der deutschen Hochofen-Industrie, Verlag Stahleisen m. b. H., Düsseldorf 1926

[49] Kludas, Arnold, Deutsche Ozean-Passagierschiffe 1850 bis 1895, Transpress, VEB Verlag für Verkehrswesen, 1. Auflage, Berlin (Ost) 1983

[50] Köbler, Gerhard, Historisches Lexikon der deutschen Länder, Die deutschen Territorien vom Mittelalter bis zur Gegenwart, Siebente, vollständig überarbeitete Auflage, Verlag C. H. Beck, München 1998

[51] König, Christoph, Judentum, in: Mathias Mayer / Julian Werlitz (Hrsg.), Hofmannsthal-Handbuch, Leben – Werk – Wirkung, J. B. Metzler Verlag GmbH, Stuttgart 2016

[52] König, Dominik Freiherr von, Mit großem Sinn für Kollektivitäten. Eberhard von Bodenhausen: Ein Leben zwischen Krupp, Kunst und Kommerz, in: Wirtschaft und Wissenschaft, III, 2, Essen 1995

[53] Korn, Petra, Voller Sehnsucht nach der Heimat, Mitteldeutsche Zeitung vom 15.9.2010

[54] Kruppsche Mitteilungen, Sonder-Ausgabe der Kruppschen Mitteilungen, Zur Hundertjahrfeier der Firma Krupp 1812–1912, Druck von Giradet & Schmemann, Essen-Ruhr 1912

[55] Kürschners Jahrbuch 1914, Welt- und Zeitspiegel, Hermann Hillger Verlag, Berlin & Leipzig 1913

[56] Kummer, Friedrich, Deutsche Literaturgeschichte des neunzehnten Jahrhunderts, Verlag von Carl Reißner, Dresden 1909

[57] Lancken Wakenitz, Oscar Freiherr von der, Meine dreißig Dienstjahre 1888–1918. Potsdam-Paris-Brüssel, Verlag für Kulturpolitik, Berlin 1931

[58] Landeshauptarchiv Sachsen-Anhalt (Hrsg.), Adelsarchive im Landeshauptarchiv Sachsen-Anhalt. Bearbeitet von Jörg Brückner, Andreas Erb und Christoph Volkmar, Selbstverlag des Landeshauptarchivs Sachsen-Anhalt, Magdeburg 2012

[59] Lentz, Rüdiger, Vom Kadetten zum General. Das Militär in der Karikatur, Die bibliophilen Taschenbücher, Harenberg Kommunikation, Dortmund 1980

[60] Liddell Hart, Basil H., Jetzt dürfen Sie reden. Hitlers Generale berichten, Stuttgarter Verlag, Stuttgart 1950, (engl. Originaltitel: »The Other Side of the Hill«)

[61] Malinowski, Stephan, Vom Führer zum König. Deutscher Adel und Nationalsozialismus, 3. durchgesehene Auflage, Lizenzausgabe veröffentlicht im Fischer Taschenbuch Verlag, einem Unternehmen der S. Fischer Verlag GmbH, Frankfurt am Main 2004

[62] Martin, Dieter, Theaterkooperationen, in: Mathias Mayer / Julian Werlitz (Hrsg.), Hofmannsthal-Handbuch, Leben – Werk – Wirkung, J. B. Metzler Verlag GmbH, Stuttgart 2016

[63] Mayer, Mathias / Werlitz, Julian (Hg.) Hofmannsthal Handbuch. Leben – Werk – Wirkung, J. B. Metzler Verlag GmbH, Stuttgart 2016

[64] Meisner, Michael, Martin Luther – Heiliger oder Rebell, 2. Aufl. 1983, Verlag Schmidt-Römhild, Lübeck 1983

[65] Meyers Konversations-Lexikon, Vierte, gänzlich umgearbeitete Auflage, Fünfter Band, Verlag des Bibliographischen Instituts, Leipzig 1886

[66] Meyers Konversations-Lexikon, Vierte Auflage, Sechster Band, Verlag des Bibliographischen Instituts, Leipzig 1887

[67] Meyers Konversations-Lexikon, Vierte, gänzlich umgearbeitete Auflage, Dreizehnter Band, Verlag des Bibliographischen Instituts, Leipzig 1889

[68] Minckwitz, Johannes, Illustrirtes Taschenwörterbuch der Mythologie aller Völker, Achte Auflage, C. B.Griesbach's Verlag, Gera 1899

[69] Mionskowski, Alexander, »Lebenslied« (1896), in: Matthias Mayer / Julian Werlitz (Herausgeber), Hofmannsthal Handbuch, Leben – Werk – Wirkung, J. B. Metzler Verlag GmbH, Stuttgart 2016

[70] Moellendorf, Wichard von, Deutsche Gemeinwirtschaft, Verlag von Karl Siegismund, Berlin 1916

[71] Muehlon, Wilhelm, Ein Fremder im eigenen Land. Erinnerungen und Tagebuchaufzeichnungen eines Krupp-Direktors 1908 – 1914, Herausgegeben und eingeleitet von Wolfgang Benz, Donat Verlag, Bremen 1989

[72] Nabokov, Nicolas, Der Mensch der andere liebte. In memoriam Harry Kessler, in: Der Monat, Heft 170, Jahrgang 1962

[73] Neteler, Theo, Eberhard von Bodenhausen, die Zeitschrift PAN und die Buchkunstbewegung um 1900, in: Marginalien, Zeitschrift für

Buchkunst und Bibliophilie, Herausgegeben von der Pirckheimer-Gesellschaft im Harrassowitz Verlag, 172. Heft, 4. des Jahrgangs, Wiesbaden 2003

[74] Olmes, Jürgen (Hrsg.), Deutsches Friedensheer 1914, Aus dem Katalog des Armeemarinehauses Berlin des Deutschen Offizier-Vereins, Frühjahr 1914, in: Das Sponton, Heereskundliches Mitteilungsblatt der Sammlung »Heere der Vergangenheit«, 5. Jahrgang 1965

[75] Oncken, Wilhelm, Unser Heldenkaiser. Festschrift zum hundertjährigen Geburtstag Kaiser Wilhelms des Großen, Verlag Schall & Grund Verein der Bücherfreunde, Berlin 1897

[76] Pestalozziverein der Provinz Sachsen (Hrsg.), Die Provinz Sachsen in Wort und Bild, Verlag von Julius Klinkhardt, Berlin 1900; Faksimile-Ausgabe Naumburger Verlagsanstalt, 1. Auflage 1990

[77] Pophanken, Andrea / Billeter, Felix (Hrsg.), Die Moderne und ihre Sammler: französische Kunst in deutschem Privatbesitz vom Kaiserreich zur Weimarer Republik, Akademie Verlag, Berlin 2001

[78] Rang- und Quartier-Liste der Königlich Preußischen Armee für 1892, Verlag Ernst Siegfried Mittler und Sohn, Berlin 1892

[79] Rangliste der Königlich Preußischen Armee und des XIII. (Königlich Württembergischen) Armeekorps für 1914, Verlag Ernst Siegfried Mittler und Sohn, Berlin 1914

[80] Rossbacher, Karlheinz, Die Familie Hofmannsthal, in: Mathias Mayer / Julian Werlitz (Hrsg.), Hofmannsthal Handbuch, Leben – Werk – Wirkung, J. B. Metzler Verlag GmbH, Stuttgart 2016

[81] Schiffbautechnische Gesellschaft; Jahrbuch der Schiffbautechnischen Gesellschaft, Zwanzigster Band 1919, Verlag von Julius Springer, Berlin 1919

[82] Schröder, Rudolf Alexander, Fülle des Daseins, Eine Auslese aus dem Werk von Rudolf Alexander Schröder, Suhrkamp Hausbuch 1958, Suhrkamp Verlag, Berlin / Frankfurt a. M. 1958

[83] Schryen, Anette, Zur Institutionalisierung der Moderne in Weimar, in: Harry Graf Kessler, Flaneur durch die Moderne, Herausgegeben durch die Stiftung Brandenburger Tor, Nicolai Verlag, Berlin 2016

[84] Schuster, Gerhard, Harry Graf Kessler – eine bloße Person? Zur Geschichte seines Nachlasses, in: Sinn und Form. Beiträge zur Literatur, Herausgegeben von der Akademie der Künste, Berlin 2008, S. 278–280

[85] Schuster, Jörg, Hofmannsthal als Briefschreiber, in: Mathias Mayer / Julian Werlitz (Hrsg.), Hofmannsthal Handbuch, Leben – Werk – Wirkung, J. B. Metzler Verlag GmbH, Stuttgart 2016

[86] Schuster, Jörg, Stefan George, in: Mathias Mayer / Julian Werlitz (Hrsg.), Hofmannsthal Handbuch, Leben – Werk – Wirkung, J. B. Metzler Verlag GmbH, Stuttgart 2016

[87] Schwerin von Krosigk, Lutz Graf, Memoiren, Seewald Verlag, Stuttgart 1977

[88] Sembach, Klaus-Jürgen / Schulte, Birgit (Hrsg.), Henry van de Velde – Ein europäischer Künstler seiner Zeit, Wienand Verlag, Köln 1992
[89] »Siebmacher«, Johann Siebmachers Wappenbuch von 1605, Herausgegeben und mit einem Nachwort von Horst Appuhn, Sonderausgabe Orbis Verlag für Publizistik, München 1999
[90] Simon, Hans-Ulrich (Hrsg.), Eberhard von Bodenhausen – Harry Graf Kessler. Ein Briefwechsel 1894 – 1918, Marbacher Schriften, Herausgegeben vom Deutschen Literaturarchiv in Marbach am Neckar, Marbach am Neckar 1978
[91] Sobotka, Bruno J. / Strauß, Jürgen, Burgen, Schlösser, Gutshäuser in Sachsen-Anhalt, Veröffentlichungen der Deutschen Burgenvereinigung e. V., Reihe C, Theiss Verlag, Witten 1994
[92] Stegmann, Dirk, Hugenberg contra Stresemann. Die Politik der Industrieverbände am Ende des Kaiserreichs, in: Vierteljahreshefte für Zeitgeschichte, Herausgegeben vom Institut für Zeitgeschichte, 24. Jahrgang (1976), Heft 4
[93] Stiftung Brandenburger Tor (Hrsg.), Harry Graf Kessler, Flaneur durch die Moderne, Nicolai Verlag, Berlin 2016
[94] Straßburger, E., Geschichte der Stadt Aschersleben, Verlag Karl Kinzenbach 1905, Reprint: Naumburger Verlagsanstalt, Auflage 1997
[95] Thamer, Jutta, Die Eroberung der dritten Dimension. Raum und Fläche bei Henry van de Velde, in: Sembach / Schulte (Hrsg.), Henry van der Velde – Ein europäischer Künstler seiner Zeit, Wienand Verlag, Köln 1992
[96] Trotha, Gustav-Adolf von, Die von Trotha in Hecklingen. Vortrag gehalten anlässlich der Jahreshauptversammlung 2011 des Vereins für Anhaltische Landeskunde in Hecklingen. In: Mitteilungen des Vereins für Anhaltische Landeskunde 2012, 21. Jahrgang 2012,
[97] Uhde-Bernays, Hermann, Eberhard von Bodenhausen als Kunstforscher und Kunstfreund, in: Dora Freifrau von Bodenhausen-Degener, Eberhard von Bodenhausen. Ein Leben für Kunst und Wirtschaft, Eugen Diederichs Verlag, Düsseldorf-Köln 1955
[98] Uhde-Bernays, Hermann, Im Licht der Freiheit. Erinnerungen aus den Jahren 1880 bis 1914, Insel Verlag, Wiesbaden 1947
[99] Varwig, Olivia, Ottonie Gräfin Degenfeld, in Mathias Mayer / Julian Werlitz (Hrsg.), Hofmannsthal Handbuch, Leben – Werk – Wirkung, J. B. Metzler Verlag GmbH, Stuttgart 2016
[100] Varwig, Olivia, Harry Graf Kessler, in: Mathias Mayer / Julian Werlitz (Hrsg.) Hofmannsthal Handbuch, Leben – Werk – Wirkung, J. B. Metzler Verlag GmbH, Stuttgart 2016
[101] Velde, Henry van de, Geschichte meines Lebens, Herausgegeben von Hans Curjel, Serie Piper 505, Erweiterte Neuausgabe, 2. Aufl., R. Piper GmbH & Co. KG, München 1986

[102] Wehler, Hans-Ulrich (Hrsg.), Europäischer Adel 1750–1950, Geschichte und Gesellschaft, Sonderheft 13, Verlag Vandenhoek & Ruprecht, Göttingen 1990
[103] Weinzierl, Ulrich, Hofmannsthal, Skizzen zu seinem Bild, Paul Zsolnay Verlag, Wien 2005
[104] Wienfort, Monika, Der Adel in der Moderne, Grundkurs Neue Geschichte, Verlag Vandenhoeck & Ruprecht GmbH & Co. KG, Göttingen 2006
[105] Wiethölter, Waltraud, Eine Briefliebe oder Die dritte Haut der Berührung. Zum Schriftverkehr zwischen Hugo von Hofmannsthal und Ottonie Gräfin von Degenfeld-Schonburg (1909–1929), in: Hofmannsthal Jahrbuch zur europäischen Moderne 21/2013, S. 263–313
[106] Wilmowsky, Tilo Freiherr von, Rückblickend möchte ich sagen ..., An der Schwelle des 150jährigen Krupp-Jubiläums, Gerhard Stalling Verlag, Oldenburg und Hamburg 1961
[107] Wolf, Norbert Christian, »Jedermann« (1911), in: Mathias Mayer / Julian Werlitz (Hrsg.), Hofmannsthal Handbuch, Leben – Werk – Wirkung, J. B. Metzler Verlag GmbH, Stuttgart 2016
[108] Wolff-Thomsen, Ulrike, Linie und Ornament. Henry van de Velde in seinen frühen kunsttheoretischen Schriften. In: Hellmut Th. Seemann, Torsten Valk (Hrsg.) Prophet des Neuen Stils. Der Architekt und Designer Henry van de Velde. Jahrbuch der Klassik Stiftung Weimar, 2013, S. 129–144
[109] Zimmermann, Till Matthias, Rudolf Alexander Schröder und Eberhard von Bodenhausen, Briefwechsel 1909–1918, in: Hofmannsthal Jahrbuch zur europäischen Moderne 21/2013, S. 7–176

INTERNETNUTZUNG

[110] Bayerische Staatsbibliothek – Digitalisat: Moellendorf, Wichard von, Deutsche Gemeinwirtschaft, Verlag von Karl Siegismund, Berlin 1916
[111] Wikipedia: Peter Behrens (1868–1940)
[112] Wikipedia: Blasonierung
[113] Wikipedia: Hans Heinrich von Bodenhausen-Degener (1839–1912)
[114] Wikipedia: Bodenhausen (Adelsgeschlecht)
[115] Bösch, Frank, Krupps »Kornwalzer«. Formen und Wahrnehmung von Korruption im Kaiserreich, Dokserver des Zentrums für Zeithistorische Forschung Potsdam http://dx.doi.org.10.14765/zzf.dok.1652
[116] Wikipedia: Karl Heinrich von Boetticher (1833–1907)
[117] Wikipedia: Rudolf Borchardt (1877–1945)

[118] Wikipedia: Die feinen Unterschiede (Hauptwerk des französischen Soziologen Pierre Bourdieu 1930–2002)
[119] Wikipedia: Corps Borussia Bonn
[120] Wikipedia: Eduard Degener
[121] Wikipedia: Doetinchem de Rande (Adelsgeschlecht Doetinchem)
[122] Wikipedia: Universität Heidelberg; kunstwissenschaftliche Literatur – digital– Dr. Maria Effinger: »PAN-Digital«
[123] Wikipedia: Schloss Eybach
[124] Wikipedia: Kuno Fischer (1824–1907)
[125] GenWiki: wiki-de.genalogy.net geld und kaufkraft
[126] Dr. Stefan Grathoff Burgenlexikon www.burgenlexikon.eu, Kategorie: B, Niedersachen, Bodenhausen
[127] Wikipedia: Hugo von Hofmannsthal
[128] Wikipedia: Luli von Bodenhausen
[129] Wikipedia: Harry Graf Kessler
[130] Wikipedia: Oskar Kohnstamm; ferner: Eva Groth-Pfeifer, www.thomas-mann-neuforschung.de/ email vom 3.12.2009
[131] Korn, Petra, Voller Sehnsucht nach der Heimat, Mitteldeutsche Zeitung vom 15.9.2010 www.mz-web/quedlinburg
[132] Edvard Munchs Tekster Digitalt Arkiv / DLAMarbach PN1293
[133] Edvard Munchs Tekster Digitalt Arkiv, Munchmuseet MM K 2074, Brev Datert 30.08.1894
[134] Internetpräsentation Gästebuch Neubeuern 28.9.1895 / 2. Bd. V.15–16)
[135] Wikipedia: www.wissenschaft.de zeitpunkte 15. Februar 1904 Rinnsteinkunst
[136] Wikipedia: Rüben (Ort)
[137] Wikipedia: Arthur Salomonsohn (1859–1930)
[138] Wikipedia: Zum Schwarzen Ferkel – Berlin
[139] www.sothebys.com catalogue lot9 html signac paul pin de bertaud
[140] Wikipedia: Felix Timmermans (1886–1947)
[141] Willems, Martin, Vor hundert Jahren: Kriegsbeginn in Geldern, rp-online.de/nrw/staedte/geldern/vor-hundert-jahren-kriegsbeginn-in-geldern. Online Ausgabe der Rheinischen Post vom 2.8.2014
[142] Wikipedia: Friedrich Karl von Zitzewitz-Muttrin (1888–1975)

Anhang 2:

[143] Joachim Seng, Neubeuern, Vom sicheren Schweben im Sturz des Daseins, in: Hrsg. Wilhelm Hemecker und Konrad Heumann, Hofmannsthal. Orte, Wien 2014, S. 269–290

ANHANG 1

Uwe Merz

Degenershausen – Landschaftspark im Unterharz

Von Ermsleben, also von Nordosten, kommend, bereitet eine in Teilen noch immer eindrucksvolle Ahorn-Allee auf den etwa 37 Hektar großen Park vor. Wenn man aus der Gegenrichtung, von der nahegelegenen Burg Falkenstein kommt, öffnet sich überraschend der dichte Wald und gibt den Blick auf die Reste des ab 1835 entstandenen Gutshofes frei. Hier befindet sich auch das Informationszentrum, das durch die Stadt Falkenstein/Harz und den Förderverein des Landschaftsparkes Degenershausen betrieben wird. Das letzte noch vorhandene historische Gebäude, eine Scheune, wurde dazu ab 2005 umgebaut.

Das ursprüngliche »Herz« des Gartens ist erst in der zweiten Hälfte des 20. Jahrhunderts verloren gegangen. Dieses Herrenhaus stand in gerader Verlängerung der Scheune südlich davon. Seine Lage und ungefähre Größe kann man anhand einer rechteckigen Blumenfläche zumindest im Sommer noch gut nachvollziehen. Die Größe des ursprünglichen Gutshofes ist hingegen kaum noch nachvollziehbar.

Zwei Wohnhäuser wurden nach dem Zweiten Weltkrieg fast mittig in den Hof gesetzt. An der heutigen hinteren Gartengrenze dieser Grundstücke gab es ursprünglich noch zwei weitere Nebengebäude, die mit der noch vorhandenen Scheune und dem Herrenhaus ein Rechteck bildeten, das durch eine Gartenmauer begrenzt und fast mittig durch einen Zaun geteilt wurde. Anstelle dieses Zaunes steht heute eine Mauer und trennt Park und Hof. Das Herrenhaus gehörte durch seinen Standort zum Wirtschaftsbereich der

Anlage, war aber, insbesondere mit seinem aufwendig gestalteten Südgiebel wichtigstes Element des ganzen Parks.

Der Besucher kann heute an mehreren Stellen vom Hof in den Garten gelangen und befindet sich sofort in einer völlig anderen Umgebung. Wiesen, Gehölzkulissen, eine große Zahl von Koniferen, einzelne Bänke und andere Elemente bestimmen das Bild und charakterisieren den durch die Familie von Bodenhausen geschaffenen Landschaftspark.

Konkrete Vorbilder oder auch Einflüsse zur Gestaltung ließen sich bisher nicht ermitteln. Der in Quellen benannte Kontakt zu einem Gärtner im königlichen Garten von Kew Gardens in London ließ sich nicht belegen. In der Gestaltung sind deutlich die Ideen des englischen Landschaftsgartens zu erkennen, die jedoch auch aus den vielen, bis zum Beginn des 20. Jahrhunderts in Deutschland vorhandenen Landschaftsgärten abgeleitet und in die konkrete Situation des Unterharzes übertragen worden sein können.

Der Landschaftspark war ursprünglich komplett eingezäunt, also nicht für jedermann zugänglich. Dass es sich in Degenershausen um einen »Privatgarten« gehandelt hat, bezeugen auch Elemente, wie ein (nicht mehr vorhandener) kleiner Tennisplatz und ein in Resten noch im Gebüsch befindlicher Schießplatz. Insbesondere zeigt das aber das Familienbegräbnis – also ein kleiner Friedhof – mitten im Park.

Heute sind von der Einfriedung des Parks nur noch einzelne Zaunpfosten zu finden. Man kann also an vielen Stellen fast unmerklich von den Wegen der Umgebung in den Garten gelangen.

Schönste Möglichkeit, sich dieses Kleinod zu erschließen, bietet jedoch ein am Gutshof bzw. am Standort des Herrenhauses beginnender Spaziergang. Von der Stelle, an der ursprünglich der Südgiebel des Herrenhauses stand, öffnen sich gleich mehrere Landschaftsräume bzw. Sichten. Eine große, zweiarmige Freitreppe war einer der wichtigsten Aufenthaltsorte der Familie und Aussichtspunkt in den Garten. Der heute am Südgiebel der Scheune vorhandene Balkon kann diese Funktion nur bedingt übernehmen, da er sich nicht im Schnittpunkt der Gartenachsen befindet. Man muss sich also als Besucher das ursprüngliche gestalterische Zentrum der Anlage suchen, kann aber dann von dort aus die eindrucksvollen Blicke über das nach Süden abfallende Gelände mit den unterschiedlichen Gehölzkulissen, weiten und schmalen Wiesenräumen genießen.

Wie im Landschaftsgarten üblich, gleitet der Blick über die offenen grünen Flächen. Der Weg führt jedoch in andere Richtungen. Der Hauptweg des inneren Gartens fasst als sogenannter belt-walk (wie ein Gürtel) das innere Drittel der Gesamtanlage ein und führt so zu Orten, von denen man die Wiesenräume aus anderer Richtung erleben kann und als Zielpunkt immer wieder den Giebel des Herrenhauses sehen würde. Aber auch ohne diese Gartenstaffage lohnt der Spaziergang durch den Landschaftspark mit seinen vielen Wegen und unterschiedlichen Gartenbildern. Im Südosten des inneren Bereiches überrascht in einer Talsenke ein kleiner Teich. Der Blick wird von hier aus wieder über die offene Wiese in Richtung Herrenhaus gelenkt. Heute zieht (nur) der wieder errichtete »Degen« – das Wahrzeichen der Familie von Bodenhausen-Degener – den Blick auf sich.

In der Nähe des Teiches leitet ein Wiesenweg zu dem versteckt angelegten Familienbegräbnis. Von dessen kurzer Wegeachse ergibt sich noch heute ein reizvoller Blick über die östlich vorgelagerten Flächen. Auch damit zeigt sich wieder der innige Bezug der Familie zu ihrem Garten und der vorgelagerten Harzlandschaft, die mehrfach durch Blicke in den Garten einbezogen war und teilweise noch heute ist.

Zurückgekehrt zum Teich, kann man dem belt-walk weiter nach Norden folgen und wieder zum Gutshof gelangen. In der Nähe führt jedoch ein anderer Weg nach Osten in ein teilweise fast waldartiges Areal. Südlich des Weges

Situationsplan des Landschaftsparks Degenershausen
Entwurf und Gestaltung durch den Landschaftsarchitekten
Uwe Merz / Dessau-Roßlau

Nadelwald mit Fichte
dominierend
Jungbestand mit
Birken, Ahorn, Pappeln
dominierend
Nadelwald mit Fichte
dominierend
Laubwald mit
Rotbuche dominierend
Grabanlage
Gehölz ohne
Strauchschicht

Rekonstruierte Parkscheune im Landschaftspark Degenershausen. Das Objekt gehörte zu einem dem abgerissenen Gutshaus vorgelagerten Wirtschaftshof. (Foto: Birgit Röhling 2024)

befindet sich ein deutlich eingeschnittenes Bachtal, über das wohl auch eine Brücke zu einem Sitzplatz am Südrand des Gartens führte. Hinweis auf den Sitzplatz könnten einzelne Steine auf dem vorgelagerten Hügel sein. Besonderheit der Flächen nördlich des Weges ist die Aufteilung in verschiedene Quartiere, die sich durch ihre Baumarten voneinander unterscheiden. Ein kleines Aufzuchtquartier für Waldbäume befand sich hier ebenfalls. In welchem Umfang und mit welcher Intensität sich die Familie mit forstlichen Arbeiten befasste, ist bisher nicht vollständig untersucht. Die Verwendung der vielen unterschiedlichen Baumarten lässt jedoch darauf schließen, dass hier Versuche unternommen wurden, um zu ermitteln, welche Bäume sich besonders gut für die Aufforstung eignen. Eine Vielzahl von, oft schmalen, nicht ausgebauten, Wegen macht jedoch auch dieses Areal zum Park. Wirtschaftliche und gestalterische Aspekte sind hier besonders eng verknüpft.

Einen eigenen belt-walk hat der westliche Teil des Gartens, der aber in größeren Flächen ebenfalls durch waldartige

Bestände geprägt wird (bzw. bis ca. 2020 geprägt wurde). Hier bildete eine Fichtenschonung einen völlig anderen Charakter als im Osten. Infolge der extremen Trockenheit ab 2018 ist dieser Bestand leider völlig abgestorben.

Zunächst gelangt man, im Südwesten des inneren Gartens von dessen Gürtelweg abbiegend, durch einen Mischwald zu einer kleinen Lichtung. Der Aufwuchs von Baumsämlingen und Sträuchern lässt diese aber kaum noch erkennen. Der ursprüngliche Kontrast zu der Strecke im dunklen Fichtenbestand ist völlig verlorengegangen. In nächster Zeit soll eine Aufforstung der Kahlflächen mit einer Mischung verschiedenster Baumarten das Areal klimaresilienter und mittelfristig die Raumstruktur wieder nachvollziehbar machen.

Am Nordrand dieses Areals lenkt eine kleine Schneise den Blick nach Osten in einen offenen Gartenraum. Ursprünglich waren von hier aus sowohl die Freitreppe des Herrenhauses als auch der degenförmige Obelisk zu sehen, hier jedoch nicht in einer Achse, wie vom Teich aus.

Westlich vom Standort des Herrenhauses begrenzen die von Norden und Süden in den Raum hineinreichenden Gehölzkulissen den Wiesenraum und bilden so gleichzeitig Grenze und Übergang zwischen westlichem und innerem Garten. Folgt man dem Ringweg von der ehemaligen Fichtenschonung aus weiter nach Norden bzw. Nordwesten, hat man bald nochmals einen Blick über die bereits beschriebene Wiese und kann, zumindest im Winter, an deren rechtem (= westlichem) Rand noch die großen Eichen erkennen, die ursprünglich vor der Waldkante gestanden haben müssen. Diese Gestaltung könnte ein Bezug zum Dessau-Wörlitzer Gartenreich mit seinen großen Solitär-Eichen sein.

Westlich der Scheune des Gutshofes ist der wieder nach Süden führende Weg rechts und links dicht mit Koniferen bepflanzt. Dies sind überwiegend jüngere Pflanzungen, die einen ebenfalls neueren »Garten im Garten« begrenzen. Unmittelbar vor der Rückseite der Scheune befindet sich der ab 1999 angelegte Schau- und Sichtungs-Garten für moderne Staudenzüchtungen. Es handelt sich dabei um einen eingefriedeten separaten Garten, der räumlich keinen Bezug zum Landschaftsgarten aufnimmt. Dieser Sondergarten bietet somit innerhalb des Gartendenkmals die Möglichkeit, sich auch der Weiterentwicklung des Pflanzensortiments zu widmen.

Der Landschaftspark Degenershausen steht seit 1978 als Denkmal der Landschafts- und Gartengestaltung unter Schutz. Er ist ein herausragendes Beispiel für einen durch die Besitzer im Wesentlichen selbst – also ohne einen planenden Gartenarchitekten – angelegten Landschaftspark aus der ersten Hälfte des 20. Jahrhunderts. Nach einer längeren Phase ungeeigneter Nutzungen und der Verwilderung wurden Gartenräume und Wege insbesondere durch intensive Arbeiten seit etwa 1990 erreicht.

Eine besondere Wertschätzung hat der Landschaftspark Degenershausen mit der Aufnahme in das touristisch-denkmalpflegerische Netzwerk »Gartenträume« Sachsen-Anhalt gefunden. Somit gehört er zu den 50 bedeutendsten Gärten des Bundeslandes.

Einiges ist im Laufe der Jahrzehnte verlorengegangen, aber das tut der Schönheit des Gartens keinen Abbruch. Im Gegenteil, die Spurensuche nach Resten ursprünglicher Elemente kann zu einem zusätzlichen Anreiz werden, seine Schönheiten zu entdecken.

Der Artikel basiert auf einer unveröffentlichten Arbeit des Autors und Landschaftsarchitekten Uwe Merz aus dem Jahr 2011: Falkenstein / Harz – Landschaftspark Degenershausen, Denkmalpflegerische Rahmenkonzeption; Projektarbeit im Auftrag der Stadt Falkenstein / Harz.

ANHANG 2

Reinhard Käsinger

Schloss und Kulturdorf Neubeuern

Die Jahre bis 1918

Gleich bei seinem ersten Gästebucheintrag am 26. September 1895 begeisterte sich Eberhard von Bodenhausen für diesen einmaligen Ort: ... *der silberne Inn, der Dank in Erinnerung dem Haus, so ist das herrlich zu leben!*

Er war schon damals über die Pan-Genossenschaft und Harry Graf Kessler in Kontakt mit dem Schlossbesitzer Jan Freiherr von Wendelstadt gekommen. Der kunstsinnige Freiherr hatte bereits beim Kauf der Schlosses 1882 ein Gästebuch ausgelegt, das in seinen Folgebänden und den beiden Gästebüchern der Familie Bodenhausen ein einmaliges Zeugnis der Familiengeschichten Bodenhausen, Degenfeld und Wendelstadt mit den Orten Heidelberg, Bredeney, Degenershausen, Steinach und Neubeuern vermittelt.

Durch die letzte Zeitzeugin des 20. Jahrhunderts, Comtesse Marie-Therese Miller-Degenfeld, die Tochter Gräfin Ottonies von Degenfeld-Schonburg, und den Urenkel Eberhards, Christophe von Hohenberg, wissen wir heute viel mehr über die Familien Bodenhausen, Degenfeld und Wendelstadt und Schloss Neubeuern.

Bei seinen ersten Besuchen auf Schloss Neubeuern lernte Eberhard seine Frau Dora Gräfin Degenfeld-Schonburg kennen, die er im Oktober 1897 ehelichte. Ihre Schwester Julie heiratete im Oktober 1895 den Schlossbesitzer Jan

Blick auf Schloss Neubeuern. Motiv versehen mit einem Jugendstilrahmen als Verweis auf einen Schwerpunkt der Kulturpflege in Neubeuern. Aus den Gästebüchern von Schloss Neubeuern. (Archiv Schloss Neubeuern)

von Wendelstadt auf dem Stammsitz der Degenfelds: Schloss Eybach. Schloss Neubeuern wurde zur zweiten Heimat der Familie Bodenhausen. Es entstand ein wahrhaft familiäres Umfeld, als auch noch »das thüringische Fräulein« Ottonie von Schwartz aus Sondershausen den Bruder von Dora und Julie,

Blick von der Schlossterrasse über den Markt Neubeuern zum Inn, Aquarell von Anton Josef Pepino, 1895. Aus den Gästebüchern Schloss Neubeuern (Archiv Schloss Neubeuern)

Christoph Martin Graf Degenfeld, kennen- und lieben lernte.

Die illustre Gästeschar, die Schloss Neubeuern schon seit 1882 besuchte, bekam durch Hugo von Hofmannsthal – man würde heute sagen, – einen »Stargast«. Hofmannsthal kannte den Ort bis zu diesem Zeitpunkt nur aus den Berichten seines Freundes Eberhard von Bodenhausen. Aus

Blick auf Neubeuern am Inn, Postkarte um 1900
(Archiv Schloss Neubeuern)

seinem Leben ist die Idylle am Inn jedenfalls nicht wegzudenken, seit er das Schloss Neubeuern und den Gutshof in Hinterhör am 1. Dezember 1906 zum ersten Mal besuchte. Auf eine besondere, man möchte fast sagen, ahnungsvolle Weise, fühlte er sich hier vom ersten Moment an zuhause. An seinen Freund Eberhard schrieb er: *Es ist wirklich ganz rührend, dass Mädi noch so eine nette Schwester und Schwägerin hat!* Alle wichtigen Gründe, die Neubeuern für Hofmannsthal in den kommenden Jahren zu einem ganz besonderen Ort werden ließen: die paradiesische Landschaft, die von den Freunden Bodenhausens und den drei Frauen ausgehende Geselligkeit, die empfundene Geborgenheit und vor allem die Beziehung zu Ottonie Gräfin Degenfeld, die in seinem Leben Epoche machte. Es war ein Wechselspiel all dieser Dinge, mit unterschiedlicher Gewichtung, die Neubeuern zu einem wichtigen Ort auf Hofmannsthals persönlicher Landkarte werden ließen. Leider wurde die Neubeurer Gemeinschaft kurz darauf durch schwere Schicksalsschläge erschüttert. Im Frühjahr 1908 erlag Christoph Martin Graf

Degenfeld einer schweren Krankheit nur wenige Wochen nach der Geburt seiner Tochter Marie-Therese. Der Schlossherr Jan von Wendelstadt starb im Sommer 1909, nachdem er das Schloss durch den Architekten Gabriel von Seidl prächtig hatte ausbauen lassen.

Am 1. September [1908] schreibt der Dichter an Julie und Ottonie: *... ein solcher Brief wird Ihnen niemals auch nur halbwegs sagen können, wie lebhaft, wie vielfach ich in diesen ganzen Monaten Ihrer beide gedacht habe. Es war mir tieftraurig, Sie beide von Unglück, eigenem und fremdem Unglück, umgeben und verfinstert zu wissen – und doch hat wieder die Erinnerung an Sie beide etwas so Freundliches, so von innen heraus glänzendes für mich, daß mir ist, als müßten Sie aus dem bloßen Zusammensein immerfort namenlos viel Trost schöpfen können.*

Unsäglich rührend ist es mir nun auch die gute tapfere Mädi bei Ihnen zu denken, zu denken daß sie ein Kind erwartet und dann wieder an das andere Kind zu denken, das da ist und dessen Mutter so mädchenhaft zart und wie beflügelt, über das Schwere und Dumpfe unserer Atmosphäre emporzusteigen, vor meinen Augen steht.

... So sehe ich dieses Schloß, mit seiner starken bestimmten Contour, diesen wundervollen Fleck Erde, dies liebliche Hinterhör und denke Sie drei Frauen, mit einem Gefühl, das mir zu lieb ist als daß ich es irgend mir auflösen und resümieren möchte ... Ihr Hofmannsthal.

Die Weiterführung der beiden Häuser Schloss Neubeuern und Hinterhör lag also in Frauenhand, wobei das Erbe nach Jan von Wendelstadt Julie als Schlosserbin und Ottonie als Erbin von Hinterhör klar geregelt war. Dora (Mädi) mit inzwischen vier Kindern, nach Alter Karin, Hans-Wilke, Luli und Christa, war in beiden Häusern präsent. Hugo von Hofmannsthal schreibt 1910 aus Neubeuern an den Familienvater Eberhard: *Mein guter Eberhard, von den schönen glücklichen harmonischen Herbsttagen die wir hier ver-*

bringen, schreibt Dir ja die Mädi – meine Freude an diesen drei Frauen ist in diesem Jahr noch größer als bei allen früheren Aufenthalten, Mädi ist so zum Entzücken in jeder Bewegung und jedem Wort, Julie so gut und zart und liebenswürdig ... und Ottonie so köstlich und gut wie immer, aber vielleicht noch besser, noch freier, heiterer ... Der sich zunehmend erweiternde Freundeskreis mit Persönlichkeiten wie Henry van de Velde, Rudolf Alexander Schröder, Rudolf Borchardt, Annette Kolb, Rudolf Pannwitz, um nur einige zu nennen, traf sich ab 1910 bis zum Beginn des Ersten Weltkriegs um die Weihnachtszeit bei den in der Literaturgeschichte bekannten »Neubeurer Wochen«.

Während des Ersten Weltkrieges ist ein Lazarett im Schloss eingerichtet worden und die drei Frauen waren sich nicht zu schade, sich als Krankenschwestern um die Verwundeten zu kümmern. Im letzten Kriegsjahr traf der Tod Eberhard von Bodenhausens die Familie hart. Tragischerweise nahm sich seine Tochter Karin 1920 das Leben.

Familie Freiherren von Meyern-Hohenberg und Neubeuern
Ein schönes Fest mit zahlreichen Gästen und den »Altenbeurer Schuhplattlern« war die Hochzeit Lulis 1922 in Neubeuern mit Baron Gottfried von Meyern-Hohenberg. Aus der Ehe ging ein Sohn Gottfried (Goli) Meyern-Hohenberg hervor. Er besuchte die Schule Schloss Neubeuern in den 1930er Jahren. Luli von Hohenberg blieb in Deutschland und startete eine Schauspiellaufbahn. Nach ihrer Scheidung emigrierte sie nach Amerika, wo sie in Hollywood Karriere machte, blieb aber bis zu ihrem Tod 1951 Neubeuern verbunden.
Ihre Mutter Dora besuchte Neubeuern immer wieder, oft auch in Begleitung ihres Urenkels Christophe, dem Sohn von Goli Meyern-Hohenberg, der in den 1960er Jahren noch in die Neubeurer Schule ging und in Hinterhör bei seiner Großtante Ottonie wohnte. Er studierte Kunst und Geschichte

Hochzeit von Julie von Bodenhausen (Luli) und Gottfried von Meyern-Hohenberg, Neubeuern 1922

Aus den Gästebüchern der Familie von Bodenhausen.
(Archiv Schloss Neubeuern, Sammlung von Christophe Freiherr von Meyern-Hohenberg)

und setzte damit die künstlerische Tradition in der Familie Bodenhausen fort. Der Urenkel von Eberhard von Bodenhausen ging nach New York und machte sich einen Namen als Fotograf und Autor und wurde 1987 mit seinem Buch »The Day the Factory died« über Andy Warhol bekannt.

Es gab einen Freundeskreis – Hofmannsthal, Eberhard von Bodenhausen, Rudolf Borchardt, Rudolf Alexander Schröder –, und da war ein Haus in einer der lieblichsten Gegenden Oberbayerns, und in diesem Hause wirkten Menschen, die in wunderbarer Weise diese Freunde vereinigten. Bis heute wird hier eine in jedem Augenblick offenstehende Gastfreundschaft geboten. Für alle ist es eine zweite Heimat, eine Zuflucht für ungestörtes Arbeiten, einen immer zur Verfügung stehenden Treffpunkt hoher, geistiger Geselligkeit; dort findet man Anteil,

Gottfried (Goli) von Meyern-Hohenberg, Fotoporträt von Christophe von Meyern-Hohenberg 1993 (Archiv Schloss Neubeuern, Sammlung von Christophe Freiherr von Meyern-Hohenberg)

Verständnis über alle Grenzen, Aufmunterung im Geben wie im Nehmen, und es herrschte ein glückliches, ausgewogenes Vertrauen, zu dem jeder seinen Teil beiträgt. Dieser Mittelpunkt

Christophe von Meyern-Hohenberg, Fotoporträt von Francis Murphy, um 1995

heißt Neubeuern. Der Zauber, der über diesen Ort ausgebreitet war, ging wesentlich von den drei Schlossfrauen aus. Könnten Mauern sprechen, welche Fülle von hoher Rede und Widerrede

würde im Neubeurer Schloss und in dem Jagdhaus Hinterhör erklingen, welch unvergessliche Lesungen soeben vollendeter Dichtungen würden wir heute noch vernehmen.
(frei nach Carl Jakob Burckhardt)

Geschichte und Literatur werden lebendig: Hugo von Hofmannsthal und die »drei Musen« Julie Freifrau von Wendelstadt, Dora Baronin von Bodenhausen und Ottonie Gräfin von Degenfeld-Schonburg im heutigen Schloss Neubeuern (Foto: Reinhard Käsinger)

Neubeuern freut sich über Ihren Besuch!
Interessierten Besuchern bietet unser Kulturdorf (Bundessieger »Unser Dorf soll schöner werden« 1981) mit dem Schloss ein reichhaltiges Angebot an Sehenswürdigkeiten und Freizeitmöglichkeiten und die unmittelbare Begegnung mit einer faszinierenden Geschichte.

https://www.schloss-neubeuern.de/
https://www.kulturdorf-neubeuern.de/
https://www.gaestebuecher-schloss-neubeuern.de[143]

ANHANG 3

Albrecht Freiherr von Bodenhausen

Die Bodenhausen in der Gegenwart

Die Weimarer Reichsverfassung von 1919 hat für den deutschen Adel zum Verlust aller Vorrechte geführt. Der Adel als Stand, als staatlich geschützte und festgefügte soziale Gruppe, hat aufgehört zu existieren. Adelstitel werden seit 1919 nicht mehr verliehen und lediglich noch als Namensbestandteil behandelt. Unbeschadet dieses Umstandes pflegt der Adel seine kulturellen und historischen Traditionen in vielfältigen Formen weiter. Die Zahl adeliger Namensträger wird heute mit sehr deutlich weniger als einem halben Prozent der Bevölkerung anzunehmen sein. Dazu zählen auch die Angehörigen des in diesem Buch behandelten Geschlechts. Der Gesamtfamilie von Bodenhausen gehören heute etwa 25 Namensträger an. Sie leben in vielen Staaten der Erde und üben die verschiedensten Berufe aus. Für die nahen Abkömmlinge von Eberhard von Bodenhausen ist insoweit anzumerken: Im Jahr 2024 verstarb die letzte Angehörige der Nachkommenschaft von Eberhard von Bodenhausen in gerader Linie und wurde in Degenershausen zur letzten Ruhe gebettet. Das ist die 1931 geb. Freiin Reinhild von Bodenhausen gen. Degener, verh. Maxtone-Mailer, die Enkelin von Eber-

Reinhild Maxtone-Mailer
(Foto: Bodenhausen privat)

Albrecht Freiherr von Bodenhausen mit Gattin Almuth, geb. v. Brackel / Brumby bei Magdeburg (Foto: Bodenhausen privat)

hard von Bodenhausen. Sie hat Albrecht Freiherr von Bodenhausen, der heute in Brumby in der Nähe von Magdeburg lebt, adoptiert. Ein bestimmender Gedanke dafür ist wohl gewesen, dass weiter der Name eines Bodenhausen mit der alten Heimat und besonders mit dem Park Degenershausen verbunden bleiben soll.

Er führt so die Tradition des bereits 1937 im Mannesstamm erloschenen 1. Zweiges des 2. Astes (Burgkemnitz) fort. Albrecht von Bodenhausen entstammt wie auch Eberhard von Bodenhausen der I. Linie der Familie; allerdings kommt er aus dem 1. Ast (Arnstein) mit dem Familiensitz in Niedergandern bei Göttingen. Dort lebt und arbeitet die Familie seines älteren Bruders Melchior Freiherr von Bodenhausen.

Hinsichtlich der Berufswahl bestehen beim Adel der Gegenwart – sehr im Gegensatz zur Zeit von Eberhard von Bodenhausen – keinerlei Beschränkungen mehr. Namensträger adeliger Familien sind heute in allen »bürgerlichen« Berufen zu finden. Nicht selten kommt es aber vor, dass sie sich auch den seit Jahrhunderten traditionell ausgeübten Tätigkeiten widmen. An erster Stelle steht hier ohne Zweifel ein Leben als Landwirt und/oder als Forstwirt. So ist es auch bei den Bodenhausen der Gegenwart, von denen hier die Rede ist. Beide Brüder führen namhafte landwirtschaftliche Unternehmen.

Der Betrieb von Albrecht und Almuth von Bodenhausen nahe Magdeburg ist im Bereich der Pflanzenproduktion tätig; u. a. ist das Unternehmen spezialisiert auf »Speisekartoffeln aus der Börde«. Anbau, Ernte und Vertrieb kommen hier aus einer Hand.

Melchior Freiherr von Bodenhausen mit Gattin Irene, geb. Freiin von Buttlar-Ziegenberg / Niedergandern bei Göttingen
(Foto: Bodenhausen privat)

Vornehmlich im Getreideanbau tätig ist das Agrarunternehmen von Melchior von Bodenhausen im Raum Göttingen. Einen weiteren Schwerpunkt bildet die Arbeit in den Forsten. Der Betrieb bewirtschaftet eigene Waldflächen im Umfang von 1000 Hektar. Darüber hinaus betreut er rund 300 Hektar Wald als Dienstleister für andere Eigentümer. Moderne, nachhaltige Landwirtschaft lebt auch davon, dass Konsumenten eine gefühlsbetonte Beziehung zu den Produzenten der landwirtschaftlichen Güter gewinnen. Dies haben die Agrarunternehmen der Brüder Freiherren von Bodenhausen verstanden. Hofläden und touristische Angebote und Dienstleistungen gehören heute wie selbstverständlich zum wirtschaftlichen Credo des Land- und Forstwirts der Gegenwart. Die Familie von

Bodenhausen freut sich immer, wenn sie in ihren Verkaufseinrichtungen, bei ihren Dienstleistungsangeboten und in ihren Ferienunterkünften Kunden und Gäste begrüßen und ihnen das Leben auf dem Lande ebenso wie die Geschichte einer sehr, sehr alten Familie nahebringen kann.

Taubenturm in Brumby
(Foto: Bodenhausen privat)

Ferienhausvermietung
Albrecht Freiherr von Bodenhausen
Brumbyer Straße 10
39343 Hohe Börde / Brumby
Telefon 039062 363
und Mobil 01577 3523635
bodenhausenbrumby@t-online.de
www.taubenturmbrumby.com

Eingang Herrenhaus Rittergut Niedergandern
(Foto: Bodenhausen privat)

Rittergut Niedergandern
Melchior Freiherr von Bodenhausen
Gutsverwaltung Niedergandern
Niedergandern 12, 37133 Friedland
Telefon 05504 8523
und Mobil 0172 5406750
kontakt@bgbodenhausen.de
www.waldfrieden-hasenwinkel.de
www.irenes-craft-shop.de

ANHANG 4

Namhafte Künstler der Zeit porträtieren die Familie von Bodenhausen

Charles Verlat, Frances (Fanny) Freifrau von Bodenhausen-Degener, geborene Livingston Butler, um 1865, die Mutter Eberhards von Bodenhausen.
(Aus dem Nachlass von Reinhild Maxtone-Mailer mit Genehmigung des Erben)

Porträtstudie von Max Liebermann, Eberhard von Bodenhausen um 1916, (Deutsches Literaturarchiv Marbach)

Seite 349: William Rothenstein, Porträt von Eberhard von Bodenhausen, zeitgenössischer Vermerk auf Rückseite: »angefangenes Bild von Rothenstein, London 1913« (Aus dem Nachlass von Reinhild Maxtone-Mailer mit Genehmigung des Erben)